萧功秦 —— 著

危机中的变革

清末政治中的激进与保守

山西出版传媒集团　山西人民出版社

图书在版编目(CIP)数据

危机中的变革:清末政治中的激进与保守 / 萧功秦著. — 太原:山西人民出版社,2025.5. — ISBN 978-7-203-13574-6

Ⅰ.D691

中国国家版本馆CIP数据核字第20245KP876号

危机中的变革:清末政治中的激进与保守

著　　者:萧功秦
责任编辑:孙宇欣
复　　审:李　鑫
终　　审:梁晋华
装帧设计:阎宏睿

出 版 者:山西出版传媒集团·山西人民出版社
地　　址:太原市建设南路21号
邮　　编:030012
发行营销:0351-4922220　4955996　4956039　4922127(传真)
天猫官网:https://sxrmcbs.tmall.com　电话:0351-4922159
E - mail:sxskcb@163.com　发行部
　　　　　sxskcb@126.com　总编室
网　　址:www.sxskcb.com

经 销 者:山西出版传媒集团·山西人民出版社
承 印 厂:山西出版传媒集团·山西人民印刷有限责任公司
开　　本:890mm×1240mm　1/32
印　　张:13
字　　数:320千字
版　　次:2025年5月　第1版
印　　次:2025年5月　第1次印刷
书　　号:ISBN 978-7-203-13574-6
定　　价:89.00元

如有印装质量问题请与本社联系调换

序　言

一

在中国历史上，19世纪与20世纪之交的20年，是一个具有特殊历史意义的时期，在西方挑战的持续冲击下，在民族危机的强大压力下，中国人开始自觉地通过体制创新来谋求国家富强，此后中国便进入大规模变革的历史时代。

人们可以从19世纪末的中国历史变化中看到，自鸦片战争以来，在西方的挑战持续震撼长达近六十年之后，中国的士绅精英与民众才真正开始动员起来，并投身于一场前所未有的现代化变革进程，去拯救这个古老民族的危机，去改造这个沉默而停滞的庞大帝国，并为本民族去寻求新的历史道路。危机中的变革便是这一历史时代的基本主题。

这种新的历程，是孔夫子之后的中国人从来没有经历过的，哪怕是千百年以后，未来的人们，都会十分清楚地辨认出，19世纪与20世纪之交的中国，乃是中国自有史以来的漫长历史中的最为重要的分界线。

自19世纪末期以来，为了摆脱民族危机与实现富强，中国政治精英与知识精英在思想与精神生活方面，面临前所未有的新的问题。由于国内与国际的政治、经济、社会文化与观念价值因素的制约，由于不同时期面临的不同困境、问题与矛盾，具有不同的经历、文化背景与价值观念的人们，为了应付这种问题环境便会作出各种政治选择，从戊戌变法、清末新政、民国初年的议会政治，到以军事力量为基础的权威政治，以及此后的五四思想运动，都是中国早期现代化过程中不同阶段先后出现的政治选择。

这些政治选择中，有的较为激进，有的则相对保守，彼此相互冲突对峙，种种选择又与社会变迁中出现的种种不同的既得利益的考虑与动机复杂地交织在一起。中国从此也就在这种种选择的交替中，从传统社会向更具现代性特征的社会进行转变。

在这一段历史中出现一系列现象：外力压迫的加深，中国各阶层对这种压力作出的反应，为适应这种外来挑战而对传统器物、制度与思想价值作出的变革与更新，新旧制度与文化交织而出现的矛盾、问题、困境，新旧规则冲突而出现的社会失范，为克服或摆脱这种种危机、问题与困境而作出的不同的思想解释与相应的政治选择，这些选择之间的对立与冲突，崇高而纯真的理想主义与既得利益者的老谋深算，强烈的追求民族富强的动机与对传统文明失落的伤感，对新事物的向往与对旧文化的依恋，激进与保守，对民主与专制、自由与权威的价值的评价与论争，等等。凡此种种，都构成了中国早期现代化历史与思潮冲突的丰富内容。

二

19世纪末期是中国前所未有的危机时代，这种危机对于中国的变革来说有什么意义与影响呢？

如果我们把19世纪末以后的这一段历史，称之为中国早期现代化史的话，那么，一个最明显的事实是，在19世纪末至20世纪初以来的关键历史时期，中国人所作出的历史选择，实际上是越来越走向激进，走向与这一民族以往的经济、社会、政治与思想文化传统作根本的决裂。

现代化过程中的激进思潮，是人类谋求发展与进步过程中的一种思想与价值选择。它的最基本涵义，是从根基上否定现存旧秩序与制度安排的合理性，否认社会变迁的过渡性与阶段性，力求用某种被人们视为理想的道德秩序，迅速、全面、彻底地取代现存旧秩序与制度体系。激进变革论为实现其目标而设计的方法与途径，则是急剧的、"毕其功于一役"的、快刀斩乱麻的，认为非如此不可能重建理想的社会。激进主义的心理基础是政治浪漫主义。①

这种激进变革心态与思维方式，最早可以追溯到康有为在变法奏折中提出的"大变、全变、快变"的变法思路。在康有为看来，传统乃是"朽木粪墙"，因而认定中国人只有"别立堂构，拆而更筑，乃可托庇"。康有为与他的变法同志们，正是在这种思想观念的支配下，作出变法战略的。

到了庚子事变之后的新政时期，要求"快速立宪"的激进立宪主义战胜渐进立宪主义而成为中国士绅官僚与知识分子政治选择的主流，清王朝也就在它所启动的立宪运动的风浪中引火烧身，迅速崩解。

1911年建立的西式的议会政体，可以说是一种与中国自身传

---

①浪漫主义（Romanticism）的原意，是指主体把自己的热情、理想、愿望不自觉地投射到某种对象上去，通过这种外向投射与移情作用，来抒发、宣泄人们长期受到压抑的深层愿望，并获得一种审美意义上的升华。

统没有任何关联的全新政体结构，中国的特殊的议会观的形成又与我们这个民族自20世纪以来特有的一种激进思维方式有关。自20世纪初以来，中国变革精英们似乎越来越倾向于认为，变革必须是急剧的、大幅度的、全面而根本性的。在中国现代化过程中，一种占主流地位的价值倾向是：与自己古老的历史传统作根本的告别，是走向现代化的必要前提。

从1898年的戊戌变法以来，激进的政治理念与价值观，一直支配着20世纪大半时期的中国政治选择的基本走向，主流的政治精英与知识分子的思维模式，均不同程度地受到它的影响。人们可以看到，自19世纪末以后的不同时代的中国人思想价值中，激进的变革思维模式具有持续的深层同构性。

事实上，从历史因素互动的角度来看，西式的议会制政体在民国建立伊始，就被激进地移植到中国社会的母体上，造成的直接后果是缺乏社会力量支持的西式议会政体导致民国初年的严重政治失范：政治腐败，连续不断的党争与内阁危机，并由此进一步导致对早期议会政治反动的袁世凯的"强人政治"与帝制运动，而这种种历史的反向运动，又进一步激起更大规模的激进的反传统主义浪潮。

正是在这种保守与激进的拉锯战中，中国传统文化资源不断流失消散，这又进一步地使中国的现代化过程失去可资凭靠的文化资源。

在20世纪初，严复曾用"新者未立，旧者已亡"来表达他对中国社会与文化失范的深深忧虑。文化失范使新旧社会规范均无法约束人们的社会行为，由此必然产生种种前所未有的社会综合征。然而，在激进思维框架中，由文化失范所引发的种种败象却被认为是中国固有的传统文化与专制政治腐败的具体表现与流风所及，于是，导致人们进一步对中国的传统作出更为彻底的清算。这样，在激进政治选择与文化失范之间，又出现周而复始的循环往复。

三

伏尔泰曾说过一句至理名言："了解过去时代的人们是怎样想的，要比了解他们是怎样行动的更为重要。"这是因为，有意志与选择能力的人类，正是通过自己所认定并信奉的理念与思想原则来自觉地确定自己所选择的行动的基础，并根据自己认定的思想目标来创造历史。正是在这个意义上，理解一个时代人们的主导思想倾向与心态特征，是理解一个时代人们行动取向的钥匙。

中国近代以来变革中的激进理念、思维方式与价值观是怎样形成的？它为什么会成为20世纪中国人思想的主流思潮？这是思想史研究中一个极为重要的问题，它对理解20世纪以来的中国历史走向也同样具有重要的意义。

然而，单纯的思想史或观念史研究有其局限性。研究思想史的学者，往往习惯于从思想家的言论、观念以及他所使用的概念范畴的演变中，来探求某一时代思想发展的内在逻辑轨迹与趋势，这种以概念逻辑为对象的思想史研究方法，固然有其特殊的学术价值与意义，并且也常常以其简洁的论式使人们的理性得到满足。然而，要研究中国这样一个人口众多的民族所经历的急剧而动荡的历史变革，要研究那些席卷广大人群的思潮与思想历程，这种以思想家言论为基础的研究方法未免捉襟见肘，过于简单了。而且，它还可能使人们陷入"思想观念决定论"的陷阱，它会使人们误以为，一个民族的重大的历史选择与动向，可以从思想的逻辑基因中演绎出来。如果用它来解释复杂的历史事变,那就片面得近乎荒谬了。

事实上,思想的发展与演变,正如历史本身的发展与演变一样,乃是受到社会、经济、文化矛盾、国际环境与其他多种因素共同作用的结果。只有当研究者认识到,思想逻辑的矛盾本身就体现了历史现象中的具体矛盾时,人们的研究才有可能避免舍本逐末。

正因为如此,作者认为,人们在研究中国20世纪激进变革思潮的历史起源时,与其把研究的着眼点放在寻求中国古老的思想传统中是否存在着"激进主义"的文化基因,与其从当时的言论家思想家的理念中去寻求其中是否存在着导致激进主义的逻辑结构,那么,还不如在一个更为广阔丰富的历史背景上,在一个时代的人们面临的"疑难问题"的困境中,去研究近代变革中的各种制约因素与两难矛盾。因为只有这样,只有在具体的历史事实的多因素的综合考察中,才能发现近代激进主义思想的真正起源,并且也只有对这种种具体矛盾进行研究,才能发现中国近代激进主义的一些基本表现方式以及发展演变的轨迹。

正是基于这一考虑,本书力求通过从戊戌变法到清末新政这一段近代变革历史的具体研究,来分析中国传统文化的基本矛盾,以及由此产生的中国早期现代化过程面临的两难困境与变革过程中的种种危机。作者力求以这些因素彼此复杂的相互作用与交织为基础,来分析19世纪末到20世纪初中国政治精英与知识分子在压力下产生的心态特征,并进而研究一种特定的心态(mentality)是如何导致人们以特殊的方式来认知现实、理解现实,并进而作出政治选择的。

正因为如此,近代以来的民族危机、心态与政治选择这三个层面的相互影响与作用，不但使历史过程得以清晰地展现出来，而且也将有助于具体地展示中国近代以来的现代化过程的复杂与艰难性。正是这种变革的复杂与艰难性，才足以使人们理解中国变革中的激进思维方式的类型特征，以及激进思维与心态产生和发展的历程。

正是在这个意义上，本书对戊戌变法到清末变革的历史过程的研究，实际上是对中国现代化过程中的激进思潮的起源的研究。中国早期现代化过程中的激进与保守，是理解中国现代化问题的复杂与深刻性的关键。正因为如此，对中国早期现代化过程中的激进主义的反思与研究，是中国的知识分子自我认识的历史资源。

四

本书从结构上分为以下几个部分。

第一部分是对中国早期现代化历史文化背景的逻辑思考。这一部分主要考察中国传统文化的基本矛盾，以及由此导致中国文化与传统政治的保守性。从自鸦片战争以后的近代历史来看，由于中国传统价值体系与政治社会体制的保守性、封闭性与僵滞性，极大地限制了中国社会对西方挑战的"综合反应能力"。民族危机在19世纪末进一步加深，19与20世纪之交的变革运动也就在这种条件下应运而生。

第二部分是对戊戌变法的研究。在保守文化的氛围中，中国特有的民族危机感，对于先知先觉的知识精英是一种巨大的精神压力。只有这样才能理解中国早期变革人士的激进思维的基本特点。本书从康有为、梁启超等变法派人士在危机压力下产生的焦灼与亢奋心态，"大变、速变、全变"的激进思维方式等方面，揭示早期中国变革派的以焦灼感为主要特征的"心态型"的政治激进主义,并进而分析了产生这种导致改革失败的激进思维与中国传统的"极致主义"文化的关系。

第三部分是有关清末新政的研究,新政无疑是比戊戌变法远为广泛、持久深入,并对社会变迁产生巨大历史影响的变革运动。对新政运动的研究将为人们理解中国传统社会的变革提供更为丰富的启示。这一部分将重点分析清末的最高决策层业已认识到体制变革的必要性之后,中国新政面临的三个基本问题,那就是权威危机的形成,制度变革引发的"改革综合征",以及人们在仿效西方制度时出现的那种简单化的"宪政制度决定论"思维方式。作者认为,上述这些矛盾的相互交叉,构成了清末立宪思潮走向激进化的基本原因。在这一部分中,还将分析以"危机论"为基础的激进改革论与以"条件论"为基础的渐进改革论之间的思想冲突。这对于理解传统集权官僚体制的变革中相关问题,具有重要的意义。

每一个时代的人们总是从新的角度来重新认识过去被人们研究过的历史,并力求发现过去所没有发现过的意义。这是因为,时代强加给人们的问题会迫使人们从消逝的历史中寻找产生这些问题的历史渊源。

本书是作者近十年来进行学术思考的结果。作为中国当代改革初期思想解放思潮中一名攻读中国历史的研究生,作为20世纪80年代与90年代之交思想论战的直接参加者,这种特定的经历使我从80年代末开始进入这一研究领域时,已经把对现实的思考与历史学术的思考融合在一起了。现实变革中产生的种种问题、困境,为我提供了理解历史症结问题的切入点,而历史研究中产生的感悟心得与新知,又为我进一步认识现实生活中的矛盾提供了学理上的资源。如果我们这一代人对这一段历史的认识有可能较之前人有所深入的话，那么，这完全得益于当今变革的时代为我们的历史反思提供了比前人更多的东西。

再版自序

为什么专制帝国改革难以成功
——清末新政失败百年祭

这是一本考察晚清帝国改革运动如何走向失败的历史著作，它出版于十年以前，本书在辛亥革命一百周年前夕有幸再次出版，分享着百年祭的厚重历史感。作者很希望这本书能为理解百年前发生在中国国土上的那场新政改革，以及由此引发的辛亥革命的背景，提供一个全新的视角：从世界历史来看，为什么有的改革能消弭革命，有的改革却会成为革命的催化剂？这也是本书作者所关注的问题。

一

如果要让我用最简单的几句话，来表达这本书写了什么。我要说，我在这本书中试图回答两个与20世纪中国历史命运密切相关的问题。一个是，帝制中国为什么总是在陷入重大的危机以后，才得以过迟地进入变革的时代？另一个是，危机时代的变革，会陷入什么矛盾与困境？我所考察的正是危机时代的改革所面临的挑战，我把这本书取名为《危机中的变革》，就立意于此。

无论是大陆还是台湾、香港学术界，在论述清王朝变革失败的问题上，以往占主流的观点是这样的：保守的清王朝统治者镇压了戊戌变法之后，中国又遭受了八国联军入侵的灾难，然而，此后的清末统治者却并没有改革的诚意，在巨大危机压力下，才不得不进行虚假的新政。日俄战争中，由于立宪的日本战胜了专制的俄国，统治者在强大的压力下，被迫实行预备立宪。由于清王朝统治者对权力的垄断使国人失望，于是立宪派发动四次请愿运动，统治者仍然无动于衷。此外，清廷还将民营股份公司收为国有，破坏了人民应享有的筑路权。于是，人民为了保卫自己的产权不受掠夺而奋起抗争，发起保路运动，并最终转向排满革命。在以往的主流叙述中，清末改革似乎就是一场假改革。

我在这本书里提出的观点，正好与这种主流观点相对立。我指出，戊戌变法是一场由涉世未深的青年皇帝与一批同样缺乏官场政治经验的、充满书生激情的少壮变法人士相结合而发动的不成熟的激进改革。本书对短命的戊戌变法的考察，实际上也印证了严复当年的看法。严复在对变法运动失败寄予深厚的同情的同时，他也指出，康梁改革"上负其君，下累其友"，"书生误国，庸医杀人"。可以认为，导致变革悲剧的激进主义，恰恰可以解释为保守的积重难返的官僚体制的因果报应。它引起了保守派的全面反动，并由此引发庚子事变的奇耻大辱。

本书还指出，慈禧太后在庚子事变后成为清末新政的最积极推动者，说她没有改革诚意实在是太冤枉了她。她在庚子后几乎丧失了原来的固执与自信，经常以泪洗面，她在召见张謇时，张謇问她"改革是真还是假"，她回答说："因不好才改良，改革还有假的不成？此是何说？"当张謇谈及改革中的腐败与人心散乱时，她也百感交集随之而哭。平心而论，她对新政的期待与改革真诚,是出自对清王朝面对越来越严重的危机挥之不去的忧虑。

本书还指出晚清新政的重要成就。新政已经有了明确的现代化导向,新政主持者制定的各项现代化政策,在全国范围内广泛开展。长达十一年的清末新政给中国带来的实质性的深刻变化,比起出师未捷的百日维新,完全不可同日而语。事实上,一位1906年访问中国的日本学者就曾对北京市容日新月异的变化发出"即将超过东京"的惊叹。丁韪良、李提摩泰对新政的由衷赞美与乐观,固然会使我们后人觉得有点幼稚肤浅,然而,正是这些在中国生活了数十年的外国人眼中,新政时的中国变化之大,与它僵化不变的过去相比,确实足以令他们欣喜了。

新政早期阶段可以称为开明专制主义时期,虽然它对社会的动员能力较弱,但却保持着王朝权力对改革进程控制的有效性。到了1905年日俄战争以后的第二阶段,中国人对日本立宪的误读,对清廷构成一种强大压力,造成了从开明专制的集权模式向激进的立宪分权模式的急剧转变。虽然,从长远来说,中国现代化的走向是政治民主,但在现代化改革初期,这一分权立宪转变确实是过于超前了,由此而造成的政治参与爆炸,恰恰是这场变革失败的重要原因。这是因为,对帝制不满的人们,从此可以借助于资政院与咨议局的平台,持续地发起激进的速开国会运动,冲击着政府所剩无几的统治权威。预备立宪不但没有增加统治者希望的中国人的政治共识,反而强化了统治者与受治者之间的认同分裂,它实际上起到的作用不仅仅是扬汤止沸,而且是火上加油。

此外,本书中对保路运动的研究,也颠覆了迄今对保路运动的正面评价,书中指出清廷的铁路筑路权收归国有政策是世界各国通行的合理经济政策,盛宣怀与四国银行签订的铁路贷款,是有利于国计民生的且不附加政治条件的优惠低息的商业贷款,并非什么卖国条约,然而,由于排满民族主义的冲击,使这一原本合理的现代化铁路政策却被解释为卖国之举,并"歪打正着"地成为一场不成熟的革命的导火线。

如果说,以往的主流话语是从反满民族主义或阶级斗争范式来看待变法与新政,那么,本书的侧重点,则是对传统官僚帝国面对变革中矛盾的应对之道的冷峻审视,这一视角无疑会对于正在进行新的变革的21世纪的改革者,提供更直接的启示。

二

人们发现,一般而言,一个专制集权的帝国通过改革而走向现代化成功的概率并不很高,波斯帝国、奥斯曼帝国、沙皇俄国,以及大清帝国,均是在承受西方挑战与民族危机的重重压力之后,先后陷入改革的泥潭无法自拔,并被改革引发的革命所推翻的。非西方的传统国家中,只有日本的变革似乎是一个特例。日本的明治维新不但避免了革命,而且在甲午战争中轻而易举地打败中国之后,成功地走向现代化。然而,从结构上来考察,日本的成功,恰恰在于日本并不是传统意义的中央集权的帝国,传统日本是由二百多个独立自治的藩国构成的、类似于西周分封制的国家。

人们自然会提出这样一个问题,集权帝国从改革走向革命的极高概率,其原因是什么?传统国家的集权体制与分散的多元模式,为什么会有如此大的区别?我发现清末的改革失败并引发清王朝的崩溃,有以下几个方面的原因。

首先,清末改革的悲剧在于,当统治者在臣民中享有比较充足的权威资源时，统治阶层总是缺乏改革的意愿；当帝国被列强打败并陷入深重的民族危机时，例如，当清帝国统治者在甲午战争与庚子国变如此严重的危机之后，才会在焦虑感的压力下，进行"狗急跳墙"式的变革。然而，此时的王朝统治者或者由于缺乏审时度势的改革人才，或者由于战争失败后的民族危机加深，而丧失了统治所必需的权威合法性。一旦在危机状态下进入改革，那么，这样的改革往往缺乏号召力，并会成为革命的催化剂。由于帝国统治者缺乏最起码的权威资源来对时局进行调控与整合，只会陷入进一步的混乱与危机，于是一切已经为时已晚。我在本书中把危机状态下出现的"激进疗法"与"保守疗法"的两难矛盾，称之为"急诊室效应"。

其次，帝国改革之所以困难，还在于人才缺乏，在专制危机条件下的改革，远比承平时代更需要高明的政治领袖，更需要一个能阔视远想的强势人物来引导国家渡过风险，并把国家引向有希望的未来。这样的政治家应该具有足够的道德人格力量、政治智慧与国际经验。然而，旧帝国官僚体制习于所安的保守性，似乎总是对这样的人才起着逆向淘洗的作用。在危机到来以前，以"承袭旧章"为主旨的帝国体制，早已经把此类人士当作异己过滤一空了。能在这种体制下生存下来并游刃有余的，恰恰是平庸之辈。当统治者把目光转向体制外的民间知识分子并让他们担当改革大任时，此类人却没有最起码的官僚体制内的政治经验，这构成专制集权帝制改革的另一个两难命题。

正如本书所指出的，当中国最需要彼得大帝式的统治者时，无论是光绪皇帝，康梁变法人士，还是庚子事变后颇有真诚改革意愿的慈禧太后，或两宫驾崩后执掌王朝大权的摄政王载沣，都根本无力承担危难中的改革重任，更不用说伊藤博文那样的政治家在中国无法应运而生了。慈禧太后出于第四次垂帘听政的权欲，居然让明知无能的载沣执掌大权，这位摄政王不但判断能力差，意志力薄弱，外交知识贫乏，智力平庸，而且还出生于一个神经很脆弱的家族。根据这个家族后人写的回忆录记载，这位摄政王一紧张起来就会口吃。当慈禧太后突然撒手人寰时，帝国的命运就已经可想而知了。

再次，本书指出，清王朝的改革战略选择存在着重大失误，对于当时的中国来说，1905年以前集权的开明专制模式更为合适，而在日俄战争刺激下而进行的预备立宪，恰恰是当时主流士大夫官绅的一种观念误读后的政治选择。这种分权立宪在政治认同已经发生危机的情况下，只能是雪上加霜。预备立宪导致大众的政治参与欲望突然膨胀起来，并得以合法地与清政权分庭抗礼，而脆弱的清政府对此已经无力控制。众所周知，西方国家的君权政治到民主政治的发育，是在社会共识逐渐扩大的情况下分阶段扩大的，而中国改革中的政治参与扩大，则是在民族危机与社会不满日益强烈的压力下，被迫地扩大的。危机压力又恰恰造成社会认同日益分裂，扩大政治参与不但不能达到消解社会不满的功效，反而会对这种不满起放大与传染效应。扩大了的政治参与渠道反而成为社会不满者攻击执政者的合法场所，危机中的统治者对此几无招架之力。

当然，清朝崩亡决不是清朝统治者腐败无能这一点所能解释的，它是特殊条件下的多种因素相互影响而发生的：统治者合法性危机下进行的现代化挫折，改革综合征引起的社会不满，传媒的急剧发展引起的传感效应，在关键时期统治者新旧交替出现的治理能力整体水平低下，满汉矛盾与排满民族主义在军人中的传染等等，所有这一切均被革命者利用来传播革命种子。

从宏观的社会结构的角度来看，为什么大多数集权官僚的专制体制一旦进入改革，反而会"搬起石头打自己的脚"，陷入进退两难，并难以避免被革命推翻的厄运？

概括地说，一元化的专制体制比起日本多元体制来说，一旦在改革中陷入危机，其内部大一统的结构，往往缺乏应对危机的多元调适能力。真正能实现稳定变革的社会，其内部需要一种"多元整合机制"，即一个社会内部各要素均不同程度地参与了社会的整合。更具体地说，对变化的环境的有效适应，除了政权力量或国家管控与干预力量之外，还应有社会伦理、意识形态创新力、民族凝聚力、民间社会组织，以及社会流动方式等等。这些文化、思想、法制、教育、社会领域的多元因素，均在无形之中有助于实现社会的整合，它们的存在，极大地减轻了中央国家对社会进行全面整合的难度。它们在支持、协助国家实现从旧体制向新体制转变方面，功不可没。

人们可以发现，在明治转型期，日本社会就是由许多小规模的、多元的、自治的细胞构成的大共同体，上述多元整合机制，是具有自治传统的日本藩封体制先天所具备的。当中国的科举制持续压抑着创新人才，使中国缺乏足够应对新环境挑战的社会精英时，在日本，不受大一统体制约束的武士阶层中，却能层出不穷地涌现出现代化改革所需要的新式精英，其中有对日本现代化做出重大贡献的企业家、海运王、留学生、政治家与精英人物。例如岩崎弥太郎、板垣退助、大隈重信、伊藤博文，均出身于各藩的武士家庭，正是这种多元体制培育了明治维新的中坚力量，使他们转化为现代化的精英。

这里我要特别指出的是，多元整合之所以有可能实现，是因为地方与民间个人具有多元的微观试错的机会。地方，民间社会与个人，在国家之外，自主地面对着环境压力，不断地进行着微观的调适，国家作为引洪主渠之外，社会中的多元个体则发挥着毛细管般的涓涓细流的作用。而这种多元整合能力，恰恰是中央集权的官僚专制社会内部先天缺乏的。如果说，日本至少有二百多个藩国与无数的武士这样的自主细胞作为试错主体，那么，不幸的是，清代的专制中国，慈禧太后则成为全国唯一的试错主体，她的权欲使她对清王朝的崩溃要负最大的责任。洋务运动的若干现代化成果之所以获得，只不过是若干从湘军精英中转化过来的沿江沿海的封疆大吏，运用了从大一统的专制集权体制中截留下来的可怜的一点自主权而已。中日整合机制之区别，中日改革命运之不同，由此可以得到解释。

于是，缺乏"多元整合机制"的中国就陷入了如下恶性循环：危机促成了迟来的改革，迟来的改革又在危机的压力下越来越加大幅度，从而陷入更深重的危机。转型期社会矛盾比改革以前还要多，并不断累积，社会失序就会在人们心目中产生不满，随着各种矛盾的发酵，这时，"革命"便成为许多人的一种"心理诉求"。在中国，既然满族统治者是以少数族统治多数族，这种不满就会被顺理成章地解释为"满人的恶"，要清除这种"恶"的根本的手段，就是排满民族主义革命。

到这时，陷入改革泥潭的清王朝，正如有学者所指出的，就会陷入所谓的"沙堆效应"：哪怕如同沙粒般不起眼的偶然事件，加之于高高的沙堆上，就会使庞大无比的沙堆在连锁的滑坡反应中突然崩陷。

这一点可以解释，为什么乌合之众组成的、无组织、无领袖、无准备、一盘散沙式的各省新军一旦起义，就会出乎意料地取得成功。一旦发生革命，处于充满仇视的汉人的汪洋大海中的满族人，如同处于孤岛般充满恐惧，因为旧势力自信心太弱，几乎在失去抵抗力的情况下就自我解体。例如，辛亥起义规模仅次于湖北的云南省，全省新军起义胜利时，因革命而战死者只不过一百多人。人类历史上，再也没有一个国家统治者如此弱不禁风，再也没有一场革命如辛亥革命那样，如同俯首摘取掉落满地的桃子一样轻而易举。与其说是排满民族主义革命中止了清末改革，不如说是清末改革自身的失败，是以排满革命的方式作为表现形式的。

历史的吊诡并没有结束，迟来的专制改革必将导致同样不成熟的革命。中国从此陷入持续数十年的"弱国家"状态。事实上，20世纪的辛亥革命，只是中国更为多灾多难时代的开始。此后的民国内阁危机、二次革命与内争，军阀割据与统一国家的日益碎片化，都可以从晚清帝国改革失败中得到解释。

今天，如果要作者进一步从理论上来概括此书中涉及的专制帝国改革之所以比多元传统国家改革更难以成功的原因，可以这样认为，在中国大清王朝体制下，中央王朝国家是唯一试错主体，而且，王朝国家受意识形态教义束缚更大，人们更难从这一教义中摆脱出来。受意识形态控制的官僚角色是固定化的，他们人数众多，却只会按一种方式思维，非如此他们一天也无法生活于官僚群体之中，其中很难产生改革所需要的富于创新精神的人才。此外，中国的大一统官僚体制又对全国进行着严密有效的控制，使中央政权有力量粉碎一切被它视为非法的地方的或民间的反应。民间与地方的自主能力无法在体制内发育出来，专制儒家意识形态可以有效地、强有力地抑制着社会的自主试错与创新，王朝体制拒绝任何微观领域的试错，这就形成强烈的路径锁定状态。任何温和的创新与变革尝试都会被压抑在萌芽状态，当问题越来越严重,百姓越来越不满,统治者再想进行真诚的改革时,一切已经为时太晚,而受治者们则认定,只有根本摧毁旧体制的革命才能解决问题。更为不幸的是,这样的革命本身又会带来另一种悲剧,即弱势国家的悲剧。一场百年前的新政改革的失败,以及革命的两难,对于丰富改革政治学的历史经验资源,应该说也有启示意义,我们今天的读者,也会从中获得智慧和教益。

三

三十年来,我们在批判教条式的意识形态史学的同时,也在寻找新的史学发展路径,史学如何推陈出新?如何用新的研究方法或范式取而代之?这本书中,我力求探索一种可以被称之为"新政治史"的研究方法。在这里,我把这种正在探索的方法概括为以下几个方面。

第一,所谓的新政治史,不同于以单纯人物活动与史实叙述为基调的传统政治史,首先在于它要考察社会、文化、思想与经济诸多领域对政治的影响。既然是政治史,为什么要研究社会?因为特定的社会结构制约着人们的历史活动。众所周知,如果不了解科举制结构对文化思维的约束,就无法理解近代洋务运动举步维艰,也不可能理解本书提到的近代中国对西方挑战的"综合反应能力"的保守性。为什么要研究文化?因为一个时代的人们特定的文化气氛,尤其是人们的文化心态,同样影响着,甚至支配着人们的政治选择。例如,本书第六章对戊戌激进改革派深层心态中的"致极性政治文化"的分析可以作为文化影响政治的典型例子,新政治史就是要结合政治以外的其他领域的因素,来更全面地考察政治史的。

第二，新政治史的特点，还体现在对历史中人的内在精神世界的关注。人是具有主体性的，历史人物总是带着自己固有的主观识见、情感与信念进入历史场域的。历史学除了社会科学性之外，还应有人文性。历史学的人文性在于，它要捕捉历史人物的生命体验与个体在困境中的特殊感受。新政治史对人的主体性关注，会使我们更深刻地理解人，尤其是处于特殊历史困境中的人。史学的人文性的意义不仅仅在于，它可以揭示人性的弱点与幽暗面如何影响了历史，而且还可以让我们通过"他者"，来作为认识我们自己的镜子。我曾在一篇思想日记中写道：

历史中的人与现实生活中一样，同样具有人皆有之的人性弱点与幽暗性。一个个活生生的人，在特定环境中，以特定方式作出自己的选择，并适应他的特殊生活环境，于是就有了万花筒般的丰富生命。如果你把慈禧太后、荣禄、李鸿章、孙中山、袁世凯看作一个个在适应自身环境过程中的鲜活的、有缺陷、有矛盾的生命，而不是某种政治代码或符号，你的笔下就会呈现出更真实的，因而也更深刻的历史形象，人们可以通过他们理解那个时代的环境与结构。重要历史人物与精英其实都有多面性，他们面临的环境压力更大，内心冲突更强烈，比一般人的精神世界更复杂。

本书对光绪皇帝在懋勤殿事件中的焦虑感，对康有为在发动政变前的冒险心理，对"西狩"途中的慈禧太后内心矛盾，对载沣处理保路运动时一反常态的顽固与决绝态度，等等，均试图进行人文分析，试图进入这些人的内心世界。

在我看来，新政治史的人文性还应该表现在，对每一历史时期的政治精英，抱宽容理解的态度，尽可能地做到价值中立，以同情心来理解当时中国的困境，当时人们思想与观念的局限性，他们可以掌控的政治资源与政治整合手段的有限性，他们面临各种内外压力时的选择的有限性。

第三，新政治史不同于传统政治史还在于，它总是包含着研究者主体本身具有的问题意识与意义感的追寻。如果说，实证主义史学只关注史实的客观，并不关注历史中的意义，如果说，意识形态史学用政治的教化宣传功能，来代替研究者从历史中去发现意义，如果说，"后现代主义"史学观，要以解构主义的态度来消解人们对历史中的意义追寻，那么，在我看来，新政治史学的灵魂，就在于怀着研究者所处时代的问题意识，去探求、发现历史中的意义。更具体地说，因为我们的时代或社会有问题，有困惑，于是我们从困扰自己的问题出发，力求从历史中去追溯这一困境的来龙去脉。正是在这个意义上，史学就是对主体的疑难困境所产生的意义的回应。

在这本书中，我正是自觉或不自觉地带着现代中国人面临的疑难问题，来进入这一领域的研究的：例如，曾经困扰我们的20世纪的激进主义与政治浪漫主义是如何起源的，集权主义政治下的变革会面临的困境与两难矛盾，作为激进主义对立面的保守主义又面临什么样的两难，中国改革成败的因素是什么，等等。

第四，新政治史特别注意到，一个时代中盛行的思潮、主义与思想，有时甚至是基于误解的群体性观念，都会对这个时代的人们所作出历史性选择具有重要的甚至支配性影响力。人们信奉的思想观念与主义，包括支配人们的思维模式，在20世纪历史中发挥了以往时代所不曾有过的重大的作用。例如，正如本书中第九章所考察的，从新政初期的开明专制模式转向仿英伦的立宪模式，是一种全民性的群体性的对立宪本质的误读。众所周知，日本明治立宪，不是真正意义上的分权制立宪，而是以"立宪"的现代符号，来掩饰其君权不受挑战的开明专制本质，而中国人却误以为日本在日俄战争中的胜利，是由于立宪的胜利，并经由此而争取英国式的分权立宪，形成浩浩荡荡的巨大思潮力量，迫使清廷采取预备立宪国策，这就极大地冲击了新政初期必要的权力集中，导致后来的政治参与爆炸危机，这正是清末新政失败的根本原因之一。此外，本书所分析的晚清国人的"制度决定论"思维模式，乃是清末立宪激进化运动的根本原因，它也制约影响了此后近百年来的中国人的历史选择。

同样，历史上特定人群或个人的选择可能基于激情或其他非理性因素。这种非理性往往是潜藏于人内心深处的习惯性力量，但它们在历史发展的过程中有时会起到重要的甚至决定性的作用。它也应该被纳入史学者的考察范围。本书对危机时代人们的焦虑感的分析，对清流党现象的考察，均注意到非理性因素对人的政治选择的支配。

最后要说的是，我认为，新政治史与一般实证主义的政治史最大的不同在于，它特别强调史家应力求通过研究者对历史事件的大背景、大矛盾、大冲突、大影响的解释，来达到对历史的贯通性理解。与支离破碎的以解构为己任的所谓的"后现代主义"史学不同，也与现在颇为流行的新左派的"老子过去比你们阔多了"的、把传统专制当作赞美诗的"文化浪漫主义史观"不同，新政治史关注的是历史的通透感，力求发现前后事件的内在逻辑。

当然，这只是我心目中的理想的新政治史学，概括地说，新政治史有以下几个特点：一、重视非政治领域对政治的影响。二、强调人文视角，强调对人性的同情性的理解。三、以研究主体的问题意识作为透视历史现象的焦点。四、注意一个时代盛行的群体性的观念与思潮对历史选择的影响。五、从大处着眼的对历史解释的通透性。最后一点是,为了实现这些目标,那就要如同运用十八般武艺一样,广泛运用政治学、社会学、经济学、思想学、心理学以及边缘学科的方法、概念与理论元素,来考察、分析、研究各种政治历史现象,从而增强"通古今之变"的解释能力等等。这是我多年来一直在探索努力的方向,这本小书也只是我向这一方面求索的最早的试验田。今天,再看这本小书,仍然可以发现有许多不足,如果让我今天来写,我会写得更流畅一些,更不露理论的痕迹,更多的具体事例,更深入的对人物内心世界的探寻,以及更多的篇幅来分析这场失败的变革与不成熟的辛亥革命的历史关联。这些将由作者在今后的20世纪史的系列研究中来予以弥补了。

本书收入了作者的两篇文章作为附录,一篇是《走向静悄悄的革命:略谈清末大变动时代几个历史人物形象》,该文表达了作者对史学范式革新的期待。第二篇是《清末新政与改革的政治学》,这篇思想随笔则把百年变革史与作者对当下的现实改革中的思潮的关切结合起来,有兴趣的读者可以参考。

几年前,记得一位青年研究生在给我的信中写道:"历史提供给我们的,不仅是事实,也不仅是知识,而是要培育我们一种知人论世的能力。我终于了解到历史是训练、培育我们思维的一种最重要方式。"

善哉斯言,历史就是要培养我们"知人论世"的能力,这句话道出了历史学生命力所在,我想,这也应该是新政治史的目标与努力的方向。

清末变革以悲剧告终,并且是20世纪更大悲剧的起点,只有悲剧时代的人们，才能对人生与社会产生刻骨铭心的体验，这是那些幸福而质朴的小民族所不可能有的珍贵精神资源。只有民族的苦难，才能成为史家研究人性与历史的最好的原材料，正是在这个意义上，时代不幸才会造就深刻的史学家与思想家。清末新政只是20世纪历史的开端，以后有更多的悲喜剧等候着史家去发现其意义，去展示自己的思想穿透力。国家不幸诗家幸，在此也可以套用一下，"时代不幸史家幸"，请记住，我们民族就生活在历史的富矿脉带上。

目 录

第一章　中国近代变革的文化背景 …… 001

第二章　从鸦片战争到甲午战争：
　　　　中国对西方挑战的基本反应 …… 019

第三章　清末变革新阶段的来临 …… 032

第四章　戊戌人士的变革心态与政治战略 …… 052

第五章　政治冲突的两极化与戊戌变法的失败 …… 079

第六章　戊戌激进主义与中国"极致性"政治文化 …… 105

第七章　清末新政：
　　　　走向现代化的第三次选择 …… 133

第八章　辛丑变法：清末新政的序幕 …… 145

第九章　近代中国人对西方立宪的"文化误读" …… 171

第十章　英国模式与日本模式：
　　　　清末立宪派的两种选择 …… 187

第十一章 保守与激进：
　　　　　反对派与立宪派的思想论战 …… 215
第十二章 立宪缓行派为什么主张"开明专制" …… 229
第十三章 科举制的废除与清末游离态的社会动员 …… 250
第十四章 慈禧、光绪之死与清末权力真空的形成 …… 269
第十五章 从速开国会运动看清末政治参与危机 …… 284
第十六章 清末的权威危机与保路运动 …… 308
结　语 …… 349

附录一：走向静悄悄的革命
　　　　——略谈清末大变动时代的几个人物形象 …… 366
附录二：清末新政与改革的政治学
　　　　——思想手记 …… 374

第一章 中国近代变革的文化背景

一、传统国家与"感应型"现代化

从近代世界的历史来看,由于各民族与国家的历史与文化背景、社会与经济条件和各自所面对的国际环境并不相同,各个民族走向现代化的途径与发展道路也各有所不同。

从事现代化比较研究的学者通常根据各个民族与国家走向现代化的历史起点与文化背景条件的不同,把世界各国的现代化过程分为以下几种类型。

以英国与法国为代表的现代化类型的基本特点是,构成现代化社会的那些基本的政治、经济与文化要素,如布尔乔亚的阶级力量、市民社会、市场经济、世俗理性与人文主义的价值等等,是在社会内部自然发展起来的。这些内生的社会、经济与文化要素在长期历史演变中又彼此整合,形成有机的整体,它们与社会内部原有的封建体制发生冲突并取而代之,从而构成西方近代文明的基础。正是由于这种现代化要素的内生性与原发性,人们通常也把这种类型称为原生型的现代化模式。

以美国、加拿大为代表的欧洲移民型或次生型现代化类型的特点是,构成欧洲原生型的资本主义社会的各种因素,几乎是原封不动地被欧洲殖民者从其母国带到了北美大陆,并在北美殖民地大体"复制"出来,这是一种没有经历封建社会的现代化类型。

以法国大革命后的欧洲大陆国家为代表的开明专制型现代化类型的特点是,工业化水平相对落后,具有现代化导向的开明君主运用传统的权威合法性,自上而下地推行有利于现代化的国策,从而在新与旧之间实现了一种基本的平衡。

除了以上欧美国家的现代化类型之外,还存在以西班牙、葡萄牙统治的殖民地国家为代表的拉美殖民地现代化类型。

除了上述几种类型的现代化模式之外,在世界各国的现代化历史上,还有一种重要的现代化变迁模式,那就是,中国、土耳其、伊朗、泰国、日本这样一些东方传统君主国家在承受西方挑战之后开始的"感应型现代化"。

这种非西方的传统国家的现代化有什么特点?

如果把前面几种类型与"感应型现代化"类型相比较,就会发现,无论是原生型、次生型,还是拉美殖民地型国家的现代化模式,都有着一个共同的特点:从西方发源的近代工业文明、西方式的市民生活方式与文化价值模式,均是不同程度地、长期地、直接地渗透在这些民族或国家社会经济生活的内部,并构成这些社会文化中的不可分离的基本组成部分。换言之,西方工业文明与西方文化价值,在不同程度上属于这些国家现代化过程的内部因素之一。

然而,那些属于"感应型现代化"类型的传统主权国家,它们有着自己独立的悠久的文化传统与历史。对于这些传统国家来说,西方近代文明与西方列强的挑战,是一种前所未有的外部压力与刺激,而不是组成其社会经济生活的内部成分。

当西方挑战来临时,它们便会自然而然地运用自己的传统价值尺度、思维方式与信条，判识这种前所未有的西方文明的性质，并根据这种判识和性质定位来确定自己认为合适的对这种外来刺激的反应方式。同时，这些传统国家进而又会运用自己的传统权威资源与自主的官僚国家的行政机器，动员自己独立的资源力量，来对这种外来的冲击实施能动的反应。

这些具有自己悠久文化传统与主权的专制国家，是通过何种动力而走向现代化的呢？

一个基本事实是，传统国家在承受西方挑战的压力以后，便开始逐渐地进入一种自觉或不自觉的、被迫或主动的对这种挑战进行回应和调适的过程，而这种调适与回应，在客观上也就展示为一种特殊的社会变迁过程。这种社会变迁的自然逻辑结果是，传统社会的各种器物、制度，以及对传统社会进行整合的各种机制，渐渐被某些过去所没有的新的因素和机制所取代，各种可以作为现代化程度的量化指标，如市场化、社会流动性、独立的社会群体与市民社会、工业经济、交通与通讯、信息的流通程度、世俗化的价值取向等等，均有了前所未有的发展。正是在这个意义上，自近代以来，传统主权国家在回应西方挑战的过程中而形成的政治选择与社会结构的变迁过程，也就是"感应性"的现代化过程的早期阶段。这样，一个古老的传统的专制社会，便向更具现代性特征的社会转变。

包括中国在内的传统主权国家，自19世纪中后期以来的历史，具有多方面的内容，远非"现代化"这一概念所能全部包容。这些国家所有重要的变化也未必是由西方所引发，而且，即使是这些国家对西方势力作出的反应，也受到其本身的文化、历史与社会内部因素的制约与影响。20世纪70年代以后，美国学者柯文（PaulA.COhen）在《在中国发现历史：中国中心观在美国的兴起》

一书中,对以往学者在运用"西方冲击—中国反应"分析模式的过程中出现的过于简单的倾向,进行了相当系统的批评。然而,从历史的基本趋势而言,西方挑战与中国回应,仍然是理解这类后发展国家早期现代化的不容忽视的基本线索。

总而言之,属于"感应型现代化"类型的国家与前几类国家相比较,是在尚未接触过西方近代文明这一对手的情况下,突然地、被迫地面对这一来势逼人的对手的挑战的。并非所有的传统专制国家都能通过自主的能动的对西方挑战的反应而顺利地实现自身的现代化:有的国家取得了相当的成功——日本便是通过对西方挑战的回应而取得现代化成功的众所周知的突出例子;而有的国家由于不能适应这种挑战而备受挫折与失败,并导致传统王朝在现代化过程中崩溃。

正因为如此,一个传统国家对西方挑战作出的反应是否成功,以及这种反应过程能否顺利地转化为传统体制与价值的自我更新与变革,也就决定了这个国家早期现代化的历史命运。

人们自然会提出这样的问题:导致传统政体所推行的现代化政策取得成功与招致失败的原因是什么?

在研究这一类国家的现代化时,人们会发现,这一变迁和发展的结果不但受制于西方(也包括后起的日本)列强这种外部冲击力量的特点,而且也受制于这些国家与民族自身的传统政治体制、社会结构、文化价值与政治精英对西方挑战作出反应的特点。我们把这种特点称之为传统主权国家的"综合反应能力"。这种反应能力,不但影响了这个国家应付民族危机的能力,而且也影响了中国近代变革过程中先后产生的不同的政治模式选择。

在本章里,我们将以传统主权国家对西方挑战的"综合反应能力"作为中心,来分析中国近代变革的基本特点。

二、中国传统价值体系应付西方挑战的特点

本文所提的"综合反应能力"指的是传统主权国家作为一个整体,运用自己的传统价值观念、政体结构与经济能力对西方挑战的外部冲击作出有效回应与自我调适的能力,即这个国家的统治者和政治精英,能否相对准确地对外来挑战的信息作出客观的判断与认识,能否及时有效地动员原有的各种人力、物力与财力等各种社会与经济资源来应付外来的威胁,能否成功及时地对传统政治体制进行自我更新的变革以适应外来的挑战,等等。

"综合反应能力"便是这些因素彼此相互结合而形成的应付外部压力与危机的能力与自我更新的能力。

大体上,我们可以把这种反应能力分为三个基本方面。

构成传统主权国家的"综合反应能力"的第一方面因素,是该社会中占主导地位的价值体系,它为人们提供了对异质的西方事物作出评价与解释的基本框架。自19世纪后半叶以来,当西方列强以近代工业文明为后盾对中国进行咄咄逼人的挑战和侵凌时,传统的独立国家自然会根据自己的价值尺度、文化标准、思维方式与政治信条,来判识与评价这种外部冲击力的性质。人们必须经过这种价值定位与解释,才能对西方挑战作出相应的政治反应与政治选择。

构成这种反应能力的第二方面因素是传统的政体结构。这里指的政体结构其外延要比政治制度更为广泛,它包括该政权运用自己的专制国家机器作为"效应器"来实施能动的反应的能力,国家动员本国现有的稀缺的资源和吸纳政治精英的能力,组织军事力量反抗外部入侵的国防能力,更为重要的是,运用国家的权

威建立新的制度与机制的能力，以及对复杂局势的灵活应变的制度弹性，等等。

构成这种反应能力的第三方面因素，是统治精英的决策能力。在既定的价值体系与政体结构的条件下，统治者的政治倾向性、对全局的控制能力、执政领导能力、经验、智慧与政治洞察力，同样是影响现代化变革成败的至关重要因素。

对于西方挑战所作出的反应成功与否，传统国家的统治者在多大程度上能克服由此引起的民族危机，避免本民族生存条件的恶化，这些都决定了这个国家和民族在西方冲击下的命运，也决定了这个国家早期现代化的前途。

下面，我们将对构成近代中国传统国家的综合反应能力的基本要素（主要是主导价值体系以及传统政体结构），进行概括的分析。

主导价值体系

一个传统社会的主导价值体系包括国家官僚阶级与民众认同的意识形态、信仰宗教、思维方式、政治文化素质以及对异质新事物的态度等等。

如果从这个角度来认识中国的传统文化和价值体系，人们会发现，中国自古以来以中原为核心，由内向外辐射状传播文明的方式——用法国学者芮因柯特的话来说，即"阳光文化"的文化心态和思维定式[①]——极大地抑制了中国统治者与士绅对异质的西方文化的积极意义的认知能力。与善于吸收外部文化的日本的"月光文化"相比，具有"阳光文化"特征的中国传统的主导价值

---

① [法]芮因柯特：《中国的精神》，第107页，哈珀出版公司（纽约）1965年版。

体系在认知异质的西方文化时,就显示出巨大的文化惰性。①

其次,中国幅员辽阔,文明悠久,以致对外部世界难以产生强烈的兴趣,也难以产生见微知著的危机意识。这一点又与岛国日本不同,后者始终具有一种惧怕与国际社会割断联系的文化孤独感与不安全感,这种文化心态在咄咄逼人的西方挑战面前,很容易激发为敏锐的危机感和要求变革的内驱力。

再次,由于中国幅员辽阔人口众多而又缺乏强有力的宗教传统作为政治统治的辅助整合力量,这就促使官学化的儒家意识形态不得不经由性理化的方式,向宗教化、信仰化发展,从而一身兼两任地掌管政治秩序与道德秩序的双重功能。于是就导致这样一个文化后果,那就是这个民族的主导思维方式中,其认知功能与宗教性的信仰功能没有分化。

更具体地说,对于一种异质的文化的判识,需要以客观求实的世俗化的认知功能来实现,只有这样,才能如实地把握该对象的特点与性质;另一方面,对于这个民族的传统秩序的"神圣性",则需要宗教化的意识形态学理来论证,以此来巩固这种传统的统治秩序。然而,由于中国传统官学化的儒学作为士绅官僚安身立命的意识形态,其认知功能与信仰功能实际上合为一体而没有分化,这就使深受儒学浸淫的士大夫官绅阶级很难摆脱儒学的类似宗教教义的思维方法和信仰,来求实地、世俗地判识和理解西方异质的工业文明的价值与意义,其结果必然是对西方文明在认知上的扭曲与错位。

当中国传统的政治精英与知识精英把他们心目中的"圣学"

---

① 参见拙作《儒家文化的困境:中国近代士大夫与西方挑战》,四川人民出版社1986年版。

视为类似宗教的超越时空垂宪万世的大经大法，而无须"化外"的异邦人来加以变更、补充和发展时，来自西方文化的信息冲击只能被认为是完美的价值系统之外的谬误去予以摈斥了。中西文化的差异与冲突将被人们视为圣教与异教的冲突。用士大夫保守派代表人物叶德辉的话来说，那就是"人之持异教愈坚，我之护圣教愈力"。

可以说，官学化、名教化的儒家意识形态，由于它所承负的宗教教义与政治信仰化的功能，乃是一种渗透着反世俗理性的保守的价值体系。这一点可以解释中国传统文化何以在近代具有如此强大的保守性。①与之相比，日本的传统思维模式具有日本近代启蒙思想家福泽谕吉所称的朴素的"实利主义"倾向，②近代日本人能更为功利主义（即更为工具主义）地来判识一种外部文化的价值和意义，这就使近代日本人在应对西方异质文明的冲击时，较少地受到传统教义和信仰的约束，并使这种传统的朴素的实利主义转变为现代化所必需的世俗理性，从而能更为迅速地吸收现代科学技术与经济成果，并能更客观如实地判识西方政教的意义。

中国传统政体结构

中国传统的高度集权的专制政体，从表面上看来，存在着一系列有利于"感应型现代化"起步的因素。例如，较之分权制的封建制（Feudalism）政体，这种专制集权政体，具有较高程度的自上而下的命令贯彻能力；集权型的传统政府，可以运用现存的

---

① 参见拙作《文化失范与现代化的困厄》，载《读书》1988年第10期；又见《萧功秦集》，第344页，黑龙江教育出版社1995年版。

② [日]福泽谕吉：《文明论概略》。

官僚系统，自上而下地对发展中的诸种矛盾与问题进行干预、协调与解决。现代化的政策一经确定，传统专制君主和政府还可以运用"君权神圣"的权威，以圣旨自上而下地强制地推行变革政策，而传统体制内并不存在任何足以对抗这种传统君权的政治力量来抵制君主进行现代化的努力。正是在这个意义上，传统集权政体的统治者一旦认识到现代化变革对国家和民族的前途，以及对王朝本身的前途的重要性，他就可以运用自己享有的普天之下臣民对自己的权威的遵从和现行官僚系统来执行现代化的使命，形成"国家监护型"的现代化体制。单就集权专制政体本身而言，它并非是对现代化启动的不利条件。

那么，传统的专制集权社会中，有哪些消极因素阻碍了清政府主导的现代化运动取得成功？

这里，我们可以通过严复对清代专制政治的深刻剖析，来认识这种体制在应付西方挑战时显露出来的问题与矛盾。

严复是中国近代思想家中最早认识到中西文化立国精神的不同的人，在他看来，中西文明立国精神的不同，对于一个国家的政治制度层面有着极为重要的影响。他指出，西方文化是"互相砥砺，以胜为荣"的文化，这种以竞胜为本位的文化价值渗透于各个方面。而中国文化的基本精神是以"止足为教""相安相养""防争泯乱"[①]为本位的文化，这种立国精神上的根本差异，反映在中国传统政治制度层面，就是"禁非有余，而进治不足"。当西方"竞胜性"文化与中国"防争泯乱"的文化相抗衡时，后者就必然陷入极为被动的境地。

以"防争泯乱"为基本原则的专制政体，在多大程度上决定

[①] 严复：《论世变之亟》，《严复集》第一册，第1页，中华书局1986年版。

严复

了中国近代变革过程中"综合反应能力"上的消极特点？严复对此曾进行了一系列分析。

严复认为，正是这种专制政体抑制了社会成员（包括官僚士绅精英与下层民众）的微观活力与主动性。他指出，自秦以来，专制统治的主人，为了维护自己的政权不再受到他人的争夺，用"猬毛而起"的法令来约束人们的行为，而这些法令，十之八九，皆是"坏民之才，散民之力，漓民之德者也"。① 他还指出，中国的统治者，以钤制民众的主动性这种高昂代价来换取统治上的便利与安全。专制政体不知不觉地使民众"弱而愚之"，其结果就使中国人在外敌威胁面前失去主动的自卫能力。这就如同"其卑且贱"的奴产子无法与"其尊且贵"的贵人相斗一样。更严重的是，庶民既然无权过问地方与国家的事，那么，政治与公共事务方面的能力与兴趣也无从发育与培养，其结果也就是"通国之民不知公德为何物，爱国为何语"。这种"舍一私外无余物"的"苦力"与爱国者战，"断无一胜之理"。②

严复的这一分析，对我们认识中国清王朝对西方挑战的综合

---

① 严复：《辟韩》，《严复集》第一册，第36页。
② 严复：《法意》，《严复集》第四册，第985页。

性的反应能力具有重要的意义。

首先,这种社会难以产生在思想上、精神心智上与能力上应付复杂多变的国际形势的人才。传统文化与政治体制窒息了这种能力的生长机制。而且,这种政治倾向性随着专制政治的完备而愈演愈烈。用严复的话来说,"其弊之甚,其害必有所终,故自与外国交通以来,无往而不居其负"。①

其次,一旦中国面临来自西方侵略而形成的日益深重的危机而产生要求变革的愿望时,由于在长期封闭的、大一统的体制下的中国人(从士绅、官僚到一般下层民众)基本上受的是同样的文化训练,经受的是同样的文化冲击,视野、态度也大多雷同,社会分化的水平很低,价值与观念态度的多元化程度很低,各种观念、价值与政治主张之间缺乏制衡与缓冲,其结果是,一种思潮成为主流,就会压倒另一种思潮,也就是一种倾向总是"掩盖"与压倒了另一种倾向。一种思潮崛起,大多一呼百应,形成两极化的震荡现象。恰如严复所言:"至于事极而返,则横议蜂起,溃然如堤堰之决。居上者欲捧土而彰之,而世风民气,遂不可问矣……"②严复所揭示的这一特点,对于理解中国自甲午战争以后陷入两极震荡具有重要的意义。

大体上可以认为,自近代以来,中国的传统专制国家的保守的官学化的意识形态信条与高度集权的专制政治体制相结合,形成一种特殊的回应西方挑战的综合反应模式。在这种模式下,一方面,保守的意识形态与传统思维方式相结合,作为对西方冲击的信息进行认知与判断的解释框架,但这种解释框架不能对这种

---

① 严复:《原富》,《严复集》第四册,第907页。
② 严复:《原富》,《严复集》第四册,第907页。

信息的性质与意义作出客观准确的判断与处理。另一方面，传统政体结构的僵化性及其"防争泯乱"的宗旨，使之不能对自身进行自我更新，其结果就是进一步在中西冲突中遭受新的屈辱、挫折与民族危机。

统治精英决策能力

除了传统意识形态价值观与政体结构外，在面临西方列强加之于中国的外部危机的关键时期，在政体结构、传统价值体系已经确定的情况下，处于权力中枢的决策精英的能力与政治选择的倾向性，也是一个值得重视的因素。面对危机与矛盾，这些关键的政治人物作出什么样的政治选择？他们的政治判断能力、组织能力、经验与洞察力如何？他们在应付突然来临的危机时，是否有足够的政治智慧与策略技巧来处理复杂的矛盾并争取统治集团内部某种力量的支持？他们所作出的改革计划是否合乎实际并有可操作性？他们是否善于利用西方列强之间的矛盾，尽可能地缓和外来压力，以争取变革所需要的宝贵时间？在同一时空舞台上，不同的政治角色可以演出不同的结果。

换言之，在同样的国际与国内条件下，一个有变革导向的而又对国家有足够的权威与控制力的统治集团，可以最大限度地利用传统体制的现存资源，排除保守派集团对变革的阻碍，来推进改革计划。相反，一个老谋深算的、有效地掌握国家最高权力的保守的统治集团，则可以最大限度地利用现存政体与主流价值体系的资源，巧妙地反对变革。而一个充满焦灼感的、政治上不成熟的变革集团，则可能由于战略上的失误，激起保守势力的联合反抗，最终使改革夭折，并且会在决定民族命运的关键时刻，使保守派得以东山再起。

在这一方面，日本的伊藤博文和土耳其的基马尔对本国的早期现代化所作出的贡献，可以说是有目共睹的。

当然，政治统治精英这种个人因素，在很大程度上仍然是受以上价值因素与政体因素的影响，但在分析一个国家现代化的历史过程时，个人的能力与政治倾向性，仍然是一个独立起作用的因素。

三、传统主权国家现代化的两种趋势

上述这些文化与政治因素，对于一个传统国家在西方冲击与民族危机的压力下进行变革，究竟有什么意义？

如果我们把综合反应能力中的各种因素加以综合考虑，就可以发现，"感应型现代化"类型的国家，它们各自不同的文化政治要素相结合，形成不同的综合性的反应能力，而这种能力的不同，也就造成了一个传统主权国家通过变革来实现现代化的成效与前景的不同。

下面，我们可以日本与中国这两种不同的反应模式来进行比较，以此来说明中国早期现代化的基本困难。

日本：传统因素与现代因素融合的模式

如果一个传统国家具有灵活的、强适应能力的、高效的政治体制，占统治地位的传统价值体系善于吸收外部信息，易于接受新事物并鼓励社会变革，政治精英又是善于在统治集团内部进行权力平衡并使支持改革的力量总是大于反对改革的力量，那么，政治精英就能充分利用传统价值、传统政体和现成条件，自上而下地推进变革并使传统结构进行逐步的转变，从而成功地应付西方挑战。这种现代化过程取得的实效，反过来又进一步增加推进改革的政治权力中心的权威合法性资源，使得改革者可以进一步利用这种传统权威资源，进一步推进新的难度更大的变革，形成良性循环。

大体上，我们可以把近代日本看作这种类型的例子。

日本的传统政治结构是非中央集权的。在幕府体制下，多元并存的藩封组织在政治上有一定的政治自主性与对外部世界的自主的反应能力。这种相对独立的藩封政治实体可以在中央政府无法控制的地区与范围内产生一批思想敏锐的先进人才，而不受大一统的中央体制专制政治的约束与支配。

日本的传统社会结构与长子继承制，使浪人中产生一批没有产业可继承的下层武士，这种在经济地位上处于游离状态的武士阶层，在开放的条件下较科举制度下的中国士绅阶级更不容易受旧的价值观与"学而优则仕"的前途吸引；他们更容易接受新事物，成为承担改革与现代化使命的主要力量来源。

由于日本明治维新的中央集权政府是在传统幕府制度之外"另起炉灶"的，这就可以使居于高层的明治维新统治者能以新的选拔人才的标准，从大批新型的有现代化导向的武士阶层中直接吸收人才，使推进改革的政治中枢生气勃勃。

从日本的传统价值体系来看，更是有利于在接受西方挑战的冲击下进行自我更新的。首先，日本与中国相比，从来就具有从外部世界接受新文化的历史传统与民族文化习惯。日本习惯于"由外向内吸纳"的文化传播方式。这种文化思维习惯，在回应西方挑战方面，确实显示出更大的优越性。这种心态条件使日本人更容易接受西方新的异质工业文明。

其次，日本传统思维中的实利主义倾向使其在判断一种外部事物时，更倾向于对其可能产生的实际效果发生兴趣，而不是对其"义理"上的正邪感兴趣。这种功利主义的态度，使日本人能更容易地克服意识形态的"泛道德主义"的思想障碍，这种文化倾向更容易转变为现代化所需要的"世俗理性"。在这里，值得一提的是日本民族的"岛国心态"。日本岛国环境中产生的那种害怕与外部世界隔断联系的文化上的孤独感与不安全感，在咄咄逼人的西方文化面前，很容易激发为见微知著的危机意识与文化创新意向。甚至日本神道教与儒教并尊的多元文化结构对于保持传统价值体系在外力冲击下免于全盘崩溃的那种两层"抗震"功能，也是功不可没的。

上述政治结构与文化结构诸因素的相互结合，形成一种日本回应西方挑战的特殊的"综合反应能力"。其结果是：当日本与西方列强在国力与文化进步上的差距还不是很大的19世纪后期，日本不误时机地推进了本国的现代化进程，此后又在甲午中日战争中一举打败了中国，成为东亚第一强国。

日本在现代化进程中所取得的种种成功进一步增强了日本的民族自信心与对天皇权威的效忠心，这又反过来使日本统治者可以利用这些新增加的权威合法性资源来推动进一步的变革，形成一种良性的发展机制。

这种反应方式的基本特点是：在这个传统主权国家现代化过程中，构成传统文化与政治的基本要素，如传统天皇权威的合法性，神道教与儒教的价值体系，等等，均没有在社会变动过程中解体。

在这种反应模式下，一个民族的主流传统文化中的基本因素，以及既存政治秩序，都会在应对现代化挑战过程中保持着历史的连续性与不间断性；传统文化在该民族的政治精英、知识分子民众中，将始终保持其权威性；这些传统因素在现代化过程中与西方近代文化因素有机地结合起来，并融汇为新的综合的文明。

在这种反应模式下，激进的反传统主义，与传统疏离的文化叛逆思想，以及政治上的激进主义均很难找到生长的土壤与基础。

中国：现代化过程的两极对峙模式

传统主权国家在其现代化过程中，还存在着另一种消极的可能前景。那就是传统主权国家原有的各种文化、政治要素——意识形态、政治权威与政治结构——均不能成为变革过程中的社会整合的基础。这就使社会中的政治精英及各个阶层的民众，在没有共同的价值信仰与凝聚中心的情况下，作出往往是两极化的政治选择，从而使这个传统国家通过自我更新的方式实现现代化的过程备受挫折。清末中国的历史可以作为这种反应模式的例子。

在这种模式下，一方面，保守的意识形态与传统思维方式相结合，作为对西方冲击的信息进行认知与判断的解释框架，而这种解释框架却不可能对这种信息的性质与意义作出客观准确的判断与处理；另一方面，传统政体结构的僵化性使之不能对自身进行自我更新，其结果就是进一步在中西冲突中遭受新的屈辱、挫折与民族危机。

这种危机的形成与发展，是理解中国早期现代化过程中之所以出现政治激进主义的关键。更具体地说，这种性质的危机将会产生以下三方面的历史后果。

首先，是深度危机感的形成以及这种深度危机感所产生的心理压力，对人们的政治选择将会在非理性层面产生支配性的影响。更具体地说，民族危机急剧深化会在政治精英中产生一种极度的焦虑感，产生一种"病急乱投医"的政治心理失衡。改革精英在这种激进心态支配下作出的政治选择往往会不顾社会客观制约条件，其结果是事与愿违，使变革运动遭到悲剧性的失败。

其次，对西方挑战的保守反应所引起的民族危机的深化将使一个国家的传统君主权威与传统价值体系丧失它们在国民中享有的合法性，这就使一个社会失去了得以凝聚与整合的基础。19世纪末以来开始出现的清王朝的权威危机便是一个明显的例子。

第三，这种类型的民族危机对政治两极化产生一定影响。突发的民族危机的加深将进一步导致政治精英与知识精英内部在解决危机方式、途径方面，在对待传统政治秩序、传统文化价值等问题上出现日益严重的认同分裂与政治两极化。

坚持传统的政治与文化信条的保守派势力，与深受危机感、焦灼情绪煎熬的激进派之间，将出现严重的对峙与冲突。前者力求以古老的儒家意识形态信条来维持人心，以此阻抗西方文明的输入与西方列强的入侵，后者则力主以更激烈的方式来重组政治结构与文化价值。人们可以从戊戌变法到清末新政以来的中国变革史中，看到这种政治两极化的开端。

在危机不断加深的情况下，传统政治权威合法性的危机与反体制的激进主义思潮相结合，就会进一步冲击现存秩序的合法性，最终将导致传统王朝在现代化过程中的崩溃。

而这种保守与激进的两极对峙，并没有因此而消失。相反，由于社会整合出现的困难，"回到传统去"的保守主义与"彻底抛离传统"的激进主义则各自找到了新的根据。这样，这种两极对峙将一直在此后的中国变革史中不断出现。正是在这一意义上，对中国近代变革的研究将深化我们对中国现代化复杂性的认识。

在以下各章里，我们将具体地展开对中国近代变革过程的分析。我们将通过研究中国近代民族危机的深化，深度危机感的形成，清廷权威合法性的流失，以及政治精英与知识精英中的认同分裂与政治两极化，来考察鸦片战争以来（尤其是戊戌变法与清末新政）的历史过程。通过这一视角的分析，将有助于人们认识中国近代变革中的激进思潮的起源、发展与演变的历程。

第二章 从鸦片战争到甲午战争：中国对西方挑战的基本反应

在分析了构成中国传统国家面临西方挑战过程中的"综合反应能力"的基本因素之后，人们就可以从这一角度来考察中国近代历史的发展演变线索，并进而研究这种反应能力是如何影响了自鸦片战争以来不同阶段的执政精英为应付民族危机和社会困局所作出的政治选择。

一、政策创新是清王朝变革的起点

19世纪中期以后，清王朝走向变革，完全是一个不自觉的历史过程。当西方挑战来临时，中国传统主权国家的统治者主观上为排除外部环境对本系统的压力的过程，客观上就展示为以西方文明的某些方面为楷模而进行的政策创新与文化借鉴的变革。

首先，这是因为就统治者主观的目标而言，政策创新的目的是排除"洋夷"对作为天下中心的中国的"干扰"，因此，中国的执政者自然而然地就会运用传统的权威合法性与中心象征符号，以自上而下的官僚政体作为动员手段，集中有限的财力、人力与物力资源，以应付迫在眉睫的外部危机，并增强应付外来危机的军事、经济实力。

其次，从客观条件而言，清政权的专制集权结构，在回应西方挑战过程中还有其特殊的合理性。这是因为：一方面，中国传统社会内部还没有足以推进现代化事业的民间社会力量，社会内部还不足以产生自下而上的抗衡西方挑战的组织力量。另一方面，在面临西方挑战时，清王朝的国家主导型的集权体制还有其现实作用。那就是，随着变革的深入，国家主导的集权的政治模式有助于在面临外力压迫时，防止社会内部分裂和地方的离心化倾向。这种具有新的功能目标的集权的政治模式，是"感应型现代化"过程中动员变革的基本杠杆，而且也是实现社会与政治经济诸方面整合的不可缺少的中枢和调节系统。正是在这个意义上，梁启超认为"今日吾国之所最渴望者，在得一强有力政府，非此不能整齐划一，竞胜于外"。作为一个"外源型"的走向现代化的国家，由于社会内在的现代化动力机制的缺乏，国家充当了不自觉的现代化过程的主导者。可以认为，以传统政治权威形式来推行集权政治，来抗衡西方挑战，是传统专制主义国家走向现代化的历史起点。

然而，在应对西方挑战的过程中，传统主权国家要实现这种新的功能目标，并实现向现代国家的转变，就必须做到以下几点。

首先，它必须具有一种远比传统时期更为强有力的有效的对社会资源的动员和组织能力，这在组织层面便是一个功能分化的过程。

其次，对于复杂多变的受外力压迫和威胁的国际形势，需要执政者有足够的国际知识，灵活应付的能力和处理能力。这就需要形成现代人才选拔机制，使社会中的适应现代化需要的精英能不断地充实到推行现代化变迁的组织结构中来。

然而，过于简陋的传统的专制官僚政体结构，毕竟是中国数千年的专制统治者在适应传统文化生态条件和经济条件的过程中建构起来的。在面对数千年来未有之大变局之时，上述这种政体结构在适应新的要求和功能时，存在着严重的内部障碍和困难。

因此，传统的专制集权政体，能否在有限的时期内通过结构的变革，转变为能有效实施现代化功能的新型的集权政体，便成为传统主权国家能否成功地推进现代化并消弭由西方挑战和压迫而引起的民族危机的关键所在。如果这种转变能取得成功，早期现代化就能在这一转型过程中顺利进行下去，社会经济变迁也就能在既存政治秩序不受到严重挑战的相对稳定的条件下得以持续进行；反之，现代化过程就会出现日益严重的挫折，政权的合法性也会陷入日益深重的危机。

以上所述乃是一个传统主权国家走向现代化的逻辑过程。中国的情况如何呢？事实上，中国自鸦片战争以来的应付西方挑战的历史过程，并没有像日本那样成功地使一个传统的专制政体转变为推进现代化的"开明专制"政体。正如前一章所指出的，由于中国传统国家的"综合反应能力"所显示的保守性、僵滞性，从鸦片战争、洋务运动、甲午战争、戊戌变法到清末新政，清政权在应付西方挑战的过程中，不断地蒙受屈辱、挫折，由于民族危机的不断加深，最终导致王朝统治的全面危机。

下面，让我们来具体地分析中国历史上形成的"综合反应能力"对戊戌变法以前中国清王朝的政治选择的影响。

二、鸦片战争后的二十年：一个无所作为的时期

1840年的鸦片战争，无疑可以看作中国早期现代化的历史起点。然而，这却是一个没有被清朝统治者与士绅官僚阶级充分重视和利用的起点。其主要原因与构成中国传统官学化的价值体系的封闭性有关。

由于传统的文化以自我为中心的思维定式的封闭性，由于传统的"内夏外夷"的文化信念对人们的行为的强大支配作用，鸦片战争的失败与《南京条约》的签订并没有使他们意识到这场中西冲突对中国未来的严重意义。

正如30年代中国近代史学者蒋廷黻指出的那样，从鸦片战争到第二次鸦片战争这近二十年的时间里，上自皇帝官绅，下至一般庶民，除像魏源这样的少数先觉者外，绝大多数人都没有从这场失败中看到中西力量对比上的差距。"奸臣误国"（指抚夷派琦善当权）便成为当时中国士绅官僚们对战败原因的基本解释。在当时不服输的士绅官僚们看来，既然百战百胜的林则徐被罢，使中国失去与英国角力的机会，作为天下中心的中国人完全没有必要从那些本来就应败在中国人手下的"洋夷"们那里学习任何东西。在鸦片战争以后近二十年里，中国人仍然还是用中古式的思想和观念来理解和解释"洋夷"与中国的关系，并准备继续以中古式的武器和战术来应付未来的冲突。[①]

正因为如此，鸦片战争的意义，仅仅在于使西方打开了中国神秘的大门，但它并没有促使中国人进而反思这场战争失败的意义。

正因为统治者与士绅民众在对付"洋夷"的态度和观念上并没有发生认识上的分化，战败以后的清政权仍然与过去一样享有相当充分的权威合法性。也正因为清政权统治者们没有从这场战争中领悟到任何新的信息，他们也没有运用这种充分享有的合法

[①] 蒋廷黻：《中国近代史》，第一章，岳麓书社1987年重印本。

第二次鸦片战争，英法联军攻入北京，洗劫圆明园。第二次鸦片战争给清朝统治阶级造成的惊愕感，远远大于第一次鸦片战争，也由此开启了洋务运动。

性资源来进行政策上的创新。蒋廷黻曾惊世骇俗地指出，鸦片战争最大的不幸恰恰是没有让林则徐继续指挥这场必然失败的战争，以致让中国保守而虚骄的士绅官僚阶级继续凭依那种虚幻的理由，无所作为地度过了此后二十年的宝贵光阴。①而这一段时期，对于中国来说恰恰是至关重要的。

三、洋务运动在中国早期现代化历史上的地位

洋务运动是中国早期现代化历史上第一个具有实质性意义的

---

① 蒋廷黻：《中国近代史》，第一章，岳麓书社1987年重印本。

阶段，它具有布莱克在《日本与俄国的现代化》一书中所描述的传统主权国家的"防务现代化"阶段的基本特征。

如果把洋务运动与日本明治初年的防务改革及俄国彼得大帝的军事上的西化运动进行比较，就会发现，它一开始仅仅确立了一些有限的目标，通过改革和加强防务来抵抗外来侵略；只要西方的科学技术而拒绝西方的政治体制，强调本民族的传统价值；包括农村结构在内的社会组织并没有受到影响，等等。人们决不应因洋务运动在目标上的局限性而否认它作为现代化初始阶段的历史地位。

洋务运动在中国现代化历史上的重要性，从思想变迁的角度来说，还在于它是中国世俗理性在政治精英中得到特殊发展的重要阶段。这里的"世俗理性"，是指人们的观念、思维方法、价值取向和行为选择从对传统的"神圣性"和教义的依附中摆脱出来的过程。更具体地说，人们主要是从经验与效果中，从利害关系中，从日常生活的功利考虑中，而不是从对传统的"神性"的信仰中或教条中，获得行为取舍的标准。

世俗理性的萌发与发展，是一个民族走向现代化的重要契因。中国早期现代化与西欧内源型的现代化的发生机制存在着根本的区别，在西欧，市民阶级的经济活动是导致人们从中世纪的神学束缚中解放出来的主要因素。而在中国，西方侵略所引起的强烈的民族生存危机感，以及由此引发的朴素的"求生"的警觉，才是产生中国特殊的世俗理性的基础。"泰西巧，中国不能安于拙也，泰西有，中国不能傲以无也。""夫天下莫耻于不如人，今独以学其人为耻，遂能雪其耻乎？""今日之敌，非得其所长，断难与抗。"洋务派的这种俯首可拾的言论中所显示的逻辑，不是从"圣人之学"的教义中演绎出来的，而是直接听从于民族求生意念这种"第一命令"的呼唤。这种特殊的世俗理性具有众所周知的价值褊狭性和局限性，但它却引发了从儒家类宗教的信仰主义的文化定式中脱逸出来的历史潮流，尽管洋务派官僚和士绅本人决没有意识到这一点。

洋务运动的现代化意义还在于，虽然洋务运动的主持者们并没有促进中国走向现代化的自觉意识，他们的直接目的是通过在防务领域仿效西方各国的"长技"来避免列强加之于中国的危机，以恢复中国原有的长治久安。但是他们如同打开了潘多拉匣子一样，不自觉地引发了中国从防务现代化向其他领域的现代化纵深发展的历史潮流。其原因就在于，现代工业文明是一个有机统一的社会整体，例如，军事工业必须以重工业和机器制造业为基础，

晚清时代的福州船政局，洋务运动的代表企业之一，又名福建船政局、马尾船政局，由闽浙总督左宗棠创办于 1866 年，是中国近代最重要的军舰生产基地。

而后两者又必须以铁路、交通与开矿业的相应发展为条件,而所有这些又必须通过发展现代的教育和培养专门技术人才才有可能,为了走某一步就必须走与此相关联的另一步。正如黑格尔所指出的那样,对于历史来说,重要的不是人们想做成什么,而是通过人们的努力,实际上做成了什么。

实际上,洋务运动所凭依的传统的相当简陋的体制,是适应中古式的自然经济与宗法社会的整合要求而形成的,从后发展社会的现代化过程的角度认识,洋务运动中确实暴露出严重的腐败、浪费、低效率等种种弊端,这些消极现象与传统集权体制缺乏对新产生的功能的弹性与适应性有关。从经济学的角度而言,运用国家的力量,强制地高度集中有限的稀缺资源以保证某些特殊部类的工业(例如军事工业)的迅速增长,只有以牺牲资源的有效配置和效率为条件。而西方工业的发展是在一个相当漫长的时期内,在社会分化达到一定程度之后,通过社会内部的自主的个体之间的充分竞争才得以实现资源的有效合理配置的。因此,不能以西方原发型现代化国家的标准来判断中国洋务运动的经济效率水平。另外,中国传统社会没有也不可能为突发的工业发展的要求提供合适的专业人才,这就使得低效是不可避免的历史现象。

从洋务运动时期清政权的权威合法性的情况来看,除了太平天国起义阵营这种体制外的农民造反势力对清王朝的统治构成相当的威胁之外,在体制内部,一般士绅与庶民百姓仍然在政治上认同这一政权。在士绅知识分子与统治精英之间,在通过自强运动来实现增强国力的目标上,并没有出现重大的认同分裂。

从清末洋务运动的权力资源的分配上来看,在最高决策者、上层以满清贵族为主的务实派(恭亲王奕䜣、文祥)与以汉族士绅为主的地方督抚(曾国藩、李鸿章、左宗棠等)三者之间,形成一种权力共生关系,这种权力结构对于洋务运动在既存体制内的运作具有重要意义。洋务运动之所以不致受到后来戊戌变法那样的严重挑战,显然与这种权力结构有关。

在"同治中兴"到光绪中期的二三十年中,列强与中国之间已经形成一种被双方认同的新的交往模式,相对以后的事态突变而言,外部危机并没有使中国执政者与士绅阶级认为迫在眉睫。新型的精英人才并没有大量出现,原有的体制并没有承受自下而上的政治参与要求的压力,体制内的政治冲突并不严重。传统帝国的中心象征(即官学化的儒家意识形态)通过洋务派"中体西用"这种折中主义式的新的诠释,其世俗化程度已经有所提高,并仍然是政治统治者与社会精英之间形成政治共识的基础。

综上所述,虽然与日本分权制的传统政体相比,中国对付西方挑战的"综合反应能力"远不如日本,中国向更富有弹性和适应性的体制转变的过程更为艰难缓慢,但只要假以时日,中国通过"洋务模式"来逐步实现从传统社会向更为现代的社会的缓慢转变,从理论上看仍然是可行的。

换言之,从清政权的权威合法性、中心象征对社会成员的凝聚力、政治认同程度、政治参与对体制的压力、现行政治程序的有效性这些考量传统政体的集权现代化的可操作性的基本变量来看,如果给予洋务运动以相当长的时间,在这一相对稳定的发展时期中,经过一二代人的努力,随着经济社会结构转变,清王朝将经由自我转变而演变为"开明专制"。这种新型的权威政体,使中国可以在保持历史连续性的条件下走向现代化的新阶段。

四、甲午战争以后：危机驱动型变革阶段的开端

然而，问题恰恰在于，就外部世界局势的迅速变化而言，近代中国对西方挑战的"综合反应能力"毕竟过于迟钝了，从鸦片战争到甲午战争，历史给予中国有近半个世纪的不算短的时间，但清王朝的权贵、官僚与士绅知识分子并没有能利用这段时间进行政治、经济与文化价值领域的有效变革与创新，而国际环境却在这一段时间内发生了急剧的变化。

19世纪90年代，日本通过明治维新而迅速崛起，日本现代化的成功使其国力与军事力量凌驾于中国之上，并加入西方列强的行列对中国发起咄咄逼人的挑战。当时在国内政治舆论上占优势地位的激进的"清流党"影响了清王朝高层的对日关系的决策，使中国与日本过早地"摊牌"，甲午战争终于爆发。

从1894年的甲午战争开始，中国进入一个急剧变动的多事之秋，此后二十几年中，几乎每隔几年就会出现一次划时代意义的重大历史事件：1895年的《马关条约》；1898年的百日维新；1900年的庚子事变与八国联军之役；1901年开始的清末新政；1905年的筹备立宪运动；1911年的辛亥革命与议会民主政体的建立；1913年袁世凯在镇压二次革命之后，以铁腕建立的军事强人政治；1915年的帝制运动；1916年袁世凯死后权威政治体制的瓦解，帝制复辟与北洋军阀时期的开始；此后三年，又出现划时代的五四运动。

自中国有史以来，从来没有一个时期像这一段历史那样，在短短二十年左右的时间内，充满如此复杂、丰富、深刻而急剧的变动。

这一变动的基本特点是，民族生存条件的急剧恶化与危机引发了日益强烈的变革思潮运动，并由此在政治、社会、文化思想价值与经济生活诸方面形成新与旧，激进与保守，改革与革命，国粹与西化，权威与自由，民主与专制等种种思潮的对峙与冲突；这种思想冲突与社会政治变化不但直接影响了从20世纪以来直到当今中国的面貌与命运，而且又以新的形式在当今中国重新出现。

传统中国与现代中国的历史分界固然可以有不同的分法，但就历史巨变的起点而言，如果当今的中国人要追溯现代中国与传统中国的历史分界线何在，那么，人们将会发现，这一分界并不在两百多年以前的1793年，这是因为，尽管那一年英国特使马戛尔尼给乾隆皇帝带来了西方挑战的最早信息，而当时几乎没有一个中国人意识到这种挑战信息的意义；这一分界也不在鸦片战争，因为这场战争虽然正式打开了中国封闭的沉重的大门，而中国人却远没有因此而从沉睡中惊醒；甚至，这一分界也并不在1870年开始的洋务运动。这是因为，虽然这一以防务近代化为中心的运动不自觉地引发了中国经济文化领域的现代化历史潮流，但这一运动在自觉的思想价值层面方面毕竟过于褊狭，它并没有引起人们在自觉层面上的变革要求。

中国剧变的基本分界线，恰恰就是距今一百多年以前的甲午战争。作为历史剧变的起点，它与过去最根本的区别是：甲午战争以后，中国政治与知识精英产生一种前所未有的强烈而持续的危机感，正是在这种危机感的驱动下，形成一种强烈而亢奋的变革动力，它引导着中国人更为主动地参与体制变革。这种由于危机感而引发的自觉的变革意识与政治行动结合起来，使人们能动地发起了一次又一次的变革运动。从此以后，中国进入一个由人们的群体性的自觉意识参与的政治变动时代。

日军拍摄的甲午海战照片。1894年9月17日,甲午海战爆发。号称亚洲第一、清政府花费数百万两白银打造的北洋水师,在与日本联合舰队的一系列激烈交战后,损失惨重,退守威海卫基地。

甲午战争失败对中国"综合反应能力"有什么消极影响?

首先,民族危机的加深使传统权威形态与价值体系对社会的整合能力急剧削弱,而新型的制度结构又一时难以建立起来,这就进一步削弱了"方寸大乱"的传统国家动员各种资源以应付列强挑战的能力。

其次,民族危机的深化使更为激进的、心态上更为亢奋而在政治上又缺乏足够政治阅历的戊戌变法派走上政治的前台,变法运动取代了洋务运动成为中国早期现代化的新的历史选择。此后,中国的变革就陷入一种由危机感与亢奋的求变心态相互交织而形成的恶性循环的"怪圈"之中。

正是在甲午战争以后,传统政治秩序、政治体制、文化价值在猛烈的变动过程中日益趋向于瓦解,这正是中国此后历史的基本趋势。特别要指出的是,甲午战争以后出现的特殊的变革心态具有相当明显的激进特征,它为知识精英与政治精英的政治参与提供了一种特定的思维方式与价值选择,并由此而影响了中国此后现代化的历史进程。这一点是理解此后中国历史的基本环节。

在以后的各章里,本书将进一步具体地分析,由甲午战争失败而引发的变革思潮如何把戊戌变法派推向了历史的前台,他们的激进变革思想与心态是如何受到了甲午战争失败所引发的危机感的支配,他们的战略失误又与中国传统政治文化有什么内在的联系,为什么日益激进而亢奋的变革思潮会成为清末变革思潮中的主流,早期现代化的挫折与激进的变革心态相结合会产生什么样的历史后果……而这一切,无疑是认识20世纪以来中国变革历史的重要线索。

第三章 清末变革新阶段的来临

一、戊戌变法：变革的制约条件

我们可以把清末现代化大体上划分为两大阶段，从鸦片战争、洋务运动到甲午战争为第一阶段，从此后的戊戌变法到清末新政为第二阶段。

以洋务运动为中心的前一阶段的基本特点是清政权是利用现存的"祖制"作为推行变革的手段。在洋务运动时期，现存的权力运作程序、自上而下的官僚权力机构、政治精英所依据的政治信条、政治整合方式基本上仍然是传统的，除了增设"总理各国事务衙门"这样的个别新机构外，政治体制没有作重大的变动。清末执政者只不过运用这种现存的国家权力结构来推行不同于过去的新的政策。正如前文所指出的，只要在最高执政者、中央的满清实力派权贵与汉族士绅为主的湘淮军领袖（即地方实力派督抚）这三者之间形成权力共生关系，上述新政策就可以在无须对体制进行大的变动的情况下得以推行。这一特点决定了统治精英内部在价值观念、利益分配方面的矛盾与冲突并不十分严重。

而在以戊戌变法与清末新政为标志的后一阶段，推进变革的政治精英已经认识到，由于传统体制的僵滞性和专制政治与文化的强大惰性，局部的政策调整远不足以解决民族生存危机，推进较大规模的制度创新是摆脱危机和实现富国强兵目标的必由之路。而为了使这种制度创新得以实现，这就涉及对传统的政治运作程序、官僚制度、政治参与的固有方式、对社会进行动员的方式等等进行变革，只有这样才能使新型人才进入政治中心以替代较为陈腐的旧式官僚，这种体制性变化是第二阶段不同于第一阶段的最主要特点。

戊戌变法是在现存体制的权威合法性资源相对充足的条件下，运用这种传统权威合法性自上而下地大规模进行体制创新的变革运动。直到鸦片战争以后近六十年的1898年，中国才终于真正获得了一次来之不易的变革机会。

如果变法取得成功，清政权的权威合法性将有可能由于改革产生的实效而进一步增加；而进一步增加的权威资源又可能推进进一步的变革，从而形成权威资源与改革实效之间的良性循环。如果变革失败，民族危机的加深将进一步损耗统治者的权威合法性，知识分子精英与民众对现存制度将产生越来越强烈的疏离与反抗，统治者将不得不在权威资源极为贫乏的条件下，在深重的危机压力下从事新的变革。这两个因素的结合，一方面使统治者由于受危机感的驱使而不得不采取前所未有的大幅度的变革举措来克服危机；另一方面，权威的缺乏又使政治认同程度与凝聚力极为有限。这就产生整合上的矛盾。

这场变革以失败的悲剧而告终。在以往的研究中，学者们更多的是着眼于从保守派的顽固抵制来探求这次变法失败的原因。我们所关注的中心问题是，这场传统专制政体下的变革运动的客观制约条件是什么？变法运动的失败在多大程度上与变法者本身的不成熟以及与他们所作出的激进主义政治选择的失误有关?

在以后几章里,我们还将研究,在不断遭受内外危机的情况下,中国的改革派精英为什么会采取激进主义的政治选择?戊戌变法派人士的政治激进主义有哪些基本特征?它得以产生的文化根源是什么?这种政治选择在多大程度上与中国传统政治结构的保守性与综合反应能力的脆弱性有关?

二、戊戌变法面临的基本困难

戊戌变法是传统体制创新的前期,一批体制外的知识精英由于受到有强烈变革倾向的皇帝的特殊眷遇,迅速进入体制最高决策层而进行的一场变革。这场变革便是由这一特殊的政治集团作为基础发起的。这样一个政治集团由于特殊的际遇而进入最高决策层,在中国历史上可以说是从无先例的。这一特点引起了过去从未有过的新的问题。

就戊戌变法运动而言,改革面临哪些基本矛盾与问题呢?

戊戌变法面临的最大困难是,它引发政治认同危机与政治冲突的可能性更大,因而改革的困难程度也就更大。

第一,它涉及对人们习以为常的"祖制"和既定的利益格局进行幅度较大的变动,这些变动进而影响到政治整合方式的重大调整以及更为广泛的社会动员。

第二,由于外患日迫,变法者认为这种体制创新必须在相对有限的时期内取得效果,这样,就会在两个方面产生远比过去更为激烈而尖锐的矛盾冲突。

首先是新旧意识形态与价值观念之间的冲突。在体制变动过程中,人们对于变革的心理承受力和接受力会遇到前所未有的新的困难和问题。在洋务运动时期，由于洋务派的价值观与保守的传统意识形态之间并不存在太大的差距，这种冲突并不明显，而在体制创新阶段，更为大幅度的变革对人们的传统观念、传统价值的冲击比前一阶段的政策创新强烈得多。

其次是体制创新导致的权力变动与利益分配变动所引发的利益冲突。既得利益者与原教旨式的保守派不同，他们在观念上未必强烈地反对改革。然而，变革毕竟是一个对传统利益格局进行重大调整的过程，由于传统官僚体制下权贵与官僚群体原有的既得利益在新的变革时期受到严重的挑战，这就使改革者面临既得利益者在新的条件下为维护其利益而进行的联合。变革者不但面临意识形态保守派的反抗，同时，也要面临既得利益官僚集团的反对。变革派面对的最为致命的危险，是以上两类反对势力有可能形成反对变革的政治同盟。这种政治同盟在政治权力与意识形态方面所拥有的雄厚资源，足以扼杀羽翼未丰的改革力量。

体制创新阶段的变革是在更为严峻的民族危机形势刺激下而引发的。这就使变革者心态上的焦虑感、愤激感这些主观因素较之过去更容易支配变革者，并对变革者的政治选择与变革幅度产生严重的影响。民族危机的深化，往往会使变革者承受巨大的心理压力，使他们认为大幅度的变革必须在短时期内完成。而大刀阔斧的变革有可能引起社会整合的困难，这样，改革者的主观愿望与客观可能性之间，就会出现脱节；这种脱节又会使主张更为激进改革的变法主流派与支持渐进改革的温和派之间产生日益扩大的分歧与矛盾，并有可能使后者加入反对派的阵营。这就使矛盾冲突进一步加剧，改革的难度也随之增加。

正因为如此，变法运动存在着两种前景。

第一种前景是：一方面，变法派精英能够争取温和派的支持；

另一方面，在改革初期尽量减少对官僚既得利益的明显冲击，使之保持中立，从而避免保守派与既得利益者之间构成反对改革的政治同盟。这样，就能使改革在充分利用现存体制提供的权力运作条件的情况下，步步为营地进行，逐步实现改革者所期望的目标。

另一种前景则相反：由于变法者没有采取合理的战略与策略，其结果是使保守派、既得利益者，甚至相当一部分改革温和派都结合为反对变法的政治同盟，改革就会在这种强大的政治攻势下遭到失败。

下面，首先我们将着眼于分析在19世纪末这一特定条件下，中国实现以体制性创新为基础的变革所面临的制约性因素与具体条件。

三、改革的有利因素：政治共识在官绅阶层中出现

甲午战争以后的中国，也确实存在着一系列有利于变法的条件。

首先，清政权仍然有充分的政治资源与效能来有效地实施对全国的控制，并自上而下地推行各种政令措施。例如，即使像严复这样以最激烈的方式来抨击专制政体对国民惰性的消极影响的思想家本人，也并没有对清王朝的统治合法性从现实政治层面上予以否定。

其次，甲午战争以后，由于《马关条约》的签订，德国对胶州湾的强占，使中国统治精英与士绅产生一种前所未有的危机感，他们同样都认为，通过更大幅度、更为迅速的进一步的变革以拯救民族是必要的，并在这一点上形成过去所没有的新的共识。例如军机大臣孙家鼐就说："今日臣士愿意变法者，十有六七，拘执不通者，不过十之二三。"这种由于民族危机的加深而激发起来的

变法共识的出现,以至于使这位老臣认为,朝野的新旧党之争已是"绝少"的现象,更多的则是"邪正党之争"而已。

在士绅官僚中广泛存在的看法是,中国只有通过更积极、更广泛的变革方求得生存。这种新的政治共识,是自鸦片战争以来数十年所不曾有过的。最能说明这一事实的例子是,参加强学会的不但有康有为、梁启超这样的青年知识精英人物,而且还有袁世凯、聂士成这样的新军将领,身任军机大臣或地方督抚要职的高层官僚如翁同龢、孙家鼐、李鸿藻、王文韶、张之洞、刘坤一也都成为强学会的会员和赞助人。①而强学会是自清王朝建立以来从未有过的政治参与的新形式,在清朝高度专制体制下,这种由民间自发组织的并由各级官员自愿参加的新型组织的出现,本身就具有非同寻常的意义。

更值得注意的是,在甲午战争以后,甚至连那些以保守著称的人士,也开始出现态度上的新变化:徐桐奏请调湖广总督张之洞入京来主持全国的改革;连于荫霖这样的极端保守的人士也认为,"徐图而渐更之"的"不立其名"的变法也还是可取的。

这种社会心态的存在,表明进一步改革可能引起的人为的阻力实际上已经比过去大为减少。这无疑是体制创新的有利条件。

四、慈禧与光绪:最高权力的二元化格局

然而,从中国当时的最高权力格局与中国传统官僚体制的特点而言,进一步的更大幅度的体制创新,还存在着一系列严重的

---

① 《康南海自编年谱》,《中国近代史资料丛刊·戊戌变法》(以后简称《戊戌变法》)第四册,第134页。

困难。它们构成变革集团必须认真看待的前提和制约条件。

自光绪皇帝于1887年（光绪十三年）亲政到戊戌变法时期，最高权力结构存在着一种特殊的组合，那就是慈禧太后与光绪皇帝共同分享皇权的合法性。

造成这一最高权力结构"二元化"的历史原因是，自同治初年以来，慈禧太后就执掌了最高权力，并运用这种权力在数十年中组织起从中央到地方的重要官僚班底，由此在广大官僚层的簇拥中形成至高的权威。

光绪皇帝本人并不是嫡传的皇位继承人，他之所以能成为皇帝也是由慈禧太后选定的。这位皇帝亲政后必须听从太后的意志，作为对这种恩赐的还报；而太后也以取得皇帝的这种还报，视为自己当然的权利。而且，就传统的儒家伦理而言，这位皇帝必须对太后无条件地尽忠尽孝，才能合乎礼教的规范。这种由历史与文化双重原因而形成的格局，使太后对亲政的皇帝的任何指令实际上拥有否决的权力。

不容忽视的是，慈禧太后与光绪皇帝在个性与心理上存在着相当大的差异，在一般的政治体制中，这一点对于最高权力的运作具有至关重要的影响。慈禧太后精明强干，在政治角逐的长期斗争中具有丰富的阅历和经验，她具有强烈的权势欲，具有一种要求他人对自己绝对服从的家长制人格，她也确能通过自己的能力使这种权势欲不断地得到满足。

与此相反，光绪皇帝则在个性气质上是一个较为文弱而且也较为缺乏主见的人。例如，作为帝师的翁同龢在日记中就称"每递一折，上（皇帝）必问可否，眷依极重"。[1]李鸿章曾对李提摩

---

[1]《康南海自编年谱》，《戊戌变法》第一册，第511页。

泰说过"皇帝随入奏折而转移"。就他的政治智慧与意志能力而言,他至多只能属于"中主"这样的水平。他心地较为单纯,较少心计,这一点很可能恰恰使权欲极强的太后内心感到满意。大体上来说,在专制时代,似乎历史上不少强势政治人物都倾向于选择个性气质上与自己正好相反的人来作为政治继承人。这种性格上的巨大反差,主要由于光绪皇帝从小在慈禧严格管束下长大,慈禧太后在心理上对光绪皇帝具有一种无形而又巨大的威慑力和控制力。早在光绪二十二年(1896年)时,每隔数日,皇帝就凌晨前往皇宫外三十里外的颐和园向慈禧请安,①对于前来的太后,光绪皇帝也必须跪迎跪送,以示尽孝尽忠之忱。②这位皇帝对太后所赐予的食物,即使已经食饱,也不得不勉强食尽。③这种特殊的权力关系,使光绪皇帝并不具有一个在位皇帝所应拥有的正常权力地位。这一事实本身就是为皇帝设计改革策略的变法派应该予以充分考虑的基本前提。

人们不应该把慈禧太后简单地划归保守派之列。从以往的历史来看,早在同治初年,她就力排保守权贵们的势力,对洋务运动予以支持,甲午战争的失败也同样给她以巨大的刺激和精神震撼。光绪二十一年(1895年),她告诉刘坤一,每当听到来自甲午战争前线的坏消息,她与皇帝由于焦心而相对哭泣。④尤其是在甲午战败与《马关条约》签订以后,民族危机加深的这一严酷事实,使她对进一步变革也持较过去更为积极的态度。从翁同龢当年四月二十三日日记"是日奉懿旨,今宜专讲西学,明白宣示"

---

① 白克浩司:《清室外纪》,《戊戌变法》第四册,第270页。
② 黄鸿寿:《清史纪事本末》,《戊戌变法》第四册,第261页。
③ 王庆保等:《驿舍探幽录》,《戊戌变法》第一册,第504页。
④ 《刘坤一遗集·文集》卷一,中华书局1959年版。

慈禧在颐和园乘舆照。前为总管太监李莲英(右)。

这段记述可以表明,慈禧的态度已经开始转向积极,这种变化也正是与当时朝野上下的态度变化的基本趋势是一致的。

这里还应指出的是,太后本人也并不是一个完全没有信念和原则的人物。她对大清的列祖列宗与"天下后世"确实心怀敬畏之心。例如,在甲午战争期间,她向刘坤一承认,她害怕言官说她主和:"抑制皇上不敢主战,史书书之,何以对天下后世?"①她很重视自己在后世的名声,这种传统的类似宗教的"责任感",是对她的立身行事的一种内在的制约因素。

在民族危机加重的情况下,这种内心的制约力也正是促使她

---

① 刘坤一:《慈谕恭纪》,《戊戌变法》第四册,第300页。

进一步走向改革的动力。太后本人也读过由皇帝呈上的冯桂芬的《校邠庐抗议》，她对这一部书中的变革思想和建议也予以"称其剀切"的积极评价。当光绪皇帝在当年四月初把自己"不愿为亡国之君"而决意变法的想法通过庆亲王奕劻转告给太后时，这位太后就曾对光绪皇帝的变法愿望和志向予以赞同。①她表示，"变法乃素志"，"苟可以致富强者，儿自为之，吾不内制也"。而她的条件是"戒帝毋操之过蹙而已"。她认为变法仍然是有限度的，她反对像日本那样"更衣冠、易正朔"，认为这样做会得罪祖宗，因而是断不可行的。正如一些研究者所指出的，像发布《明定国是诏》这样的政治大事，如果没有慈禧同意是不可思议的。②在变法开始，慈禧对康有为似乎也并无恶感，她甚至还为康有为奏折中表现出来的一片热忱和胆量所感动。随后她"命总署大臣详询补救之方，变法条理"。③

种种情况表明，慈禧太后并不是变法不可逾越的政治障碍，她的政治经历和现实感使她在甲午战争以后并不反对有限的渐进的改革。与其说她的思想接近保守派，不如说更接近洋务派，这一态度与同治中兴时期她对曾国藩等洋务派的支持具有一致性。

尽管太后与皇帝在心理、气质上存在着巨大的差异，两人在感情上也缺乏沟通，但这对姑侄的关系毕竟有亲情的一面。光绪是她的亲妹妹的儿子，也是她在这个世界上血缘上最近的亲人。小载湉四岁入宫后是在慈禧怀抱中长大的。在戊戌变法前三年，慈禧曾向刘坤一说过"我甚爱皇帝，在前一衣一食皆我亲手料

---

① 《康南海自编年谱》，《戊戌变法》第四册，第144页。
② 孔祥吉：《康有为变法奏议研究》，第231页，辽宁教育出版社1988年版。
③ 苏继祖：《清廷戊戌朝变记》，《戊戌变法》第一册，第331页。

幼年载湉（光绪皇帝）

理"。①她与瞿鸿禨等亲信大臣谈话时曾多次回忆起当年她对这位胆怯怕声而又尿床的小侄如何擦拭和护持，如何教书识字，如何"爱怜犹恐不全"。②她身边的女官德龄曾回忆说，慈禧正是把幼年的侄儿视为儿子的"替身"，她"希望从另一个与同治同辈的人的身上寻找她的儿子的形象，使她可以自慰"。③可以说，直到甲午战争时期，也即光绪帝亲政后七年，太后与皇帝之间并没有多大的矛盾和感情上的裂痕。在甲午战争期间，她在一次长达三小时之久的召见刘坤一的过程中，曾多次谈及她对光绪皇帝还是相当满意的，她认为皇帝"明白""极孝顺""老成"。④

---

① 刘坤一：《慈谕恭纪》，《戊戌变法》第四册，第300页。
② 瞿鸿禨：《清宫旧事纪略》，《戊戌变法》第四册，第224页。
③ 德龄：《瀛台泣血记》，第43页。
④ 刘坤一：《慈谕恭纪》，《戊戌变法》第四册，第300页。

一方面，慈禧对皇帝具有事实上的至高权威，具有无可争议的精神上和心理上的支配力量和地位。无论从个人的意志力和魄力上，从光绪与太后之间长期形成的固有关系上，还是从传统习俗、伦理和法统上，都无法使这位十九岁的年青皇帝逾越太后这道巨大的权威屏障，去独立从事一番改革事业。另一方面，慈禧对变法相对支持的态度，以及她与皇帝的亲情关系，对于皇帝力求实现的变法来说，应该认为是有利因素。

然而，慈禧与光绪的关系还有另外一些十分微妙的因素，使问题比人们想象的更为复杂化。

这位权势欲极强的太后虽然不得不让光绪皇帝亲政，但她内心确实有一种权力失落感，这是一种由于从皇宫的权力顶峰下滑到颐和园的无奈和冷清状态而产生的失落感。尤其当她与皇帝的政见一旦出现较大的分歧时，这种心理上的不平衡便会进一步加剧。更何况光绪毕竟不是她的亲生子，这使她对皇帝多了一层猜忌和多疑心理。这一点可以解释为什么她总是要求亲政后的皇帝还须日复一日地前去颐和园向她请安；皇帝哪怕任何一点小小的举止失措，都会使她怀疑是否由于皇帝受他人的挑拨而对她不再像过去那样尽孝尽忠。

这种因过敏、嫉妒、猜疑和失落感相结合的深层情结，使她力图不断地干预政事。而当她这样做时，她仍然可以找到相当合适的理由，因为她从心底里并不相信光绪皇帝的治国才能。她可以偶尔夸奖皇帝尚有孝心，但却从来没有称赞过皇帝的政治才干。她内心认为，当年顺从光绪皇帝"主战"的不切实际的要求，以致造成甲午之战惨败的后果，本身就是使她后悔的一大错误。这就使她觉得，不断地干预皇帝的政治事务是完全必要的，因为这位皇帝在治理国事上还并不成熟。她有充分的理由认为，她对皇帝事务的干预与控制，乃是出于尽到对祖宗社稷的责任。

这种最高权力资源二元化的特殊状况，使以光绪皇帝为中心的变法运动存在着先天不利的条件。大清的祖制规定亲政的皇帝应享有充分的权力，母后对这种权力理应无权进行干预。在变法开始阶段，慈禧太后多少还受这种祖制的约束，变法过程引起的政治冲突逐渐发展时，太后的不满也就不断加深。当反对派向太后告状时，太后曾叹道："儿子大了，哪还认得娘！其实我不管倒好，汝做总督的，凭晓得的去做吧！"这种长期积聚的情绪只是一时还不便发作而已。

这种权力关系的复杂性与两位最高执政者之间的潜在的紧张和矛盾，是推行新的变革运动的极为重要的制约性因素。由于传统专制政体下的制度创新必须以最高权力中心的指令为基础，必须以官僚层对这种自上而下的权威合法性为政治行动的依据，这种最高权力关系的"模糊性"及其内在的矛盾，使各级臣僚与政治精英们在认定效忠对象时，不得不面临着两难局面。这就使人们可以根据自己的政治倾向、价值观与个人的既得利益，在皇帝与太后两个最高权威之间，选择和认定自己的效忠对象。甲午战争前后的"帝党"与"后党"之争，已经显示出清末时代政治效忠的两极化趋势。而在即将来到的戊戌变法时期，激进的改革派以光绪皇帝为权威合法性的正统，而保守派与对激进改革不满的权贵们则从太后那里获得了保护与支持。双方都可以理直气壮地认定自己的政治效忠选择是光明正大的。

由于传统专制政治是一种高度封闭性的政治，宫廷内部的权力资源分配的实际状况，对于绝大多数外人而言始终笼罩着一层神秘的面纱。这种情况增加了戊戌变法时期的青年改革家们对权力格局判断的困难，也使得他们不易作出合乎实际的正确决策。

当杨锐后来惊异地发现，恰恰是他们力图排斥的慈禧太后才掌握着远比光绪皇帝更大的权势时，改革派的败势已经无可挽回。

在这种皇权二元化的条件下，是不是就注定改革必然失败？显然不能得出这种过于简单化的结论。在戊戌变法失败后，一位作者在总结这次变法失败的原因时曾作出如下的评价："太后与皇上本不相能，大都小人间离，若二三明大义识大体，公忠正直之大臣，撮合其间，使太后知皇上已归心，并非人人怨谤，则遇皇上必慈，皇上感太后之宽仁，则事太后必顺，成见释于心，则两宫和睦。""太后之心，未必不愿皇上励精图治，未必不愿天下财富民强。至于法当变不当变，未必有成见在胸，不过明目达聪仅寄见于诸王大臣，以为大臣皆曰贤，即天下皆曰贤矣。大臣皆曰可杀，即天下皆曰可杀矣。……失德者日诉，无道者日至，故以为非废立皇上，逐杀新党，一概归复旧制，不足安天下之心，不足以存宗社之守。于是有八月初六日之变焉。"[1]

这就表明，在光绪客观上一时还没有足够的实力与意志去抵制和排斥太后所拥有的最高权威和潜在的"否决权"的条件下，在太后并没有构成对进一步改革不可逾越的障碍的情况下，尽可能地安抚这位太后，让这位老妇至少得到虚荣心上的满足，并尽可能地缓和两者之间的矛盾，在太后可能容忍的最大限度范围内从事变法，防止两极化的态势，至少是使变法运动在初期阶段取得顺利进展的必要条件。

---

[1]苏继祖:《清廷戊戌朝变记》,《戊戌变法》第一册,第330页。

五、官僚政体下的政策创新的适度性

除了上述清王朝最高权力中枢特殊的历史条件是改革者必须充分考量的制约因素外,传统政治体制本身的特点和性质,则是制定改革战略必须考虑的更为重要的因素。

美国学者亨廷顿在对后发展国家的改革进行比较时曾指出,如果传统政体原来已经拥有了一个大规模的官僚制度,其功能已经专门化,而且其官员又是基于传统的成就标准从社会上甄选出来的,那么,改革官僚体制的问题就会显得相当困难。他指出,集权化的官僚帝国,如俄国、中国和奥斯曼帝国的改革,就比日本那种封建性的分封制的改革远为困难得多。因为在后一种情况(也即在日本分封制的条件)下,具有传统权威合法性的君主可以在传统的幕府体制之外另起炉灶地建立中央集权的机构,当他在推行现代化变革时,他可以从社会中直接地、大批地引用更多的新人来充实自己的新的政治中心,而无须顾忌传统贵族的意见。然而,在中国这种传统的官僚政体条件下,君主固然可以提拔少数个人,但却不可能变更整个官僚阶级。他必须把新旧人员小心翼翼地混合在官僚体制内,只有这样才能在维持旧式官僚的声望与利益的前提下发挥新官僚的作用。否则就会引起原有的官僚势力的剧烈反抗。[①]

亨廷顿还指出,正因为如上原因,在传统官僚体制下的改革派皇帝实际上处于少数派的地位,他只有采取缓进的方式才可能取得成功。因为"过于激烈和过于迅速的行动,常常会导致潜在

[①] 亨廷顿:《变动社会的政治秩序》,第三章,上海译文出版社1989年版。

的反对者转变为积极的反对者"。①

传统集权政体的变革之所以必须采取渐进的方式，除了前面所指出的旧体制对新式官僚的容纳程度受到结构上的极大限制之外，还因为广大的传统官僚接受的是保守的价值和意识形态的训练与浸淫，他们所遵循的规则、规矩、行为方式早已约定俗成并根深蒂固。他们是按照传统的成就标准（就中国而言，是按照官学化的儒家标准和科举取士的方式）从社会中选拔出来的。维护这种传统价值和与此相应的价值观念，不但是他们维持自己的信仰所必需，而且也是维护他们的既得利益所必需。推进变革事业的决策者必须正视这一事实。

这就意味着，改革精英应避免公开地全面地对传统价值与意识形态宣战或与之决裂，而只能在约定俗成的传统规范所能容忍的最大限度内来推进变革的措施。只有这样，才能减少认同分裂，使改革可以在不致发生政治体制内部严重的冲突的条件下顺利地进行。

由此可见，传统官僚集权政体下的变革面临着复杂的矛盾和严重的困难：一方面，改革精英集团迫于外部深重的危机，不得不加大变革的速度和幅度；另一方面，就传统体制所能容纳的有效变革的程度而言，就改革所受到的限制条件而言，又必须采取渐进的较为平缓的方式，只有这样才能防止内部政治认同上的分裂和冲突的激化，使改革得以成功。

改革成功的条件是相当苛刻的，改革者总是面临着两难选择。他们一方面必须在相对有限的时间内，以卓有成效的较大幅度的改革来避免外部危机的深化，另一方面又必须使这种改革的幅度

---

① 亨廷顿:《变动社会的政治秩序》,第六章,上海译文出版社1989年版。

不至于越出某种限度，以避免内部矛盾的激化。操之过急反而会葬送改革。如何掌握改革合适的"度"，是一门真正高超的艺术。一个体制内的成功改革者所需要的政治判断力、智慧、技巧，他对平衡各种政治力量和对控制变迁的能力，以及他对政治"火候"的辨识能力，也许更胜过一个成功的革命者所需要的这种综合政治能力。

正因为如此，那种仅仅根据一个改革者与传统观念及价值决裂的彻底精神、道德勇气和胆量来作为判断其历史地位高下的看法和标准，显然是肤浅的。因为这种泛道德主义的观念和标准，无助于理性地认识历史上的改革之所以成功或失败的真正原因。

六、专制政体下的变革："费边式"战略的意义

在分析戊戌变法以前，引述亨廷顿对土耳其现代化之父基马尔取得成功的改革战略的研究是十分有意义的。[①]亨廷顿把这种被他称之为"费边式的战略"概括为以下这些方面。

首先，基马尔不是把改革所要解决的所有问题同时提出并一起解决，而是相反，他谨慎地化整为零，把一个一个的问题分开，这样就能避免保守的反对者联手对付他的机会。其结果是，在某项改革上，一些人反对他，而另一些人则可能保持中立或沉默。而转到下一项改革时，后者可能反对他，而先前反对他的人则可能转过来支持他。这样，他在每一个具体的改革措施上总会得到相当数量的甚至多数的人的支持。

其次，在基马尔所拟定的改革秩序上，这位奥斯曼帝国的改

[①] 亨廷顿：《变动社会的政治秩序》，第六章，上海译文出版社1989年版。

革家是从可以取得最大多数人支持的问题上开始,然后逐步移向可能遭遇到最大阻力的问题上去。这种先易后难的战略成功的秘密就在于,改革决策者可以从较容易着手进行的改革所取得的成功中获得新的威望资源,并运用这种资源来支持下一步更为艰巨的改革动作。而不断取得的成功又能增加改革者本身的信心和经验,这种信心与经验对于应付难度越来越大的改革就显得格外重要。

再次,基马尔在推进某一项具体改革措施时,经常暗示已经"到此为止",并无继续向前推进的意图,而不是把全部计划和盘托出。他的改革计划的最后结果是什么,这只是他和他的少数亲信的机密。用基马尔自己的话来说,在时机尚未成熟以前贸然提出所有的问题,只会徒然使"愚昧者和反动者"得到毒害国家的把柄。他认为他有绝对的信心使所有这些问题在适当的时候得到妥善的解决,而民众最后必将感到满意。当推进某一项变革的条件一旦成熟,又采取闪电式的战略,迅速地出其不意地坚决推行,使反对者来不及有充分的时间积聚力量来阻止改革。亨廷顿把这种具有高度政治技巧和智慧的改革方式称之为"费边式"的改革战略,这种方式的特点是:别具匠心地把宏观上的渐进与微观上的快进结合在一起。

奥斯曼帝国是一个相当典型的传统官僚集权制的国家。土耳其早期现代化改革为什么能在基马尔的主持下取得相当的成功呢?这是因为基马尔所采取的改革战略成功地解决了前面所提到的传统集权官僚制国家所特有的严重矛盾,即作为在人数上只占少数的改革精英,与人数众多的受传统规范与教义约束的既得利益"官僚—贵族"集团之间在价值与观念上的对立。少数作为先觉者的改革精英(包括具有改革导向的君主)绝不可能等到大多数旧官僚和贵族都进步到与他们拥有同样的价值观念时才进行改革,外部压力所造成的日益严重的民族危机不允许改革者等候那样漫长的时间。这固然是集权国家改革所面临的一个十分不利的条件,但集权国家改革却还有一个有利于改革的条件,即一旦握有实权的君主本人意识到改革对于其本人和本民族生存的必要性,他就可以运用传统君主制赋予他的至高的权威合法性资源,自上而下地推行改革措施,从名义上而言没有任何人可以对这种权威提出挑战。

基马尔的战略的基本特点是,充分地利用传统的权威合法性来引导变革过程,而在每项改革措施推出时,他的改革战略又能使支持他的力量总是大于反对他的力量。这也就是说,从整体上看,保守派或恪守传统秩序的人是大多数,而主张变革的现代化推动者处于少数地位,而在局部的每一个具体改革问题上,改革精英又可以运用自己已经执掌的权力资源,使自己的变革措施得到相当人数的支持,并不致引起危及变革的重大阻力。集权官僚体制下的变革成功是相当困难的,但又绝不是不可能的。基马尔在土耳其早期现代化变革过程中取得的成功便是一个具有说服力的事例。

进入戊戌变法时期的中国正面临着同样的问题。当时清王朝已经有一位有改革导向的青年皇帝,有着迫使中国政治精英与知识精英走向变革的日益严重的外部危机,中日甲午战争之后的中国广大士绅官僚已经比过去任何时候更能理解更大幅度的变革对于本民族生存的重要意义,虽然他们对于变革仍然有着欲拒还迎的复杂心理。一批更具有世界知识与国际视野的献身改革事业的青年政治精英已经开始崭露头角,并在社会上和上层政治圈中引起注意。中国新的改革者们将会形成什么样的政治势力?他们能否以理智的态度和成熟的政治智慧来应付改革提出的各种问题？他们能否充分地重视中国改革的各种政治与社会的制约条件？这无疑关系到中国这次改革的历史命运，并在相当程度上影响到大清帝国乃至中国未来的前途。

第四章 戊戌人士的变革心态与政治战略

一、变法人士的"意识—心理结构"

在分析了19世纪最后几年中国变革所处的政治格局与变革的制约条件之后，我们将进而分析变法派人士的特定的心理特征。

1898年的变法运动确实存在着这样一种深刻的矛盾：一方面，传统官僚集权制的客观制约条件，要求变革者必须采取渐进的、化整为零的、相对平缓的、相对隐蔽的方式来进行改革。正如前文所指出的，只有这种方式，才有可能使人数众多的旧式官僚和既得利益集团不至于在变法者推进每一项具体改革措施时，形成反对改革的严重阻力。另一方面，由于中国专制政治与文化结构对西方挑战的综合反应能力的惰性，由于这种惰性所导致的严重的民族危机给予变革者的巨大心理刺激，甲午战争以后崛起的以康有为、梁启超为代表的改革派人士便具有一种特殊的求变心态。这种心态的最基本的特点是其亢奋性与焦灼感。正是这些非理性层面的心态因素，导致变革者的政治行为与政治选择上的激进性。他们也正是在这种激进心态的支配下，来设计和制定变法的基本战略和策略的。

于是，戊戌变法面临的基本问题是，现实改革条件所要求的渐进性和改革派的求变心态与思维模式的激进性之间存在着深刻的矛盾,这种矛盾对于戊戌变法的结局无疑将具有严重的影响。

这里的求变心态,是指人类精神活动中的一种非理性层面的因素,它具体指的是变革者在特定的历史背景与文化氛围条件下所形成的心理定势。它包括变革者群体所共有的思维倾向性、心理特征、观念与价值态度,此外,它还包括人们对外界事物作出反应时所特有的情感状态与情感表达方式。这些因素相互结合,形成一种特殊的相对稳定的"意识—心理结构"。

这种深层的"意识—心理结构",未必是变革者自己在理性层面自觉地意识到的,它也并不具有明显的理论逻辑性,但它却能在变革者的言论与政治行为中体现出来。在心理学中,心态(mood)是一种心理事实,它制约着人们以某种特定的方式来思考问题,提出解决问题的方法与途径。受这种心态影响的变革者们就是在这种制约之下以特定的方式来对待现实,并作出相应的政治选择。

正是在这个意义上,研究支配戊戌变法派人士的激进的求变心态的基本特征,对于认识这种心态与变革者所面对的现实条件之间的矛盾,对于认识这一激进的变法运动的政治选择及其后果,具有十分重要的意义。

二、戊戌激进心态的五个基本特点

大体上,以康、梁为代表的戊戌变法派的激进改革心态,具有以下这五个方面的特点。

戊戌变法人士心态的第一个特点,是一种"举世皆浊而我独清,世人皆醉而我独醒"的"愤世情结"。这是一种孤芳自赏地与整体相对抗的、充满悲愤之情的心态。多数戊戌变法志士都有一种精英主义者的孤独感与愤世感，而在康有为与谭嗣同身上表现得最为突出。在康有为身上，这种愤世感更多的是与一种恃才傲物的才子气相结合；而在谭嗣同身上，这种愤世感则与一种悲剧式的诗情性格相联系。

产生这种愤世心态的原因是多方面的，首先，可以从中国传统的官学意识形态文化与政治结构的封闭性和保守性来得到解释。如前面对中国"综合反应能力"的分析中所指出的，正是这种文化的封闭性，使中国在应付西方挑战时陷入前所未有的深重危机，而在封闭的条件下，这种危机的深度又只有少数敏感的知识分子精英才真切地感悟到。他们的敏感与其周围一般官僚士绅的沉闷平庸形成鲜明的对比。这种强烈的反差，使他们把大多数士绅官僚看作是麻木不仁的。一种与此相联系的道德优越感因而也就油然而生。正因为如此，少数最敏感的中国变法人士在心理上往往有一种特别强烈的"先知先觉"者的精英式的愤世嫉俗感。造成这种"愤世主义"情结的另一个原因是，由于中国传统体制吸纳这些有变革志向的知识精英的渠道极其狭窄，改革者精神上深受压抑，他们既然无法通过正常的制度化的政治参与渠道来实现自己经世济民的政治抱负，也就无法以正常的方式来疏导自己的压抑感。

因此，戊戌变法派人士一旦获得年青皇帝的特殊知遇之恩和机遇，就使得长期受到压抑的求变心态如同鼓足气的皮球，以高度情绪化的、极为亢奋激烈的方式表现和宣泄出来，并力求以一种强烈的煽情性的语言和惊世骇俗的方式来引起最高统治者的注意。这就是张謇批评康有为所说的"乘积弊之后，挟至锐之气，举一切法而更张之"。而且，当人们这样做与这样思考时，往往会有一种宣泄而产生的欣快感的满足。

这种愤激而孤独的精英意识与优越感，会使变革者与广大官僚与士绅之间形成巨大的隔阂，并导致后者对前者产生同样的情绪化的反应。双方之间的情绪化的互动，往往会成为一种惯性。这是戊戌变法走向两极化对立的一个重要原因。

这种心态的第二个特点，是变革者认定：改革必须是急剧而迅速的，快刀斩乱麻的。用康有为在《上清帝第五书》中的话来说，那就是，"外衅日迫，间不容发，迟之期月，事变之患，旦夕可至"。在他们看来，这种极度危急的情况下，"皇上与诸臣，虽欲求为长安布衣而不可得矣"。正因为如此，在他们看来，只有急剧的、快速的改革才能使中国起死回生；而一切渐进的、缓和的变革，已经是"远水不救近火"，无济于事。杨深秀所言的改革就是"死中求生"、"救火追亡犹恐不及"，[1]可以说是这种求变心态的典型表述。受这种心态影响的变法者，总是以他们主观上所感受到的危机感的强度来作为激进变革的理由；而变革成功所须认真考虑的客观条件，却往往不在其考虑范围之内。

戊戌变法人士心态的第三个特点，是它与传统的"断裂性"。戊戌变法派人士认为，变法必须是全面的"大变"，而不是部分的或局部的"小变"。最能表达这种心态的，是康有为在呈光绪皇帝第六份奏书中所说的"能变则存，不变则亡，全变则强，小变仍亡"。[2]

改革本质上是一种渐进的过程，它要求在旧的基质上寻求新

---

[1]《山东道监察御史杨深秀折》，《戊戌变法档案史料》，第15页，中华书局1958年版。

[2] 康有为：《上清帝第六书》，《康有为政论集》上册，第219页，中华书局1981年版。

的生长机制，要求在顺应历史传统的连续性的基础上进行变革，但戊戌变法人士却不自觉地以排斥这种传统的连续性作为改革的出发点。

这种"全变论"的基本论式实际上是由两个观念结合而成的。

首先，全变论者认为，旧物是已经过时的无用之物。用康有为的一个形象的比喻，"旧物"是"千孔百疮"的"朽木粪墙"，因此它本身已不具有继续存在的合理性。其次，在"全变论"者看来，旧体制又是一个整体，要变动就必须全变，因为"举其一不改其二，连类并败，必至无功"。康有为对光绪皇帝曾用过这样的比喻："譬如一殿，材既坏败，势将倾覆，若小小弥缝，风雨既至，终至倾压，必须拆而更筑，乃可托庇。"①因此，康有为得出的结论是，对于"旧物"，必须"尽弃旧习，别立堂构"。②尽管他们也多少认识到，要做到"更筑新基"，在方法上仍须作出"全局统算"，但康有为向光绪皇帝建议"统筹全局"的目的，是为了"全变之"。

康有为在回答李鸿章"是否变法就应尽撤六部"这一问题时，正表现了这种思维方法。他说："今为列国并立之时，非复一统之世，今之法律官制皆一统之法。弱亡中国，皆此物也。"尽管在实际上他还不是一个革命者，但在他的观念与不自觉的层次上，已经显示出一种颇具革命性的文化思维的倾向性。在康有为的思想中已经显示20世纪以后一种更为彻底的、全面的反传统主义思潮的先声。

从逻辑上来分析，这种"全变论"无疑有其片面性。因为这

---

① 《康南海自编年谱》，《戊戌变法》第四册，第145页。
② 康有为:《上清帝第四书》，《戊戌变法》第二册，第175—178页。

些早期的变革者仅仅注意到传统政教与制度文化对中国应付民族危机所构成的障碍，而忽视了这种传统政教与制度文化在许多其他方面仍然对庞大的中国传统社会经济与文化生活继续承担着传统的整合功效。他们仅仅根据中国旧体制无法抗衡列强对中国的侵凌和压力这一点来认定"旧物"丧失了其存在的理由，这显然是失之偏颇的。

康有为

戊戌变法人士心态的第四个特点是，变法派认为，变革与保守势力是"新旧水火不容"的，两者之间不存在妥协的可能。在他们看来，既然"旧物"已经被证明没有存在的价值，那么，顽固地坚持保守旧物，只能出于道德上的邪恶与腐败。他们把新旧之争归结为"正邪之争"。

事实上，并非所有反对激进的改革的官员均是由于道德上的"邪恶"，许多人反对激进的变革，是因为他们与康有为为代表的激进变法派在观念上，在对改革效果的认识上存在着分歧。戊戌人士的这种"新旧水火不容论"的态度，有可能使变法精英们孤芳自赏地把所有反对自己或不同意自己的政治观念的人（其中有相当数量的人实际上是温和的稳健派或中间派）都视为反对改革的"旧派"或"敌人"来加以定位，并把不妥协地与所有"旧派"的斗争视为争取改革成功的必要条件。康有为反复强调的是"新旧水火不容",改革与保守"势不两立",他屡屡建议光绪皇帝"速奋乾断",以震悚人心的手段来清除异己,"诛杀近卫大臣",他们过激的改革措施引起反对派的激烈反应,这又反过来进一步激化了他们采取铤而走险的冒险态度。

与此同时,他们把"老臣"与"小臣"简单地归类到"保守"与"改革"的两叉分类的框架中去。康有为在光绪召见他时,就认为,以资格迁转而取得高位的老臣,无论从年龄、精力,还是从对新知识的了解与掌握上,均不能胜任改革的大任。他认为:"皇上欲变法,惟有擢用小臣,广其登荐,不吝爵赏。其旧人且姑听之。"主张启用新秀固然有一定的道理,但却忽视了一个重要事实,那就是,并非所有的老臣都反对变法;而且,老臣具有传统官僚集权体制下从事政治运作的丰富经验,恰恰是少壮派的新进官员所缺乏的,而这种经验对于在旧体制下取得改革的成功又是至关重要的。

由于保守派与传统官僚对于新生的变革派从来没有采取过平和宽容的态度,这就使得这些少壮的戊戌变法派人士在深受压抑而一朝得势之后,对于那些与自己意见相左的人,同样是"有诟骂而无商量,有意气而无条理",同样缺乏容人之量。例如,著名的保守派人士湖南举人曾廉反对康有为的变法,上奏弹劾康有为"觊觎非常","大有教皇中国之意"。谭嗣同见此奏折后极为愤怒,上奏要求处死曾廉。[1]其结果只能增加保守派一方同样亢奋的情绪化的反应。改革过程就必然在这一互动过程中日趋两极化,正是在这个意义上,专制社会中的保守主义者与变革者,在政治思维中往往使用的是同一种"深层句法"。

---

[1] 胡思敬:《戊戌履霜录》卷四,《戊戌变法》第四册,第55页。

维新派人士求变心态的第五个特点，是对激进变法的简单化的乐观预期。这些改革者一方面对中国危机的前景充满了焦虑，另一方面又对改革的前景充满了一种过于简单的、不成熟的乐观判断。例如，康有为在受光绪皇帝召见时称："泰西讲求三百年而治，日本施行三十年而强，吾中国国土之大，人民之众，变法三年可以自立，此后则蒸蒸日上，富强可驾万国。以皇上之圣，图自强在一反掌间耳。"①这一断言最为清楚地表述了这种简单化的乐观心态。

康有为还认为，与日本相比，中国有更为有利的条件，首先，中国是"广土众民"，十倍于日本。其次，中国的皇帝"乾纲独揽"，"号令如雷霆"，"无封建之诸侯，更无大将军之为霸主"。因此，皇帝只需下定决心，自上而下地发号施令，四海以内就不存在反抗这种由皇帝发出的改革圣旨的力量。他还认为，由于中国与日本在民俗文化方面相近，只要以日本为借鉴，中国的改革也就"易如反掌"。"大抵欧美以三百年而造成之治体，日本效欧美以三十年而养成之，若以中国之广土众民，近采日本"，那么，其结果将是"三年而宏规成，五年而条理备，八年而成效举，十年而霸图定矣"。②光绪皇帝对康有为的这一预言则表示了完全的赞同。

康有为所表现出来的这种不切实际的虚幻的乐观心理是一种非理性的因素，它会使变革者忽视变革过程的复杂性，它所引发的那种虚幻的自信会进一步起到鼓动变革者提出不切实际的、与现实脱节的变革方案的消极作用。

---

① 康有为：《进呈日本明治变政考序》，《康有为政论集》上册，第224页。
② 康有为：《进呈日本明治变政考序》，《康有为政论集》上册，第224页。

为什么戊戌变法派人士在内心充满焦虑感的同时，又会十分矛盾地对于变革的未来前景抱有这种奇特的乐观预期？原因可以从多方面来认识。

从理性层面来说，传统社会结构条件下的信息封闭性严重限制了人们对外部世界的认识水平，并限制了人们在传统政体条件下从事变革活动的艰困性的认识。变革者生活在一个封闭的社会环境中，难以对西方文化的复杂性与西方现代文明历史发展的长期历史有切实而具体的了解，这就使哪怕像康有为这样见识超群的人士，都无法合理地理解现代化过程的长期性与复杂性，并以此认识来确定改革的战略。

但这一点并不能解释，为什么变法派人士会认为中国面临如此积重难返的问题，只需改革三年就可以达到日本要花三十年才能达到的成果？日本作为一个小国，变法要三十年才成功，中国这样的大国，问题更为复杂，为什么反而是易如反掌？这种不合逻辑的推论如何会产生，甚至连光绪本人也不假思索地表示了赞同？

显然，这种乐观推论的内在逻辑不能单从理性层面来得到解释。支配当时这些变法派人士与光绪皇帝的上述乐观论断的根据，还存在着一些潜意识因素。

造成戊戌变法人士这种过于简单的乐观预言的更重要原因，乃是因为他们心理上有一种强烈的焦虑情结。在他们的潜意识中，乐观的大言高论起到了一种平衡这种焦虑感的心理自卫作用，它实际上也是变革者内心渴望摆脱挫折感的深层愿望的心理折射。

为什么中国在19世纪末期的变革者会有这样一些心态特征？造成这种在意识与非意识层面的心理定势的原因是什么？

导致这种特殊的乐观心态的社会原因在于，支配维新派人士从事变革的基本驱动力,与西方近代变革的驱动力有着根本上的不同。在西方原生型的现代化国家,支持现代化变革的主要力量是强大的布尔乔亚阶层。这一阶层的变革要求与动力是以经济力量的发展程度为后盾的。经济生活中滋育出来的世俗理性和对经验与功利效果的重视,均制约着人们对政治行为及其效果的思考。这种条件下,盲目的大言高论与亢奋的、缺乏经验根据的乐观预期,很难在经济活动与实践中——同样,也很难在政治生活中——立足。

而在19世纪末的中国,实现社会变革的基本动力并不是来自社会内部新的社会经济因素,而是来自人们对外部民族危机的感受程度;换言之,这种变革与社会内部的新的经济因素和社会力量的发展成熟程度无关,而仅仅与人们感受到的危机的强度和人们主观上感受到的压力程度有关。危机越深,心态上的焦虑感也就越强。我们可以把这种变革称为"危机驱动型"的变革。

固然,在洋务派的身上,也同样存在着受危机意识的刺激而产生的求变心态,然而,当时中国面对的危机的严重性,还没有达到戊戌变法派在甲午战争以后所感受的那种强度。洋务派的变革目标是相当有限的,这使他们并不追求任何高远的、与现实存在着较大距离的目标,也并不追求从根本上改变旧体制。这样,他们的变革心理与现实条件之间并不存在太大的矛盾。

这种以危机感的强度为基础的求变心态,固然是一种可以促进变革的重要因素。但是,由于危机感是一种主观的心理因素,很容易使变革者脱离现实允许的条件来确定变革的幅度、速度与范围。危机感比较容易使人们确认变革的"必要性",而变革的约束条件则较少地为人们所重视。正因为如此,受危机感支配的人们,由于在怎样变、变什么、变多少这样一些问题上不把现实条件作为基本的制约因素来加以考虑，这样，改革的分寸感与火候的把握就失去了依据。

三、光绪与康有为：激进变革势力的形成

1898年春夏之交，在中国面临的进一步的外部危机的压力下，年青的光绪皇帝与以康有为、梁启超为首的更具现代化意识的少壮派的知识精英，结合成为以变法为己任的特殊政治势力。

一个皇帝越过一大批位尊爵显、手中握有权力的老臣，直接与一批未经官场历练的青年士绅与下层官员结合，形成一种新的政治势力，在戊戌变法以前的大清帝国历史上，可以说前所未有。在这一政治势力中，光绪皇帝提供了政治运作所必需的权威合法性资源，而康有为等变法派志士则提供了进行改革的理念、计划、蓝图与策略设计。

以康有为与梁启超为代表的变法派人士，在当时只是一些布衣之士。为什么他们能冲破官僚阶层的重重障碍，取得光绪皇帝的信任，成为光绪皇帝变革的决策中心的核心人物？他们对皇帝的魅力何在？

康有为这些少壮的变法派之所以受到皇帝的信任，并不是因为他们在地方或中央有过丰富的从政经验或在吏治方面有过出色的政绩，而是他们有相当敏锐的危机感，他们有政治激情、血性与锋芒毕露的大胆直言。变法派人士对世界潮流的认识，对国际事务的了解和观察能力，也确实比洋务派人士更进了一步。

康有为对光绪皇帝的政治魅力，可以从两方面来看。一方面，他能够从更为广阔的世界背景上，向皇帝展示中国民族危机日益深重将对国家与民族、对清王朝本身和对皇帝本人所带来的严重

后果。他以一种形象的方式，把皇帝本身的安危，对社稷的责任与当时中国正面临的危险联系在一起。

康有为在他进呈给光绪皇帝的《波兰分灭记序》中指出，在当今民族之间弱肉强食的时代，一个皇帝处在"外敌环逼"的险恶处境中，如果不及早"英武自强"，其结果将会是"戮辱困苦"，"求为奴隶不可得也"。而波兰的灭亡，恰恰是皇帝过于信任"守旧保禄"的亲贵大臣所致。①在《进呈法国革命记序》中，他告诫皇帝，亡国之君未必是暴君，路易十六不正是一个宽厚爱民而又恭俭的君主吗？然而他却与皇后一起被送上了断头台而身首异处。而此后的法国大革命造成的结果是"伏尸一百余万，令人凄恻千古"。因此，作为皇帝，应该审时刚断，明定宪法，使君民各得其分，才能有泰山磐石之安。②

在发出上述警示的同时，另一方面，康有为又向皇帝表示，如果进行大幅度的、迅速的变革，中国不但可以迅速地转危为安，而且"称霸全球而有余"。而这种简单化的幼稚的乐观主义预言，

光绪皇帝

---

① 康有为：《进呈波兰分灭记序》，《戊戌变法》第三册，第9页。
② 康有为：《进呈波兰分灭记序》，《戊戌变法》第三册，第9页。

却能奇妙地投合一个皇帝焦灼不安的心理，迎合皇帝力求摆脱这种危机的强烈愿望。这就如同最能打动一个久病而渴求康健的、内心充满焦灼不安的病人的，正是医生那种对其可以迅速恢复健康的直截了当的预言。光绪皇帝在召见康有为时，对康有为的这一乐观断言加以肯定（"然，汝条理甚详"），[①]也正是因为他本人也需要这种乐观心态作为心理上的补偿。

然而，人们可以发现，从传统主权国家进行制度创新的这一历史前提而言，构成新的改革势力的这两部分人，均有着不容忽视的政治弱点和缺陷。

光绪皇帝有着相当强烈的变革愿望。他有着青年人特有的一腔血气，生活在这样一个危机日迫的时代，上对祖先，下对庶民，他深深感到作为一国之主应有的责任。他渴求了解中国以外的新的知识。根据帝师翁同龢在其日记中的记载，早在光绪十七年（1891年），他就让同文馆教习为他讲授英文，表现出颇深的用意。这位年轻皇帝对自己周围的陈腐而泄沓的官僚心怀忧愤，他希望得到可以倚重的国士来改变这种因循守旧的局面，并以改革的业绩来证明自己的能力及其对社稷所尽到的责任。

在甲午战争以后，光绪皇帝早就对环绕于其身边的廷臣强烈不满，在他从奏折中认识到康有为之前，他一直在感叹"廷臣无一事可倚"。然而，光绪皇帝却并非俄国彼得大帝式的人物，除了前一章里所提到的他在个性气质方面的弱点以外，中国传统宫廷生活单调封闭的环境与专制文化的褊狭教育，使他无法成为应付如此复杂的改革局势的君主。《瀛台泣血记》一书的作者，慈禧太后的女官德龄在记述她所亲历的宫中生活环境时写道："一个人只

[①]《康南海自编年谱》，《戊戌变法》第四册，第144页。

要在皇宫里住三五年就会变得愚蠢。"她指出，那是一个与世隔绝的地方，见闻极为有限，宫中生活极为刻板，无形中造成一种凝固的空气。即使是一个天资高的人也会被束缚得失去聪明。光绪就是在这种环境中长大。这位青年皇帝对国情与现实的了解只能通过刻板的千篇一律的奏章。即使他要索取坊间的书籍，循规蹈矩的御史也会提出，须由专人重新缮写进呈，才算合乎列祖列宗规定的体例。

由此可见，作为大清皇帝，光绪的消息闭塞程度也就可想而知了。至于彼得大帝在其年青时代通过在西欧各国单身飘零，微服阔步和广泛交游而获得的开阔的视野、直接的生活体验和政治智慧，更是这位从不能越出宫廷雷池一步的中国皇帝根本不可企及的了。

可以认为，如果光绪皇帝仅仅面对的是两千年中国社会的传统问题，那么，他的庸常禀赋与才干，他作为一个中国皇帝所处的特殊的封闭环境，现实生活的贫乏的信息来源，以及刻板而单调的生活方式，并不至构成严重的问题。所有的传统性质的社会问题与矛盾，都可以按古老的程序与规则加以理解、解释与解决。他完全可以成为一个"守成"的人主而终此一生。然而，他却生活在20世纪前夕的中国，面对的是险峻的国际环境，他的人生经验并没有能为他提供应付新问题的知识与能力。而他却注定要去实现中国专制政治历史上从未有过的巨大变革。中国需要彼得大帝，但在中国19世纪末的特定时期却并没有产生彼得大帝的历史条件。

同样，就戊戌变法派人士一方而言，这些具有热诚、激情和献身精神的布衣之士，同样缺乏传统政治体制下从事政治活动的经验。除了谭嗣同是后补知府外，其余的人几乎没有做过官，他们对于中国传统的官僚体制和这一体制下的复杂的人际关系，可以说只是一知半解。然而，历史又恰恰让这些没有当官实践的书生政治家，进入变法的最高决策层，去从事改造这一官僚体制的最为艰困复杂的使命。

因为他们年轻、热诚而且敏锐，所以，对于中国面临的危机比大多数陈腐的官僚们更为焦虑；正因为少年气盛，血气方刚而又缺乏实际阅历，他们也把中国改革的问题看得更为简单。大胆而简单化的判断与思维，反而会产生一种政治激情，他们对皇帝的吸引力正是这种"初生牛犊"式的激情。在单调沉闷的宫廷气氛中，光绪皇帝以往见到的只能是那些暮气沉沉的老迈官僚。这位涉世不深的皇帝和变法派人士同样年轻，变法派的激情与热诚，深深地激动着他的心，使他看到了希望与前途。

正是在这种情况下，帝师翁同龢与徐致靖向皇帝保荐了康有为、梁启超、谭嗣同等这样一批与皇帝年龄相仿且同样满腔热血的志士。毫无疑问，光绪皇帝认为这正是他心目中的国士。于是也就"一意向用新人"了。

这里，我们特别要指出的是，从变法政治势力的结构组成来看，中间派官僚以其在传统体制内较为丰富的政治经验与较为温和、平实与中庸的态度，可以在皇帝与新进的变法派之间，在守旧派与改革派之间，以及在太后与皇帝之间，起到一种缓冲、中介与沟通作用。然而，在甲午战争以后，由于种种原因，他们失去了对光绪皇帝的影响。

文祥、恭亲王、翁同龢，这些亲贵重臣，本来具有在太后与皇帝间进行调和的缓冲作用，减少两者之间的猜疑，避免两者之间的直接冲突。

翁同龢作为光绪的老师又兼枢密之任，预闻军国大事，实隐操大权，是稳健温和的改革派。他有丰富的政治经验，由于多年以来一直周旋于光绪与太后之间，对宫中与朝廷中的人际关系可以说是了如指掌，多年来，一直试图调和太后与皇帝之间的矛盾，并力求在这一基础上逐步地巩固皇帝的政治地位。作为皇帝的心腹，他不但能协助光绪处理与慈禧太后的复杂关系，而且可以对康有

翁同龢

为的激进态度起到相当有效的制衡作用。由于他在戊戌变法前就被迫退休，这就使得光绪皇帝"孤立无所依"，从而使康有为得到了前所未有的机会，处于得天独厚的地位，来对光绪皇帝施加影响。①正是由于康有为独占了青年皇帝的完全信任，光绪皇帝与康有为之间结合成一股日益激进的改革势力。

如果说，在太后与皇帝之间，在变法以前就存在着一些重要人物起着调和与缓冲作用的话，那么，在恭亲王于戊戌年四月病逝后，翁同龢又于同月去位。此后，在太后与皇帝之间也就不再有可以从中进行平衡、缓冲与沟通的政治人物。对变法而言，这可以说是一个十分不利的条件。

一位作者在变法失败之后曾写道，"翁以得罪去，德宗势日

---

① 梁启超：《戊戌政变纪事本末》，《戊戌变法》第一册，第315页。

孤,而气日激,康梁乘之,戊戌之难作矣",①"翁不行,戊变不剧作,有术可调和其间"。翁同龢本人也曾在事后表示,"老臣在,不至决裂至此"。②无论是支持变法的人士还是反对变法的人士,在戊戌政变发生以后都意识到,变法时期的两派之争,乃是"上下相摩而成,而常熟去为最大关键"。③

翁氏退出政治舞台出于什么原因,这一点已经并不重要,重要的是,翁同龢退出后留出的政治空间由康有为来填补,从而使光绪与激进的变法派之间结合为一体,并不再受到变革派阵营内部有效的制约。这是戊戌变法不断走向激进化的一个重要因素。

尽管如此,朝内外中仍然存在着一批中间派官僚,如李鸿章、张之洞等人。但是,一方面,由于李鸿章因甲午战争所承担的责任而声名扫地,为当时的清议所不容;另一方面,李鸿章历来主张联俄立场,而俄国在胶州湾事件后索地,使李鸿章失去皇帝信任。正因为如此,李鸿章这个重量级人物在当时对皇帝的影响力也大为降低。

从此之后,康有为这样一批少壮派士绅知识精英,终于可以有机会大展身手了,同样年青的光绪皇帝是如此的充分信任他们,皇帝与新派的变法人士之间关系是如此密切,以至于"有上开新折者,上(皇帝)无不应"。④既然激进变法派不再受到其他力量的有效制约,其结果必然是导致"新派"与"旧派"两极化。

在戊戌变法过程中,以怀塔布、刚毅、叶德辉等人为代表的保守派,原先就反对改革;以慈禧、荣禄为代表的既得利益派,

---

① 胡思敬:《国闻备乘》,《戊戌变法》第四册,第276页。
② 金梁:《四朝佚闻》,《戊戌变法》第四册,第222页。
③ 《康南海自编年谱》,《戊戌变法》第四册,第164页。
④ 杨复礼:《梁启超年谱》,《戊戌变法》第四册,第174页。

在不触及自身利益的条件下有限地同意改革；以孙家鼐等人为代表的温和派或中间派，原来曾支持改革，然而，这三种力量却出于对激进的变法政策的共同不满而结合起来，形成反对派强大阵营。戊戌变法派就在这种反对派的联合面前，日益孤立。

四、康有为的改革战略失误的四个方面

前面，我们分析了在官僚集权制条件下进行改革，面临的基本问题是少数先进的改革精英与多数相对保守的官僚的对峙。这一事实就决定了改革的策划者在改革伊始阶段，必须尽可能地在多数人能够赞同、理解或持中立态度的领域进行变革。这样做就可以尽量减少改革的阻力。

其次，改革派在羽毛尚未丰满的情况下，必须以渐进的方式来建立权力基础，并力求在改革一开始就使当时最高权势者慈禧太后保持至少是中立的态度，而决不应采取可能激化两宫之间原已存在的矛盾的做法。这一点对于减少政治阻力是至关重要的。

然而，康有为等改革派却在一系列重大战略问题上采取了完全相反的做法。

先声夺人的改革声势

与土耳其的基马尔相反，戊戌变法一开始，康有为就把改革的通盘计划公开于世，并把矛头公开地明确地直指他所认为的反对改革的政敌与传统的官僚体制。

根据康有为自己的记述，当军机处诸大臣问及应如何变法时，康有为首先提出"宜变法律，官制为先"的基本原则。当时李鸿章问道："然则六部尽撤，则例尽废乎？"康有为明确表示："弱亡中国皆此物也，诚宜尽撤，即一时不以尽去，变当改之，新政乃可推行。"这无疑是表明，变法派在政治上站稳之前，就公开向以六部为中枢的传统官僚体制宣战，并以撤除六部作为改革必须达到的目标。

甚至当康有为奉召请训时，荣禄问其如何改革，康有为竟回答："杀二三品以上阻挠新法大臣一二人，则新法行矣。"①这种惊世骇俗的言论，只能被保守派视为变法派准备大开杀戒的公开声明，并从而引起荣禄等实力派官僚的忌恨，徒然增加了变法的阻力。

其次，康有为向光绪皇帝建议，以"大誓群臣，以定国是"作为变法的第一步计划。这样做表面似乎相当合理：大誓群臣的做法，可以最大限度地运用皇帝的权威，以形成一种对保守派官僚的政治威慑力，并可以借此树立变革国策的合法性。然而，在光绪皇帝尚没有取得真正的最高权力的情况下，这样做的结果，实际上就是把皇帝从变法过程的仲裁者的至高地位，推向改革派一边。其结果是，一旦改革派与对立派的矛盾日益发展的情况出现时，皇帝本人将由于其明确的政治倾向性而失去足够的政治回旋的余地。

康有为提出建立以改革派集中的"对策所"和"制度局"作为改革的核心，而不是对现存的军机处与总理衙门进行不动声色的"旧瓶装新酒"式的渐进的改造。这种公然另起炉灶的做法，实际上是把传统体制内核心地位的官员，视为政治上必须加以排斥的对象。并使军机大臣这样一些传统官僚中的核心人物，产生对立情绪与警惧心理。这些潜在的反对者将会因为自己的原有利

---

① 曹孟其：《说林》，《戊戌变法》第四册，第322页。

益受到"新进人士"的公然威胁,而向保守派方向靠近。

"快变、大变与全变"的一揽子解决方式

当变法派取得皇帝信任并开始推进改革时,他们不是采取步步为营、突破一点、逐步扩大战果的渐进方式,而是主张"快变、大变与全变"的一揽子解决方式。

在这种变法战略的影响下,光绪皇帝在一百零三天的时间内,发布了二三百条涉及选拔人才、农工商业、裁汰官员、废除科举、财政经济、法律制度、文化教育、军事国防等几乎所有方面的上谕。这种毫无章法的、不顾实施条件与实施可能后果的做法,只能使变法的实施停留在形式上。

而且,在改革产生的利益重新分配过程中,这种"大刀阔斧"的做法,则会使那些原有利益受到影响的人们,越来越多地聚集于反对派一边。

尤其像科举制度改革这种涉及全国数以百万计士绅前途的大举措,变法策划者们要求在当年就把全国的生童试改为策论考试,连给考生作准备的时间也没有。这对历经数十年寒窗之苦的一般士人来说,实在是过于苛求,他们难以对这样的变动有足够的心理承受力与思想上的准备。当时据称就有直隶士绅出于怨怼而扬言准备对康有为行刺。虽然康有为与梁启超可以以无畏的气概认定,为了民族的前途,改革者无须考虑士人中的这种反对情绪。

对传统政治的中心象征的挑战

如前所述,自甲午战争以后,在中国官僚士绅精英层中,已经出现一种新的政治共识,即认为只有进行更为广泛的更大幅度的变革,才可能应付列强加之于中国的日益严重的危机。然而,

人们一般并不认为，推行更大幅度的变革必须以重新改造孔子的传统形象作为这种变革的先决条件。换言之，当时士绅官僚们所认同的孔子的传统形象，并不构成进一步变革的基本障碍。

然而，作为改革核心人物的康有为，却试图以《新学伪经考》与《孔子改制考》来重塑孔子。康有为认为，古文经是刘歆为了王莽篡政而伪造的，这样，他就把近二十个王朝两千年来崇奉的礼乐尊严，数百万士大夫共同尊奉的信条，一下子变为分文不值的伪说。他的主观意愿，是为改革寻找意识形态上的根据。他认为，"欲救中国，不可不以中国人之历史习惯而利导之。又以中国之公德缺乏，团体涣散，非择一举国人所同戴而诚服者，则不足以结合其感情，而光大其本性"。于是他以孔教复原为第一着手。正是基于这一考虑，康有为乃力图步马丁·路德的宗教改革的办法，来强调孔子的进化性、平等性、兼爱性与世界大同精神。以现代性的价值观的要求来重塑孔子，即从实际政治功利上的考虑而重新打扮孔子。

为什么康有为要这样做？梁启超后来指出，"（康有为）得谤于天下者，以宗教事业为最多。……中国闭塞者已数千年，稍有异己，不曰非圣无法，则曰大逆不道。（康有为）以为，不抉开此思想自由之藩篱，则中国终不可得救。所以毅然与二千年之学者四万万之时流挑战决斗也。"①

我们可以把康有为的动机理解为，他力图通过对传统意识形态符号的改造，来为自己策划的变法寻找政治合法性的神圣性依据，以此种被改造后的中心象征符号作为共识，来形成对社会人心的凝聚力量，并以此来进行变法的动员。在思维方式上，康有

---

① 梁启超：《康有为传》，《戊戌变法》第四册，第18页。

为显然受到传统的"思想决定论"的思维态度与模式的影响。他显然认为，只有对孔子这一符号的现代化意义达到思想统一，才有可能使改革起步。这就使他一开始就向传统的观念挑战。在这一点上，他显得相当执着。

表面上看，康有为力求把孔子的幽灵请出来，作为改革合法性的基础。这种对孔子的改造的政治战略似乎是高瞻远瞩，然而，由于他对实际上的孔子并没有真正的兴趣，而又缺乏史料上的精审工夫。康有为所作的考证，就当时的学术水平而言，也是相当粗陋而且牵强附会的。其结果必然是事与愿违。

当时的著名经学家、对变法一直抱同情与支持态度的开明人士皮锡瑞也认为康有为的《新学伪经考》从学理上说"武断太过。谓周礼等书皆刘歆所作，恐刘歆无此大本领。既信《史记》，又以《史记》为刘歆私窜，更不可据"。①后来，就连他最亲近的学生与同志梁启超，在其《清代学术概论》一书中也不得不承认："（康有为）以好博好异之故，往往不惜抹杀证据，曲解证据。以犯科学家之大忌。"

康有为作为一个思想家，固然有权利去发表任何他认为更为合适的观点或理论，哪怕这种观点在当时是何等的惊世骇俗。但作为一个在传统体制内部进行改革的政治家，这种以曲解证据来建构变法意识形态的做法，恰恰是一种致命的错误，一种与良好动机产生适得其反的效果的书生式的迂腐之举。

这是因为，首先，深受列强挑战威胁的当时中国士大夫，并非是从孔子的"现代化"观念中来取得变法必要性的认识的，而是从活生生的危机现实的压力刺激下获得这种认识的，人们未必

---

① 皮名振：《皮锡瑞年谱》，《戊戌变法》第四册，第191页。

先要从康有为的"三世说"中来认可变法的必要性,并以此为基础下定变法的决心。正因为如此,康有为的"三世说"可以说在政治策略上是画蛇添足。

其次,康有为所发起的这场意识形态的挑战,把人们的注意力从已经取得的改革共识方面,转移到在当时根本无法达成共识的意识形态的不同解释——"正邪"之争上来。其结果是,在已经取得共识的方面(即通过变法自强来克服民族危机这一社会共识),不能团结广大精英阶层,反而在最容易引起不同观念纷争与情绪化反应的意识形态领域激起新的争论。由于当时绝大多数士绅精英均无法接受康有为对孔子的新的解释,这就使康有为反而因自己的节外生枝而陷于孤立的境地。事实上,对此问题的"冷处理"就更为合适。

例如,孙家鼐曾是竭力支持康有为变法的重要官员,他曾把康有为称为"忠心热胆而心通时务"的"唯一朝士",他还对皇上表示,"若皇上责成变法,我唯举康某人,我则安能?"正是这位德高望重的当朝重臣,无法容忍康氏对孔子的随心所欲的改造,转而对康有为"怒而相攻"。这位老臣向皇帝奏称:"康有为才华甚富,学术不端,所著《孔子改制考》最为荒谬。"他力请皇上销毁书版,而徐察其人品心术。①

而翁同龢,这位把康有为引荐给光绪的关键人物,在读过《新学伪经考》之后,极为惊诧,他也因此而把康有为称之为"经家之野狐也"。②

就连章太炎这样一些更年轻的变革派人士,从变法的策略与

---

①《康南海自编年谱》,《戊戌变法》第四册,第151页。
②《翁同龢日记》,《戊戌变法》第一册,第511页,中华书局1989年版。

效果上考虑,也认为康有为的做法不能轻于附和。他在1896年时就指出,变法维新固然是当务之急,然而"尊孔设教""有煽动教祸之虞"。在这样一个属于高度敏感的意识形态领域内,从事与多数人信条相抵触的轻举妄动,其结果将事与愿违。

孤立与排斥太后的政治战略

如何处理光绪皇帝与慈禧太后之间的关系,对于变法能否顺利进行,具有至关重要的意义。因为这位太后对年青皇帝作出的任何举措,掌握着事实上的否决权。正因为如此,尽可能地减少太后对皇帝的猜疑与不满,防止保守派与太后之间结合成政治上反对光绪改革的政治联盟,是在清王朝集权体制下从事改革这一特殊国情所决定的。这是确保变法成功的重要的约束条件。

然而,康有为却主张:"尊君权之道,非去太后不可。"①他拒绝采取翁同龢"调和两宫"的主张。可以说,这是康有为在政治战略上最严重的失策。

这种政治战略的前提,显然是十分错误的。首先,正如前所述,太后在变法问题上并非极端保守,她同意在有限的范围内进行变革,至少在变法伊始,并没有对改革构成根本障碍。其次,太后对光绪皇帝所具有的权威性以及她在群臣中的至高权势乃是不容忽视的客观事实,而康有为等人却根本无视这一既存事实。他们的致命错觉是,既然太后已经归政于皇帝,那么,在法统上,皇帝就应拥有相应的实权。一旦他们认为皇上并不拥有这种相应的权力,就将排斥太后作为改革的目标。

事实上,康有为排斥太后的做法,在变法派内部就受到不少

---

① 王照:《关于戊戌政变之新材料》,《戊戌变法》第四册,第330页。

人的反对。连作为戊戌六君子之一的杨锐也曾上奏指出："皇太后亲将天下授之皇上，宜遇事将顺行，行不去处不宜固执己意。变法宜有次第。进退大臣不宜太骤。"①

而戊戌变法派内部的重要人物之一的王照，就曾指出："外人或误以为慈禧反对变法，其实慈禧但知权力，绝无政见。若奉之以变法之名，使得公然出头，则皇上之志可由屈而得伸，而顽固大臣皆无能为也。"②他在给皇上的第一份奏折中就提出这一点，并屡次向康有为提议。王照奏折中颇具新意的是，主张把变法的荣誉花环戴在太后头上，以此来满足这位老妇的虚荣心，以尽可能减少变法的阻力。

然而，康有为由于长期以来受到张荫桓的影响，坚执"挟此抑彼"之策，把慈禧太后视为"不可造就之物"来加以排斥。而在这种情况下，变法派不是分化了太后与荣禄的联合，反而使两者由于利益与共而更为紧密地联合起来。

除了上述问题之外，人们还可以从康有为一些有关政策的具体建议中，认识到这位新进政治人物在政治上的不成熟。

当孙家鼐问及，变法千头万绪，无一不需经费，而国家财政只有此数，何以应对这一问题，康有为竟轻易地回答说，这件事根本无须担忧。英吉利不是正垂涎西藏而又不能得到吗？如果朝廷果能弃此"荒远"之地，可把西藏卖给英国人，得个好价钱。有了这些钱，哪有新政缺钱的道理。孙家鼐由此而意识到康有为的"诞妄"，而预料到康有为是难有变法的作为的。③此外，康有

---

① 《杨参政公事略》，《戊戌变法》第四册，第66页。
② 王照：《方家园杂咏二十首并纪事》，《戊戌变法》第四册，第359页。
③ 引自孔祥吉：《康有为变法奏议研究》，第318页。

为还授意洪如冲,由他提出建议中国与日本合为一邦。①

这里,还可以提及的是康有为有关在全国范围内推行改换西服的"改革"建议,他们提出的理由是:"衣服虽末事,然切于人身最近。故变法未有不先变衣服者。此能变,无不变矣。"②这一奏折呈上后,光绪帝正欲照行,由于刚毅力争而受阻。这种变法设想完全不考虑中国的客观条件与国情,它是如此的不切实际,以至于从来不愿承认自己有什么过错的康有为,到了变法失败以后,事后也承认这种好高骛远的空想主张"实为巨谬"。③康有为回忆这一点时曾感叹,如果全国的人都穿了西装,那农村织机人还能从哪儿挣钱生活?

康有为在变法过程中提出的另一建议是"听沿海口岸准用孔子纪年","以衍圣公为孔教会长,听天下人入会"。④在传统政治秩序下进行变革,这种做法同样是犯忌的。因为光绪年号是清王朝统治的合法性的象征符号,以孔子纪年,则历来是反对清王朝统治的汉族反抗运动的传统做法,它无疑会引起满清权贵与王朝效忠者们自然而然的猜忌:康有为这样做是否有否定大清王朝的统治而谋求恢复汉族统治的险恶用心?而康有为当年在民间讲学时就有过反清统治的"前科",这一主张,更使反对派认定自己的这种猜忌是有根据的。

人们还可以从康有为对变法中的经济问题的建议,来看出这位过于自信的变法设计者的轻率与无知。康有为在建议统筹全局、

---

① 引自孔祥吉:《康有为变法奏议研究》,第417—420页。
② 丁文江、赵丰田编:《梁启超年谱长编》,第90页,上海人民出版社1983年版。
③ 陈恭禄:《中国近代史》,第475页,商务印书馆1937年版。
④ 《康南海自编年谱》,《戊戌变法》第四册,第147页。

举办新政的奏议中认为，举办各项内政须用银一亿两，练兵一百万须用银一亿两，创建海军须用银一亿两，分筑三大铁路共须用银三亿两。以上各项合计须用银六亿两。康有为建议，通过发行六亿两公债来筹集这样一笔巨额资金。在这以前，清政府曾发行过昭信股票一亿两，而事实上却极少有人愿认购。六亿两的公债，按中国当时国情又如何可能筹集？退而言之，即使筹集到六亿两的资金来进行各项改革，当时政府一年的总收入还不到一亿两，国家是否有足够的支付能力？

　　后代的人们固然不应对中国变法的先驱者的变革努力作出过于苛刻的批评，然而，人们可以从戊戌变法派人士在对变法问题上所发表的政见中，从他们为中国变法所作的战略设计中，更为切实具体地认识到，由康有为这样的书生政治家来主持复杂而艰巨的变法大业，其失败就绝不是偶然的，尽管人们并不怀疑康有为与他的青年同志们在道德上的真诚与热情。

第五章　政治冲突的两极化与戊戌变法的失败

一、变法过程中的冲突两极化趋势

可以意料，在前述战略的引导下，戊戌变法必将陷入越来越严重的逆境与危机。到了戊戌年七月时，连戊戌变法派内部也已经有人意识到了问题的严重性。康有为的弟弟康广仁在给自己的一位知心朋友的私信中，已经预感到由于康有为的变法主张的不切实际，一场变法的悲剧正在到来：

> 伯兄（康有为）规模太广，包揽太多，同志太孤，举行太大，当此排者、忌者、挤者、谤者盈衢塞巷，而上又无权，安能有成？弟私窃深忧之。①

康广仁所指的变法"规模太广、包揽太多、举行太大"与"同志太孤"之间形成的矛盾，可以说是戊戌变法中最大的矛盾，也是导致变法失败的最根本的原因。作为戊戌六君子之一的康广

---

①康广仁：《致易一书》，《康幼博茂才遗稿》，《戊戌六君子遗集》。

仁，忧心忡忡地对此所作出的分析，远比变法的反对者们所提出的同样的理由更有说服力。事实上，在这封信发出后不久，康广仁的这一预感就不幸而言中。

康广仁在此信中还透露，由于在当时条件下，改革阻力太大，进一步变革的条件又并不成熟，他曾向康有为建议，在已经取得废除八股这一成果之后，暂时地急流勇退。然而，康有为却表示，由于"上眷至笃"，为感激皇上"知遇之恩"而"不忍言去"，不但如此，康有为进而认为："但大变法，一面为新国之基，一面令人民感念圣主。以为后图。"①换言之，在改革面临危机之后，康有为不是设法缓和矛盾，及时地退却，反而主张进一步加大改革的幅度。其目的已经不是为了使变法取得什么实际成果，而是出于一种颇具浪漫色彩的想法：让人们以后因皇帝的变法热诚而怀念并感激这位皇帝。

在这封信中，康广仁还进而指出："弟旦夕力言，新旧水火，大权在后，决无成功。何必冒祸，伯兄非不深知，以为生死有命，非所能避……伯兄思高而性执，拘文牵义，不能破绝藩篱，至于今，实无他法。"②

后世的人们可以从不同的角度与立场来看待康有为在这种逆境中的选择，革命者可以从中看到一种"知其不可为而为之"的大无畏精神，而改革者则可以从中认识到，在康有为身上，那种"思高而性执，拘文牵义"的书生气，一旦与不考虑实际效果的果敢勇决相结合，日后可能导致变革者们为此付出鲜血与生命的代价。

---

①康广仁：《致易一书》，《康幼博茂才遗稿》，《戊戌六君子遗集》。
②康广仁：《致易一书》，《康幼博茂才遗稿》，《戊戌六君子遗集》.

判断一个国家的政治变革的风险与危机程度，可以用这一变革过程中不同的政治势力之间的政治对峙程度，也即"两极化"程度来衡量。从戊戌年四月二十三日光绪皇帝正式发出《明定国是诏》作为百日维新的开始，到七月初四以前，是新旧两派的斗争相持阶段，在这一阶段，光绪皇帝根据变法派人士的建言颁布相应的变革上谕，而一般官僚则采取观望与借故推诿的态度。

而到了七月中旬，光绪的变法态度与相应的举措日趋激进。与此同时，反对派与变法派之间的政治对峙的两极化程度也日益提高。从温和派、既得利益者到原先就反对变革的"原教旨"的保守派，越来越多的官僚汇合成越来越强大的反对派阵营，保守派更保守，激进派则更激进，双方水火不容。这种两极化的互动过程最终导致政变的发生。

光绪皇帝的激烈行动大多在七月中旬以后采取，这些激进的举措又恰恰是受康有为变法观的基本理念与思路的影响所致。

七月中旬光绪皇帝的激进化有两方面原因，一方面，是由于光绪的各项改革措施受到廷臣驳议者几乎"十居七八"，[①]这种情况使光绪皇帝的自尊心大受刺激，内心"积不能平"；另一方面，更直接的原因，则是康有为呈交给光绪皇帝的《波兰分灭记》，煽起了光绪皇帝的强烈的焦灼感。

康有为在其专为光绪皇帝阅读而编撰的《波兰分灭记》中，详述了"波兰被俄奥分灭之惨，士民受俄人荼毒之酷，国王被俄人控制之害，守旧党遏制之深，易后国王愤悔变法，俄使列兵禁制，不许变法。卒以割亡"。[②]光绪皇帝显然被康有为在《波兰分

[①] 胡思敬：《戊戌履霜录》，《戊戌变法》第一册，第366页。
[②] 胡思敬：《戊戌履霜录》，《戊戌变法》第一册，第155页。

灭记》中所描绘的形象而生动的波兰亡国情景所深深刺激而唏嘘不已。①康有为以一种文学式的写作风格与笔调,成功地使光绪相信,如果中国不像康有为所期望的那样采取"大变、快变、全变"的方式进行变法,中国就会很快成为下一个波兰。一种对民族与对祖宗大业的责任,使年青的皇帝认定,如果在认识到中国有可能成为第二个波兰的情况下,不立即进行最大幅度的激进变法,那将是对祖宗的犯罪。他的焦灼感与责任感强烈地交织在一起。

在七月初四日,光绪在读完《波兰分灭记》之后,特别颁赏康有为二千两赏银,作为对此书作者的嘉奖。康有为则趁热打铁,在其谢恩折中又一次"极陈时变之急,分割之苦,新政变而不变,行而未行之无益,制度局之不开,零星散杂之尤俾"。在此奏折的末尾,又一次提到波兰亡国之事。连康有为自己也认为,正是在他的这种反复警示之下,于是,"上大感动,从此大发雷霆,非复过去之迂回。时七月十二日也"②。

可以说,戊戌年的七月十二日,是这场变法运动一个重要分水岭。光绪的激进行动,使他与过去几乎判若两人。就在光绪皇帝读到康有为谢恩折的第二天,即戊戌年七月十三日,光绪就发出了裁汰中央与地方大员的上谕,裁官范围扩大到候补官员。所限时间也只有一个月。语气之激烈,无以复加。③此后涉及各项重大决策的诏谕如雪片般发出。

在此后十几天的时间里,一系列大动作连番出台:七月十四日下达裁汰冗官的诏书;七月十九日因王照事件而罢礼部六堂官,

---

① 胡思敬:《戊戌履霜录》,《戊戌变法》第一册,第155页。
② 胡思敬:《戊戌履霜录》,《戊戌变法》第一册,第156页。
③ 孔祥吉:《康有为变法奏议研究》,第375页。

以至"堂部为之一空";七月二十日,光绪皇帝赏谭嗣同、杨锐、刘光第、林旭四品衔,在军机章京上行走;七月二十八日,光绪决心开懋勤殿。一直到八月初,在受到慈禧反对之后,心理极度不平衡的光绪皇帝,从焦虑不安一变而为极度挫折、深感绝望,并先后发出两份密诏,而收到此密诏的康有为,则孤注一掷地策划了一场注定失败的兵围颐和园的政变。从戊戌年七月十二日到八月三日这短短两三周时间,可以说是激进变法不断推向前进,而又急转直下地走向失败的悲剧历程。

二、戊戌年七月中旬后光绪帝的激进政策

应该指出的是,光绪帝在七月中下旬所采取的一系列激烈举措,并不全是康有为的主意,事实上,就连康有为本人在其《年谱自编》中,也承认光绪皇帝在七月十三日之后走得太远。当时由于光绪帝已经处于高度亢奋的心理状态,用康有为自己在其年谱中的话来说,"盖上于变政勇决已甚,又左右无人顾问,故风利不得泊也"。他在事后为自己辩解时称,"皇帝在道路未有开出以前就急于推行各项措施……"[1]显然,康有为在变法失败以后,是在用这些言辞推卸自己的责任。

如果说,光绪是荆棘丛生的危崖上的脱缰之马,是江海巨浪中失控的风帆,那么,始终受到这位年青皇帝尊崇的康有为,对光绪的思想与政治选择的激进化负有最直接的责任。当光绪帝最需要冷静的关键时候,康有为却起到了火上加油的作用,正是他促使处于极度的焦虑状态的光绪皇帝作出一系列更为激进的决策。

---

[1]《中国的危机:康有为的谈话》,《戊戌变法》第二册,第503页。

而康有为却在其《年谱自编》中把这一切说成是皇帝自己的事。下面,让我们回顾一下七月中下旬的事变发展过程。

裁汰冗官事件

七月十三日,光绪皇帝下诏裁撤詹事府、通政司、光禄寺、太常寺、太仆寺、大理寺等中央衙门以及一些外省衙门。

当时曾专任接收被裁汰的太仆寺善后工作的官员陈夔龙,生动地记述了这一上谕下达后产生的实际后果。他指出,戊戌变法把裁官视为首要措施,京师闲散衙门被裁者不下十余处。由此而导致连带关系失职失业者近万人之多。朝野为之震惊,颇有民不聊生之感。陈氏还以太仆寺为例,"寺中自奉旨后,群焉如鸟兽散,衙门内不见人迹",当时衙门内不但印信文件一无所有,而且连门窗也被人拆毁无存。①

正如有的研究者所指出的,光绪皇帝在裁汰冗署冗员问题上采取激烈做法,直接受到的是岑春煊奏折的影响。岑氏在七月初七日提交的奏折中提出一个全面汰撤冗署冗员的方案。戊戌年七月十三日,光绪帝正式颁布了裁冗官的上谕,基本上全部采纳了岑春煊的意见。

然而,光绪皇帝实施他心目中的官制改革的激烈做法,其基本思想则受的是康梁等人的影响。康有为始终强调的变法原则是"新旧水火,势不两立","其直省藩臬道府,皆为冗员,州县守令,选举既轻,习气极坏……"杨深秀认为守旧派"或年老不能读书,或气衰不能任事,不能读书则难考新政,不能任事则畏闻

---

① 陈夔龙:《梦蕉亭杂记》,《戊戌变法》第一册,第485页。

兴作"。①康有为建议皇上用赏罚之大权，严惩守旧派。为使新法推行，他甚至建议皇上宜频频采取"大举动"，用当年赵武灵王、秦孝公与彼得大帝的方式来"震詟"守旧派。

光绪皇帝下诏裁汰冗官，然而，却对于被裁撤的官吏的今后的生活出路并无相应的配合措施。这就使当时的官制改革给一般官僚在精神上造成极大压力，这种压力往往又直接影响了他们对新政的态度。其结果是各种谣言广为流传。据记载，"京中已有裁撤六部九卿，而设立鬼子衙门，用鬼子办事之谣"。一些老迈官僚竟有"焦急欲死者，惟有诅谤皇上，痛骂康有为而已"。②据当时人的记载："新党中少年人高兴，到处议论，某官可裁，某人宜去，现已如何奏请皇上饬办，而皇上发下何旨，为守旧中有心相仇者听去，遍传也。"③

礼部六堂官罢官事件

如果说，这些毫无后续措施的大幅度急速地裁汰京城官员的举措，在中下层官僚中普遍引起了惊恐不安，并进而形成对戊戌变法不满的社会气氛，那么，五天之后出现的王照事件与此后六部堂官被罢事件，则进一步在上层官僚中引起严重的不安。

事情经过是这样的：礼部主事王照上书建议"请皇上奉太后巡行中外，先自日本始，体太后之意而变法"。而保守派礼部堂官怀塔布、许应骙等认为，日本历来多刺客，让皇帝出访日本，无疑会使皇帝置身于危险之中，李鸿章被刺就是前车之鉴。他们认

---

① 杨深秀：《请定国是折》，《戊戌变法》第三册，第33页。
② 苏继祖：《清廷戊戌朝变记》，《戊戌变法》第一册，第337页。
③ 苏继祖：《清廷戊戌朝变记》，《戊戌变法》第一册，第337页。

为王照"此议荒谬,万不可行",因而掷回原折,不肯代递。王照起而抨击怀塔布等,于是引起冲突。光绪帝以礼部堂官"壅蔽言路",而于一日之内下令将怀塔布等六人全部交部议处。"同日罢尚书侍郎六人,堂部为之一空。""浃旬之间,内外大臣重足而立。"①

事实上,光绪的这一做法,从常理上说,也颇为过激,因为怀塔布拒绝代递王照奏折的做法固然是错,但他们基于皇帝的安全考虑而否定王照奏折的理由,并非完全没有道理。更何况,被罢官的礼部侍郎四人与王照事件并没有直接关系。

王照事件的发生,使新旧两党之间的矛盾空前激化。梁启超在《戊戌变政记》中指出:"礼部全堂被斥,守旧大臣皆怒,至是咸怀震动之心。荣禄变惧不免,于是祸变促矣。"

怀塔布事件后,慈禧太后对光绪皇帝的不满开始表面化,她认为光绪办事操切,性情暴烈而且处理政务的能力极不成熟。皇帝请安时,太后表现出明显的冷漠与不满。

与此形成鲜明对比,七月二十日,即礼部六堂官被罢之后的第二天,光绪下谕,赏谭嗣同、杨锐、刘光第、林旭为四品章京上行走。这四位新官与康有为的关系如此密切,以至于人们完全有理由认为,皇帝现在已经完全受康有为的想法支配。由此产生的政治后果是,光绪皇帝本人从此成为众矢之的。此时,朝野均充斥着这样一些传闻:"八月将遂规仿欧西,改易典制定章服。"而人们还认为,只是由于光绪皇帝心里还对慈禧有所敬畏,所以事情还不至发展到不可挽回的严重地步②。

---

① 魏元旷:《坚冰志》,《戊戌变法》第四册,第312页。
② 魏元旷:《坚冰志》,《戊戌变法》第四册,第312页。

从开设制度局到懋勤殿事件

康有为在《上清帝第六书》中，明确提出开设制度局的设想，即仿照南书房、会典馆之例，妙选天下通才数十人为修撰，派五大臣为总裁，"每日值内，同共讨论。皇上亲临，折衷一是"。在《明定国是诏》发布以后，光绪皇帝破格召见康有为，康氏则利用这一次机会，再三强调开制度局的要求。他在给皇帝的奏折中进一步明确指出，"若欲变法而求下手之端，非开制度局不可"。康有为设想的制度局职掌十分重要，包括讨论国家大政方针，订立法典。

对于改革派提出的开制度局的建议，反对派一开始就表示抵制。他们认为，制度局的开设无疑是对军机处的"釜底抽薪"。康有为提出的开设制度局的方案非但没有被采纳，他本人也成为军机大臣们的眼中钉。其处境也就更为困难，此后康有为则转而提出在宫中开设懋勤殿。

所谓懋勤殿，是位于乾清宫西侧的一座殿宇，是历代皇帝国"念典燕居"之处。康有为的基本设想是，依照历史上的先例，设立懋勤殿，以懋勤殿代替制度局。此后，宋伯鲁、徐致靖、王照几乎同时于七月二十九日奏请开懋勤殿，并提出包括康有为、梁启超等人在内的具体人选。当时，新旧两派的矛盾已经十分尖锐。光绪对开设懋勤殿的态度已经十分坚决，他进而令谭嗣同拟旨，以"请于西后"。

就开制度局与懋勤殿本身而言，这些新制度并没有什么不对，但正如一位研究者所指出的，"问题是在守旧派屡次否定了康有为的设立制度局的请求之后，康氏并没有及时改弦更张，改换斗争方式与策略，而是抓住制度局不放，自始至终，一味纠缠于此，以致影响了其他新政的推行。在制度局受到抵制之后，又请开设议政处、立法院，开懋勤殿，这些机构花样翻新，其预期目的非但没有达到，反而引起守旧派的反感。"①而光绪皇帝也同样受其僵硬的思路的影响，并且始终以为制度局是唯一的改革思路。

七月二十八日，光绪携带谭嗣同拟好的开设懋勤殿的旨稿，前往颐和园向太后请旨。这时谭嗣同才真正意识到"今知皇上真无权矣"。而这时几乎京城市民都知道了这一件事，而太后圣旨仍不下达，于是人们都纷纷猜想到事情严重。

三、光绪帝的焦虑感与两难困境

在懋勤殿事件之后，七月二十日，光绪召见杨锐，赐以告急的第一份密诏，这份密诏的内容是："近来朕仰窥皇太后圣意，不愿将法尽变，并不欲将此辈老谬昏庸之大臣罢黜，而登用通达英勇之人，令其议政，以为恐失人心。虽经朕累次降旨整饬，而且有随时几谏之事，但圣意坚定，终恐无济于事。即如十九日之朱谕，皇太后已以为太重。故不得不徐图之。此近来之实在为难之情况也。"

光绪皇帝在这份密诏中还进一步指出："朕亦岂不知，中国积弱不振，至于阽危，皆由此辈所误。但必欲朕一旦痛切降旨，将旧法尽变，而尽黜此辈昏庸之人，则朕之权力实有未足。果使如此，则朕位且不能保，何况其他。"光绪在这份密诏中最后写道："今朕问汝，可有何良策，俾旧法可以全变，将老谬昏庸之大臣尽行罢黜，而登进通达英勇之人，令其议政，使中国转危为安，化弱为强，而又不至有拂圣意。尔其与林旭、刘光第、谭嗣同及诸

---

① 孔祥吉：《康有为变法奏议研究》，第333页。

同志妥速筹商。密缮封奏。由军机处代递。"皇上召见杨锐,并由杨锐带出这份"衣带诏"。①

显然,光绪皇帝是在极度焦虑与烦躁不安的心境中写出这份著名的密诏的。

从这份诏书中可以看出,一方面,他已经清楚地意识到慈禧太后对他日益增长的不满与反感。而要说服太后按他所希望的方式进行变法,已经是绝对不可能的了。另一方面,他又深受康有为的影响,认定只有非此即彼地排斥那些"老谬昏庸"的大臣,代之以"英勇通达"的新臣,才能使中国转危为安,只有使旧法尽变,才能救中国。似乎不是如此,而是迟误数月,中国就要亡国了。在他的头脑中,丝毫没有渐变可以救国兴国的可能。

显然,光绪皇帝的变法设想尚不成熟,他以为"以新代旧"就可以取得中国变法成功,他认定只需对少数少壮派改革精英委以重任,就可以在官僚政治的汪洋大海中从容地进行变革,这些看法本身就是不切实际的。

太后反对光绪皇帝新设懋勤殿的建议,对于变法来说,固然是一个不小的挫折,但并不是什么根本的、无可弥补的失败。然而,光绪皇帝是一个涉世不深、经验不足、政治上本来就并不成熟的年青皇帝。显然,他对此事先缺乏心理上的准备,以至于他很难承受慈禧的严词拒绝。

光绪皇帝深深地陷入两难困境之中无法自拔。在他看来,要采取大变的方针,慈禧太后势必反对,而不采取大变的方针,亡国的悲剧只是时间问题。后世的人们只有理解了光绪所感受到的

---

① 该诏文引自汤志钧:《关于光绪"密诏"诸问题》,《乘桴新获》,第41页,江苏古籍出版社1990年版。

这种矛盾的痛苦折磨，才能理解他在当时的焦虑感是何等的强烈。

我们可以想象一下这样的情景：这位年青皇帝关于重设懋勤殿的请旨，在颐和园受到太后一阵阵挖苦，在他回到颐和园那间属于他自己的寝宫之后，身边却没有可以倾诉内心苦闷的对象。人们可以想见，在那昏暗的孤灯之下，光绪皇帝那种由焦虑、压抑、孤寂的复杂情感交织在一起的心境。此刻，正是他最需要精神上的安慰与支持的时候，然而，在他身边只有那些唯慈禧之命是从的太监与宫女。没有任何人能安慰、开导他，正是在这种焦虑不安的情况下，他写下这份密诏，希望那些他所钦服的并引以为国士的青年变法家们能想出办法，使他摆脱困境，他把这视为唯一的希望。

尽管如此，从这份诏书中，人们仍然可以看出，光绪皇帝绝没有发动推翻慈禧太后政变的动机，鉴于慈禧对他的不满，他明确地认为，"故不得不徐图之"。他固然要求康有为与各位青年变法派人士能尽快想出摆脱困境的办法，但诏书要求他们必须以"不至有拂圣意"作为前提。

八月初二日，光绪又写下了命康有为立即离开北京前往上海办理官报的第二份密诏。这一事实足以说明，光绪的目的，并不是要康有为及其同志去发起一场政变，而是认为，在矛盾日益尖锐的情况下，应缓和矛盾，以避免进一步引发新的政治冲突。

四、康有为接受密诏后的对策

八月初三日，林旭把两份密诏先后均送到康有为处。[1]康有为

---

[1]《康南海自编年谱》，《戊戌变法》第四册，第161页。

得到密诏，便与林旭、谭嗣同、徐致靖等变法派人士立即着手考虑下一步"解救"皇上的办法。

当时的场面是颇为令人激昂的：他们"跪读痛哭"；当袁世凯的幕僚徐世昌被邀请来时，他们又"相与痛哭""以感动之"，徐世昌也因为深受感动而一起哭泣，以至大众"痛哭不成声"。

要解释为什么康有为及其变法同志，在接到光绪皇帝的两份诏书后会如此痛哭以至泣不成声并不困难。他们一直就把问题看得过于简单，而光绪皇帝的密诏字里行间所充满的焦灼不安的失望情感，使他们似乎突然陷入一片黑暗之中而难以自拔。这些深受巨大的挫折而又缺乏成熟的政治斗争经验的人们，便又失去心理上的平衡。

然而，第一封密诏后来被康有为有意识地作了改动。在《康南海年谱自编》中，这份关键的密诏却变成了这样：

> 朕唯时局艰维，非变法不足以救中国，非去守旧衰谬之大臣，而用通达英勇之士，不能变法。而皇太后不以为然。朕屡次几谏，太后更怒。今朕位且不保，汝康有为、杨锐、林旭、谭嗣同、刘光第等可妥速密筹，设法相救。朕十分焦灼。不胜企盼之至。特谕。

这份改窜的诏书，与真诏书的关键区别有三点。

首先，真诏书中提到的四人中并没有康有为，而康有为改过的诏书中，康有为则成了光绪发诏的主要对象。

其次，真诏书只是说，如果在太后面前过于坚持光绪皇帝原来设定的大幅度进行变法的主张，那么，由于太后的反对，就会出现"朕位且不保"的局面。而康有为改动过的诏书中，此一关键语则被暗度陈仓地变为"今朕位且不保",一字之差,就使人以为,由于皇帝已经危在旦夕,故要求康有为想法去营救他。

第三,在真诏书中,光绪认为,由于太后的反对,故变法"不得不徐图之",诏书要求受诏者"妥速筹商",想出办法,但前提则是"不至有拂圣意"。这一关键的话,则在改动的诏书中被取消了。这一改动,就使"密诏"在手的康有为,实行激进的冒险的包围颐和园、捕杀慈禧太后以进行激进变法的政变计划,似乎有了尚方宝剑。

毫无疑问,康有为本人是见到过由林旭送来的密诏的。在第二份密诏里,光绪命令他立即离京去上海督办官报,这也表明,在目前这种不利于变法派的形势下,皇帝决不希望康有为留在北京,去策划任何大的行动。在光绪看来,目前最重要的,是作暂时的退却。正如密诏中明确指出的,光绪认为,目前所需要做的是,"不得已而徐图之",以保存变法派的实力,等待更为合适的时机,东山再起。

既然如此,康有为为什么要改窜密诏?康有为为什么在明知违背光绪本意的情况下,却开始着手一项违背光绪本意的政变行动?众所周知,正是康有为等人想当然地企图联络袁世凯、实行诛杀荣禄、兵围颐和园这一政变密谋的失败,最终葬送了戊戌变法,导致六君子殉难与光绪被幽禁于瀛台的悲剧。

前面所述,康有为等人在接到光绪密诏之后,心态极不平衡,这只是促使他们准备以孤注一掷的戏剧性的大动作来达到心理上的平衡的一个潜意识原因。更重要的、更为直接的原因,是康有为错误地相信,慈禧会在九月天津阅兵时发动废除光绪皇帝的一场兵变。既然光绪在其密诏中透露出慈禧已经对自己不满的进一步信息,那么,在他看来,这就成了"天津兵变"将会确凿无疑举行的进一步根据。基于这一考虑，那么，在九月阅兵到来以前，先发制人地进行一场针对慈禧与荣禄的政变，一举夺取政权，便成了康有为所认为的必要的政治选择。

康有为后来在日本曾为其失败了的政变进行辩护，当时，人们对他的一项主要的批评是，在没有真正得到实权之前，变法者"必宜隐忍"而不应轻举妄动。他为自己辩解说："既能忍之，九月阅兵，亦卒于废立矣。"①

从现在所能看到的史料足以表明，康有为与其同志认定，守旧派废黜光绪皇帝的"兵变"，必将在当年九月的天津阅兵时发生。这一判断是他们认定必须先发制人地发起政变的最重要的理由。正是基于这一考虑而产生的日益紧迫的危机感，促使这些变法派人士联络袁世凯，寄希望于一场捕杀慈禧太后的政变。甚至可以说，这种"兵变在即"的危机感，是戊戌年七月之后变法派人士从事一切政治活动首要考虑的问题，是他们进行基本政治推理的前提。当康有为准备派遣毕永年到袁世凯军中去作内应时，他对毕永年所述的准备发动政变的理由，依据的也就是这一点。当谭嗣同私访袁世凯时，也正是以此传言作为劝其保驾的根据的。然而，这一关键点，恰恰是大为值得推敲的。

一位同情变法的同时代人苏继祖，在戊戌变法失败以后不久撰写的一本书中指出，太后如真要"行废立之谋"，以其在宫廷内外的权势，只需在宫中调兵入卫即可完成这一计划。大可不必兴师动众，远到数百里外的天津，光天化日，在外国使节的众目睽睽之下，行此震动国际的大举措。这样做显然是画蛇添足。②

---

① 康有为：《复伊且百川君书》，《戊戌变法》第二册，第531页。
② 苏继祖：《清廷戊戌朝变记》，《戊戌变法》第一册，第336页。

事实上，慈禧在戊戌年八月初六日从颐和园还宫，只是把光绪唤来训斥了一顿，就执掌了全部权力，她不费一枪一弹，一兵一卒，就可轻而易举地在便殿开始其"训政"，这一点就足以说明问题。

此外，在戊戌政变中光绪遭禁之后，荣禄还竭力劝阻太后不可废黜光绪，以免遭世人议论，后来发生的这些事实，均足以证明"天津兵变"计划之说缺乏情理上的根据。

那么，为什么康有为等人会如此执着地相信当时街巷中广泛流传的"天津兵变"的民间传言？这位《戊戌朝变记》的作者苏继祖认为，由于光绪皇帝本人"慑于太后积威，势孤心悸，而产生草木皆兵之势"。而以康有为为代表的变法派新党人士，"则虽有忠爱之心，然而却昧于审势度时，扭于前代权臣叛君，皆以兵力压制众人之见"。这位作者还认为，康有为等人"一念之差，又不择人，贸然以刀柄付之，置光绪于死地"。①苏氏本人对戊戌变法是抱相当同情的态度的，他的这一判断确实是颇中肯綮的。

五、联袁围园：康有为孤注一掷的选择

戊戌年八月初二日的那天晚上，康有为与他的同志们讨论了整整一夜。由于在此以前从来不曾从最坏处着想过，由于光绪密诏的突然到来，使他们完全没有思想上的准备。一种从乐观突然转变为绝望而不知所措的感觉与氛围笼罩在他们中间，在他们看来，为摆脱这种绝望感只有采取破釜沉舟的办法：必须在支持变法的掌兵权的军人中选择一位，劝其发动一场政变，在他们看来，除

---

① 苏继祖：《清廷戊戌朝变记》，《戊戌变法》第一册，第336页。

此以外没有其他后路了。

那么,联络谁来发动这样一场政变呢?

应该说,在考虑袁世凯以前,康有为就曾于七月二十日前后托徐致靖、谭嗣同等人分两次劝王照前往聂士成处游说,要王照发动聂士成组织一场反对慈禧太后的兵变,并许诺在事成后让聂士成为直隶总督。这种冒险方案受到王照坚决反对而作罢。①戊戌变法失败后,王照就曾尖锐地指责康有为说,如果当时是召聂士成或董福祥进行政变的话,那么,事情泄露得将会更快。②

康有为为了实行他的"救皇上"的行动,继而想用袁世凯。这一主张,一开始就受到包括徐致靖、谭嗣同、林旭、毕永年等多人的反对,但康有为一则认为"拥兵权,可救上者,只此一人",另一方面,又以袁世凯给他写的私信为根据,说明袁对变法派的忠心。③

原先充满强烈的希望而后又突然陷入绝望的人们,是最容易产生孤注一掷的冒险心理的。当一个人心态已经丧失平衡时,他想得更多的,正是他寄希望的那个人呈现于他记忆中的优点与长处。因为只有如此思考,他的心理才能达到平衡。康有为在考虑聂士成与董福祥不成之后,之所以如此固执地把政变的希望寄托在袁世凯身上,是因为他太多地想到了袁世凯的种种长处:当年的强学会,袁与他是如何"轮以齿序,称为兄弟",袁又是如何投身于新军改革,他给康有为的密信又是如何充满忠君报国的热忱,等等。

---

①王照:《方家园杂咏二十首并纪事》,《戊戌变法》第四册,第360页。
②王照:《方家园杂咏二十首并纪事》,《戊戌变法》第四册,第360页。
③王照:《方家园杂咏二十首并纪事》,《戊戌变法》第四册,第360页。

为了实行政变计划，他们把当时的会党领袖人物毕永年邀到北京来。七月二十九日，康有为对毕永年说，由于太后将于九月阅兵时废黜皇上，他准备效法唐朝张柬之废武则天的办法，但是皇上没有寸兵可以依靠，无法举事，因此，他已经奏请皇上，召袁世凯入京。欲令其像当年的李多祚那样，进行兵变。

康有为对毕永年的具体要求是，要他前往袁世凯幕府任参谋，然后，协助袁世凯包围颐和园，并带亲信百人往执西太后而废之。

当时，毕永年与谭嗣同都凭直觉认为袁氏不可靠。就连谭嗣同本人当时心里也充满了矛盾。他对毕永年说："此事甚不可，而康先生必欲为之。且使皇上面谕，我将奈之何？我亦决矣。"①谭嗣同以其对老师康有为的高度崇敬，仍然答应去完成康有为交给他的与袁世凯面谈的关键任务，去做这件被他称之为"知其不可而为之"的事。这样做的目的，与其说是为了使事变成功，不如说是为了实践自己的政治信念、价值追求与使命感。

毕永年本人当时就对康有为表示，他对康有为的政变方案的可行性大有疑虑。他认为，首先，从政治派系渊源关系来看，袁世凯是李鸿章一派的人，而李鸿章又属于后党。其次，从袁世凯当年在朝鲜的表现来说，也并非勇武敢任之士。他对袁的人品可靠性也表示了怀疑。康有为则对毕永年说"袁极可用"。他认为此事不必担心，因为他已经探听到袁与荣禄有矛盾。再说，皇上将委袁世凯以重任，袁心必会因感激皇上而图报。他还拿出袁在最近写给康有为本人的、以表示感谢康"荐引拔擢"之恩的密信为证。

此外，毕永年还向康有为表示，派他去袁军中，以执行捕杀

---

① 王照：《方家园杂咏二十首并纪事》，《戊戌变法》第四册，第360页。

慈禧太后的任务，这也同样是不可行的。他告诉康有为，他作为一个南方人，单身一人到北洋军中，去"领此彼我不识之兵，不过十数日中，又如何可能收为腹心，得其死力？"更何况，以他这样的低微的身份地位而专领此兵，作兵士的又如何会服气，同军中的其他将领，又如何可能不会对他产生疑心？毕永年因而始终没有应诺。

事实上，八月初三日，康有为的一位党人钱君又进一步把康有为尚未透露的另一部分计划告诉毕永年，那就是，根据康有为的主意，在事变发生前，奏告光绪皇帝时，只称废黜太后，而实际上，则是到达颐和园之后，"执而杀之可也"①。这就更增加了毕永年对政变计划的抵制态度，他始终没有同意参与行动。

六、袁世凯为什么告变

八月初三日当夜，康有为决定由谭嗣同私访袁世凯。是夜，谭嗣同独自一人突然来到袁世凯在京居住的法华寺寓所。谭嗣同开门见山地对袁世凯说："公受此破格特恩，必将有以图报，上方有大难，非公不能救。"请求袁为了变法大业，为了保护对他可说是恩重于山的皇上，断然举事，先赴天津诛杀荣禄，然后，迅速赴北京，以兵包围颐和园，捉拿太后，以完成这一关系到皇上安危与中国变法成败的大功大业。

谭嗣同当时进而表示，如果袁世凯不愿意这样做，可以把谭嗣同的首级交给太后去论功请赏。

谭嗣同的突然来访，以及谭嗣同和盘托出的由康有为制定的

---

① 王照：《方家园杂咏二十首并纪事》，《戊戌变法》第四册，第27页。

政变计划，对于袁世凯来说，何去何从无疑是他此生中前所未有的巨大挑战。应该承认，袁世凯确实面临着关系到个人生死命运的两难选择。不能说当时的袁世凯就已经是成算在胸，他后来在《戊戌日记》中称，在他送走谭嗣同后，"如痴如病"——这确实最能表达他当时的两难心理。①

作为在新军中最具有改革倾向的主要将领，同时又是一个有多年的官场经历的、城府颇深又精于权谋的政治人物，从政治大势来说，袁世凯显然意识到，在太后与光绪日益增长的政治冲突中，光绪处于劣势。后来的人们一般都认为，袁世凯是一个政治投机分子，所以他选择了出卖变法派以卖身求荣的道路。

但这一点不能解释，即使单从投机者的利益而言，为什么袁世凯在这一关键时刻，不去投光绪之机，而去投慈禧太后之机？他为什么没有支持并参与康有为所策划的这个政变，而是采取了转而向荣禄告变的政治选择？而且，须知袁世凯由于深受光绪"破格特恩"与变法派的信任，要投变法派之机，对他来说，要比别人更占有利条件。

事实上，投靠荣禄，托出康有为的政变密谋，也同样存在着极大的风险。这是因为，向荣禄告变，将会使光绪处于极其危险的境地，而光绪毕竟是当今皇上，一旦慈禧驾崩，光绪实际亲政，袁世凯本人岂不又反过来首当其冲地成为被光绪皇帝报复的对象？他并非不知道，前朝宠臣被继统君主满门抄斩的先例实在是史不绝书的。

从袁世凯这一方面而言，至少有以下两方面原因，注定了他不可能去支持康有为的政变计划。

---

① 王照：《方家园杂咏二十首并纪事》，《戊戌变法》第四册，第28页。

首先，从纯粹军事角度来看，康有为布置的围攻颐和园的政变计划是根本行不通的。袁世凯所撰写的《戊戌日记》记载，他对谭嗣同说，从军事实力而言，北洋各军总人数，包括董福祥与聂士成的新军在内，为四万到五万人，此外，京城内的旗军又不下数万人。而袁世凯的全部军队人数，一共只有七千人，实际战斗人员只有六千人。"如何能办此事？"①这也就是说，从力量对比上说，袁世凯的军队人数与其他军队人数相比，是十比一。一旦发生对抗，取胜可能极小。

袁世凯的军队全部驻守在天津小站。要想兴师动众，到三百里以外的北京去发动一场政变，又如何可能做到保密？他对谭嗣同说，"恐在外一动兵，而京内必即设防"②。在已经有了电讯交通的情况下，袁世凯调动军队的一举一动，岂不早被人知晓？还没有进城，北京早就严阵以待。因此，在这种情况下去围颐和园几乎是根本不可能的。

按照晚清军事制度，袁世凯军队平时很少有现存弹药与粮草。袁世凯对谭嗣同说：本军的粮械弹药，均在天津城内，军营中所存数量极少。而先将粮弹领足，又须通过荣禄同意，才能办到。正因为如此，要起事而不想让荣禄得知，是完全不可能的。③

袁世凯的《戊戌日记》所列举的上述理由，几乎每一项都是实在的，而又恰恰是康有为这位从不知兵事的文人不曾考虑到的。

---

① 参见袁世凯：《戊戌日记》，《戊戌变法》第一册，第551页；又见刘凤翰：《袁世凯与戊戌政变》，(台北)传统文学出版社1979年版。
② 参见袁世凯：《戊戌日记》，《戊戌变法》第一册，第551页；又见刘凤翰：《袁世凯与戊戌政变》，(台北)传统文学出版社1979年版。
③ 袁世凯：《戊戌日记》，《戊戌变法》第一册，第551页；又见刘凤翰：《袁世凯与戊戌政变》，(台北)传统文学出版社1979年版。

其次，袁世凯虽然出于政治投机的动机，曾给康有为写过感谢其向皇帝保荐提携的密信，但这一点并不意味着袁世凯在任何时候均会无条件地支持与赞同康有为的不切实际的政治主张。

总而言之，无论从袁世凯与康有为在变法的方式的分歧上，还是从要成功地发起政变所必需的条件与可能性方面而言，袁世凯都决不愿意把宝押在康有为一边。凭他多年在官场经验，他决不愿意参与这样一种由一位政治空想家设计的、注定无法成功的政变行动。因为谭嗣同所托出的政变方案，恰恰是立在空想的、不切实际的基础上的。他还对谭嗣同说："变法宜顺舆情，未可操切，缓办亦可，停办亦可，何必如此亟亟，至激生它变？"

袁世凯无疑是老谋深算的。他决不愿为康有为的不切实际的方案付出代价。而且，当他意识到政变必将失败，并必将更直接地危及他个人的前途与生命安全时，那么，向荣禄告变，也就成为他的自然的政治选择。而告变又会使他进而成为慈禧与荣禄的功臣。当然，由此而获得的更大的好处，对于他这样的人来说，更是他乐于领受的。

关于这一点，康有为变法派中的重要人物之一王照，就曾明确地表明过自己的独立的态度，他认为，"谭嗣同于初三夜往见袁，劝其围太后，袁不允。袁不允，非不忠于君也，力不足也。袁赴京之日，荣禄已调聂士成兵五千驻天津，以制袁之命。况八旗兵虽不精练，尚有数万精枪，快炮具备。而梁、谭等书生不知兵事之难，反谓袁不忠。彼等令袁围太后之语，皇上亦不知。以致有八月初六日（太后训政）之变。"①

袁世凯虽然当时就拒绝了参与政变，然而，用袁世凯自己的

---

① 王照：《方家园杂咏二十首并纪事》，《戊戌变法》第四册，第360页。

话来说,"如显拒变脸,激生它变"。为了稳住谭嗣同,他让谭嗣同容他先熟思若干时日,布置半月或二十日,袁世凯虽然没有答应带兵围园,也不同意诛杀荣禄,但他佯装同意到九月阅兵时再便宜行事。

当谭嗣同回到南海馆寓所时,他已经有了一种不祥的预感。当第二天早上,毕永年问他昨天与袁世凯谈话有什么结果时,正在梳理头发的谭嗣同"气恢恢然曰:'袁尚未允也,然亦未决辞。欲从缓办也'"。当毕永年继续追问他,"袁究可用乎?"谭嗣同虽然没有正面回答,然而,他的回答却更令人回味:"此事我与康争过数次,而康必欲用此人,真无可奈何。"由此可见,事实上,谭嗣同已经对昨天夜里访袁的事深感后悔了。①

在毕永年的继续追问之下,谭嗣同告诉毕永年,昨夜已经把要求袁世凯兵围颐和园的计划全盘托出给袁世凯。这时,毕永年大声感叹道:"今事败矣,今事败矣,此何等事,而可出口中止乎?今见公等族灭矣!"毕永年立即搬出南海馆,他也劝谭嗣同自谋生路,不可与康有为同归于尽。②

戊戌年八月五日,也即慈禧发动反政变的前一天,光绪第三次召袁世凯,袁世凯则利用这次机会对光绪帝委婉表示:"古今各国,变法非易,非有内忧,即有外患,请忍耐待时,步步经理,如操之过急,必生流弊,且变法尤在得人,必须有明达时务,老成持重,如张之洞者,赞襄主持,方可仰答圣意。至新进诸臣,固不乏明达之士,但阅历太浅,办事不能缜密,稍有疏误,累及

---

① 毕永年:《诡谋直记》,原文载《乘桴新获》,第26页。
② 毕永年:《诡谋直记》,原文载《乘桴新获》,第26页。

皇上,关系极重。"①

显然,袁世凯试图通过这次召对,向光绪暗示,他并不赞同康有为激进的变革方式,他后来把自己的这种态度称之为"向持稳健主义"。

由于袁世凯后来向慈禧和荣禄告变,袁氏在《戊戌日记》中写的这段话,是否真是袁世凯当时受召见时向光绪皇帝所说的,后人自然可以有所怀疑,但它十分明确地表述了袁世凯在政见上与康有为的严重分歧。这种分歧在当年强学会时可能并不明显,而到了戊戌变法后期,既然当年大多数曾经支持过康有为的温和派人士都表示过类似的看法,更何况袁世凯本人又是一个颇具投机性的政治人物,他提出这一番议论更是可以想见的了。袁本人决不会为与自己政见不同的"康党"去冒破釜沉舟的风险。他完全有理由认为,事情发展到如此地步,完全是"康党们"咎由自取。

八月初五日,袁世凯入觐请训后,立即坐火车回到天津,将谭嗣同等人的密谋尽告荣禄。当晚,荣禄入京,向慈禧告变。②

康有为求助于袁世凯完全是"狗急跳墙",这无疑是由于心理失衡而产生的"病急乱投医"心态支配下的产物。

康有为、梁启超"围园捕太后"的政变方案之不切实际还在于,他们的计划是,只让袁世凯带领军队去围颐和园,而让随军而行的毕永年带百余勇士入园诛杀慈禧,后一计划是在不让袁世

---

①参见袁世凯:《戊戌日记》,《戊戌变法》第一册,第553页。
②袁世凯在其《戊戌日记》中曾颇有心计地称,荣禄得到袁世凯告变的消息后并没有向慈禧透露任何内情。而只是到了后来,荣禄才从北京得到"训政之电",袁世凯称这是由于"业已自内先发矣"。这种说法显然是不合情理的。如此重大的"叛逆"情事,荣禄绝不敢不立即上报,其理甚明。

凯事先得知的情况下进行的。这些策划者并没有进一步考虑一下，如果袁世凯在政变时决不愿袖手旁观，不愿让毕氏去犯"弑杀太后之罪"，其后果又将如何？而这种罪名，在传统政治中乃是十恶不赦的重罪，如果袁本人或是迫于官僚士绅的舆论压力，或是出于渔翁得利之心，在政变得手后，把犯有"弑君（太后）之罪"的毕永年与策划者康有为等人一网打尽，"明正其罪，以谢天下"，然后"挟天子以令诸侯"，其后果又将如何？

七、慈禧太后再度掌权与戊戌变法的失败

八月初四日傍晚，慈禧离开颐和园，返回大内。初五日，当她从荣禄那里得知康有为等人的政变图谋而深感自己受到威胁时，便会自然认为，当她让皇帝主政之后，少不更事而又无能的光绪皇帝受到一批居心不良的新党之徒的煽动，把大清社稷引向不可测的危险境地。

初六日，慈禧宣布训政，据记载，光绪帝当时正在中和殿，侍卫太监传太后旨，引帝入于西苑瀛台。不久，太后驾到，她斥责光绪皇帝时讲了这样一段话："汝之变法维新，本予所许，但不料汝昏昧胡涂，胆大妄为，一至于此。汝五岁入宫，继立为帝，抚养成人，以至归政。予何负于汝？而汝无福承受大业，听人播弄，如木偶然。朝中亲贵重臣，无一爱戴汝者，皆请予训政。汉大臣中，虽一二阿顺汝者，予自有法处置之。"[1]慈禧太后再度垂帘听政。从此以后，光绪帝被幽禁于南海瀛台。直到生命最后一刻，他都不再拥有任何实际权力。

---

[1]黄鸿寿：《清史纪事本末》，《戊戌变法》第四册，第262页。

八月初六日，慈禧正式颁诏训政：自本日起在便殿办事，并发出逮捕康党的旨令。康有为已于前一日取道天津南下。八月九日，六君子中的杨锐、林旭被捕；次日，谭嗣同、刘光第等人被捕；八月十一日，慈禧下旨命原先在戊戌变法中被通令裁并的通政司、大理寺、光禄寺、太仆寺等衙门照常设立，禁止士民上书言事，停止各省改祠堂寺庙为学堂；八月十三日，处死六君子。戊戌变法至此以血的代价失败。

戊戌变法党人之一的王照在流亡日本以后，曾说过一段话，他认为，守旧党固然是误国者，但是，"康梁等亦庸医杀人者也。"①这句话确实可以说是一针见血的。

1915年，戊戌变法失败之后十八年，严复对康有为的变法作出过相当严峻的批评。他认为："康乃踵商君之故智，卒然得君，不察其所处之地位何如，所当之阻力为何等，卤莽灭裂，轻易猖狂，驯至于幽其君而杀其友，己则逍遥海外……必谓其有意误君，固为太过，而狂谬妄发，自许太过，祸人家国而不自知非。则虽则百仪秦，不能为南海作辩护也。"②严复曾在戊戌变法后写下同情变法志士的著名诗篇，他在感情上无疑是十分同情被处死的"戊戌六君子"的，然而，正是这位近代中国历史上最杰出的思想家，对戊戌变法的主持者，却作出了最为严厉的批评，关于这一点，人们是并不难理解的。

---

① 王照：《关于戊戌政变之新史料》，《戊戌变法》第四册，第333页。
② 严复：《与熊纯如书》，《严复集》第三册，第632页。

第六章　戊戌激进主义与中国"极致性"政治文化

在中国这样一个传统官僚专制国家,在西方挑战与民族危机深化的背景中,要进行变革与政治创新,变法者就必然会面对一系列特殊的矛盾与困难:政治结构的僵滞性与封闭性,传统风俗与官学意识形态的保守性,社会上通晓世界知识的人才极度缺乏,年轻的皇帝有改革导向却没有实权,等等。这些都是变法者必须充分重视的客观制约条件。在这种不利条件下,应该怎样进行变革才能取得成功?

实际上,中国变法的这些客观制约条件,当时就有不少主张变革的士绅知识分子意识到了。本章通过戊戌同时代的人士对戊戌变法的约束条件、变法的战略与策略等问题所发表的议论与看法,来进一步认识这场变法运动存在的问题与失败的原因。

从更深层次看问题,人们会发现,戊戌政治激进主义作为一种政治思潮与文化现象,实际上是中国现代化一系列特有的两难矛盾的反映。对中国现代化的两难矛盾的揭示,将使人们有可能更为深入地认识中国早期政治激进主义产生的原因,以及它所导致的历史后果。

本章将从历史与文化的角度来分析,作为中国20世纪政治激进主义思潮的最早出现的一种类型,戊戌激进主义与中国传统政治文化有什么关系,它对中国以后的变革历史有什么影响。

一、同时代人对变法失败的反思

在变法失败后不久的一段时期内,支持变革的士绅知识分子中就出现了对康有为变法的战略与策略提出疑问的议论。长期以来,这些见解与议论并没有受到人们足够的重视。在百年以后的现在,重温这些变法同时代人的思想见解,无疑具有重要的意义。

"徐以心腹分任骏寄":费行简论变法应采取的战略

在戊戌变法失败后,《慈禧传信录》的作者费行简就开门见山地指出,康有为变法的失败乃是"书生误国"。他明确指出,戊戌变法派在改革战略上就是根本错误的。他认为康有为"浮躁自矜,且袭讲学家故智,附会经义。竟以粗疏偾事,致帝幽禁。盖书生不足决大计"。①

费行简十分感叹,如果光绪皇帝不是采取明火执仗的、大规模撤换旧官僚的措施,而是在变法的初期阶段,以传统的"综核名实,整饬纲纪"的方式来加强皇帝的权威,其效果就会大不相同。费氏指出,通过"综核名实,整饬纲纪"的方法,就可以进而"退贪庸代以俊义。徐以心腹分任骏寄,行之三年,主权既尊,兵权在己。然后更国是,改制立法。后虽阻挠,亦不可得矣。不此之图,徒用三五少年,而欲俄顷尽废二千年来相欺相蒙旧制。

---

① 费行简:《慈禧传信录》,《戊戌变法》第一册,第467页。

其复败亦宜矣"。①

正如本书前面所述,在1898年光绪皇帝与太后分享皇权合法性的情况下,皇帝采取大刀阔斧而又激烈的改革方式,将会使反对变革的保守派与那些由于改革而丧失既得利益的官僚,有可能与充满权力失落感的慈禧太后结合起来,从而形成皇帝难以招架的强大政治阻力。可以说,这是清末变法所面对的一个十分特殊的问题。

而解决这一困难的前提,则是皇帝必须握有实权。而皇帝要取得实权,又必须使自己的改革派心腹逐渐地不动声色地"分任骏寄"。要实现这一目标,绝不是通过大张旗鼓地发动变法的声势,甚至不是以变法的名义来清洗保守派,因为,这样做必然会"打草惊蛇"。

费氏在这里提出一个解决变法难题的基本思路。那就是,由于慈禧太后在事实上所处的至尊权势地位在客观上一时难以动摇,那么,合理的选择是,在数年的时间里,运用"综核名实,整饬纲纪"这一传统政治手段和名义来加强皇帝对官员的实际控制。并在这一名义下,以皇帝的心腹人士逐步取代权力中枢的平庸保守官僚,直到军权与行政实权完全掌握在皇帝手中。到了那时,丧失实权的太后,将不再构成改革派皇帝的政治障碍。那也就意味着,进行大规模体制变革的时机成熟了。

这一基本战略的意义在于,它充分考虑到光绪亲政之后的最高权力结构的二元化的格局,并以此为基础,提出改革的基本对策。

改革派皇帝在考察事物的名实是否相符的名义下,以自己的

---

① 费行简:《慈禧传信录》,《戊戌变法》第一册,第467页。

皇权合法性，自上而下地整顿纲纪，这无疑是在传统专制体制下名正言顺的办法。这样，就能在现存体制下，最为充分地利用皇帝权威资源，行使皇帝对官僚体制的整合作用；而任何人都无法违抗皇帝的这种传统政治职能。改革派的政治实力也就可以由此而羽翼丰满。

"养锋锐以和平"：皮锡瑞论官僚政治下的变法策略

著名的经学家皮锡瑞，早在百日维新正在进行的戊戌年六月，就针对当时的条件下如何进行变革，提出了一些颇富启示的看法。

变法是在少数先知先觉的精英与多数后知后觉的官僚士绅对峙的条件下进行的。面对清末中国的这一客观现实条件，皮锡瑞认为，改革者应采取相当谨慎的策略。否则，用他的话来说，变法派就会"或以一时之激烈，而尽弃前功，或以细故之参差，而贻误大局"。①

皮锡瑞认为，在传统专制体制下进行变法，特别要注意变革的阶段性。在变法的最初阶段，相应的做法应该是："风气未开，持之以理，畛域难化，感以至诚。"②

用现代的语言说，即在大多数官僚士绅尚没有觉悟到变法的必要性时，少数主持改革的政治精英，应采取多数官僚所能理解与接受的观念、语言与道理，即共同认可的价值符号，来阐述与表达改革的理由。这里的"持之以理"，只能是多数人能够认同的道理。其次，在人们一时难以在观念方面进行沟通与理解之前，情感的诚挚与恳切，却能够起到替代观念而进行沟通的作用。尤

---

① 皮名振：《皮锡瑞年谱》，《戊戌变法》第四册，第196页。
② 皮名振：《皮锡瑞年谱》，《戊戌变法》第四册，第196页。

其是国难当头,民族危机加深的事实已经存在,人们多少对此已有共识的情况下,诉诸民族大义的至诚情感,往往是缓和紧张、沟通情感的重要手段。

皮锡瑞还认为,在改革者的政治实力尚没有足够强大以前,应通过隐蔽含蓄的方式来发展自己的力量,而不是锋芒毕露。用皮氏的话来说,那就是"养锋锐以和平,戢嚣张于坚定"。①

为什么必须这样做?因为,在传统力量十分强大的情况下,长期处于封闭环境中的多数人,无法接受那种明目张胆的对传统价值观念与习俗的挑战性的言辞与主张。正因为如此,改革者一方面应尽可能地避免公开的对抗,抑制那种亢奋情感的冲动;另一方面,则应不动声色地坚定地积聚实力,才能在未来的政治角斗中稳操胜券。

正是基于上述考虑,皮氏认为,改革者应该"谋事期于久远,不必取快于一时"。做到从长远的眼光来考虑问题,尤其是"立言毋过高苛,恐其惊骇流俗","勿恃才傲物,而反涣其群","勿盛气凌人,而欲速不达"。

在皮氏看来,以这种"中庸"的方式来求进取,才能"收断金之利",实现变革者所期待实现的"礼运大同"的目标。②

皮锡瑞的议论可谓对于康有为的在战略上失策的入木三分的批评。皮锡瑞在发表这些观点之后一个月,戊戌变法便告失败。而上述议论,实在可谓不幸而言中。

---

① 皮名振:《皮锡瑞年谱》,《戊戌变法》第四册,第196页。
② 皮名振:《皮锡瑞年谱》,《戊戌变法》第四册,第196页。

改革者的政治哲学：尹彦禾论"中庸之道"

为什么中国无法实现渐进的变革？为什么中国自开埠以来，在政治上总是从深闭故拒的虚骄守旧，一变而为"乘积弊之后，挟至锐之气，举一切法而更张之"的操切从事？为什么在"取快于一时"的雄心勃勃的变革招致失败之后，又引发了守旧派政治势力重新崛起？人们可以从庚子事变的国粹派与义和团相结合而形成的那种非理性排外主义中，看到上述政治上周而复始的恶性循环。这种两极互动模式可以说是中国现代化过程始终难以摆脱的"六道轮回"。

变法失败后两年，尹彦禾在1900年所著的《济变篇》中，分析了中国变革过程中特有的上述两极震荡现象。并从中国哲学中"化"这一概念的丰富内涵中，颇富创意地演绎出改革所应重视的一些基本原则。他指出：

> 甲午以还，居民上下颇知变矣。乃一则败于顽固，一则败于操切。管子曰：变法易教，不知化不可。又曰渐也，顺也，靡也，久也，服也，习也，谓之化。改革当以渐。民自顺教而风靡。久而服而习之矣。此言为变法最精之义。异惜戊戌之间，不知此义，故始而维新，旋即复旧。败于操切。①

这是一段思想内涵极为丰富深刻的议论。

《济变篇》的作者在这里实际上提出了从中庸哲学中寻找改革

---

① 见《戊戌变法》第四册，第304页。

智慧与改革途径的思想。用我们现代的语言来发挥作者在上述议论中表达的思想，那就是：真正富有成效的改革，应采取疏导与徐进的方式（"渐"）；力求做到水到渠成，顺其自然（"顺"）；把复杂的矛盾、问题、阻力与障碍予以分散，并逐步地克服与化解（"靡"）；主张小步地持续地推进，而不是"毕其功于一役"地与既存秩序作根本的决裂（"久"）；使新制度的创设与旧有的现存秩序之间，大体上可以保持相适应的状态（"服"）；在历经了上述各个阶段之后，最终将使变革的结果逐渐转化为一种约定俗成的社会风尚、习惯。这样，变革的成果就会由此而融化为整个社会有机体的组成部分。这就是所谓的"习"。

以上所提到的"渐"、"顺"、"靡"、"久"、"服"、"习"等六个方面的内容，实际上构成前后相续的几个基本阶段，它们构成所谓"化"的有机部分，并相互渗透与影响。由于新物的长入，是一个类似生物发育滋长的渐进的长入过程，旧体与新体之间存在着相互交融的有机联结。这样，就不再会引起新旧之间由于界限分明与对立而出现的两极冲突。于是，传统的中庸哲学，通过作者的创造性的解释与发挥，就成为防止变革转型过程中"物极必反"的两极震荡的思想方法。

《济变篇》的作者还列举了变法派在废科举、兴教育方面一系列具体措施的失当，他指出，骤开经济特科，中国全国境内通晓西学者究有几人？有多少士人会应付这类新学考试？此外，他还提到如果只是废八股，而不能及时广建学堂，如果改祠堂为学校，而不相应地解决道士与和尚的安顿问题，那么，由于各种措施的不配套，改革也就会成为空话而无补于实际。他进而指出，就以兴新学选拔人才而言，只有"俟学堂有成，再一律罢科举，盖合科举学堂为一事,始克有济"。①这位作者以此来说明变法必须相互配合,各种措施与政策必须结合为一个有机整体,才有可能行之有效。

"上负其君,下累其友":严复对戊戌变法派的批评

严复可以说是近代中国渐进变革思想的最早提倡者。早在戊戌变法前三年,严复就指出,一个社会长期形成的风俗人心,应是制定变法计划时充分考虑的前提。

他指出:"王介甫(王安石)之变法,如青苗,如保马,如雇役,皆非其法之不良,其意之不美也。其浸淫驯致大乱者,坐不知其时之风俗人心不足以行其政也。"因此,严复认为,在"民智已下,民德已衰,民力已困"的情况下,"有一倡而无群和,虽有善政,莫之能行"。②这一思想充分表现了严复对变法的客观条件的重视。

严复正是基于这一认识来批评戊戌变法派的政治战略的。他指出,变法派为了图存于"物竞最烈"的时代,"此其意诚善也",然而,根本的问题却在于,中国数千年来所形成的"民质",却在短时间内难以"速化","不速化,故寡和,寡和则勍者克之"。其结果,只能使变革者在反对势力的压迫下,"相率为牺牲而后已"。③

严复认为,作为变革者本人来说,尽管可以为国事而作出个人牺牲,然而,"天之生先觉也不易,而种之有志士也尤难。以一

---

① 见《戊戌变法》第四册,第306页。
② 《原强》,《严复集》第一册,第13页。
③ 《主客评议》,《严复集》第一册,第120页。

二人倡说举事之不祥,谋事之未臧,而又使吾国受大损也。且其效又何如?"①

严复还认为,康有为在变法战略上的根本错误,可以用十六个字来概括。那就是:"轻举妄动,虑事不周,上负其君,下累其友。"他认为,中国局势陷入如此不可收拾的地步,康梁是负有重要责任的。而他之所以在变法失败之后不愿公开议论此事,只是不愿被人利用来"打落水鸡"而已。②

在这里,严复一方面对戊戌变法者的动机与诚意表示了明确的肯定和同情。另一方面,又认为这些变法者对于变法的失败确实负有重要责任。而戊戌变法之所以失败,乃是因为,变法派单从良好的愿望出发来决定变法的速度与幅度,而忽视了人心风俗这一条件对于变法的约束。其结果,必然导致变法因"曲高和寡"而失败。

严复反对以激进主义的方式来解决中国的现代化改革问题,也正是以这一思想观点为基础的。他认为,激进主义者的根本错误就在于,把中国在长期历史条件下形成的复杂问题看得过于简单了。后来,在戊戌变法失败之后的五年(即1903年),他还进一步指出,"浅谫剽疾之士,不知其所从来如是之大且久也,辄攘臂疾走,谓以旦暮之更张,将可以起衰,而以与胜我者抗也,不能得,又搪撞呼号,欲率一世之人,与盲进以为破坏之事。顾破坏宜矣,而所建设者,又未必其果有合也"。③

特别值得指出的是,严复在这一段文字中所指出的那些"浅

---

① 《主客评议》,《严复集》第一册,第120页。
② 《与张元济书》,《严复集》第三册,第533页。
③ 《译〈群学肄言〉自序》,《严复集》第一册,第123页。

诋諆疾者"，在现实面前碰壁之后，由于"不能得"而"搪撞呼号"，这一观点实际上提出了激进主义者所陷入的"自我循环"问题。那就是，激进主义者一旦在遭受失败之后，由于他们在政治思维上的简单化，由于他们因现实中的挫折而陷入焦灼与心态的不平衡，便往往会进一步在这种激进主义思维定式的支配下，变本加厉地谋求更为激进的解决方式——如此而必然形成恶性循环。

正因为如此，他还进一步指出，对于中国的变革来说，"其进弥骤，其途弥险，新者未得，旧者已亡。怅怅无归。或以灭绝。是故明者慎之"[①]。

二、变法激进主义是对因循守旧的反动

为什么中国早期现代化过程中难以实现渐进的持续的变革？为什么中国在应付西方挑战时，不是顽固守旧，就是像戊戌变法那样，以"全变、大变、速变"的方式操切从事？为什么中国近代以来的变革历史，往往会出现从极端守旧，一变而成为不顾条件的"病急乱投医"？人们如果从更为广阔的文化与历史视角上来看问题，就会发现，其中确实有着更为深刻的文化原因。

正如尹彦禾在变法失败以后所指出的，中国自开埠以来变革的进展，可以概括为"一则败于顽固，一则败于操切。始而维新，继而复旧"。一方面，"未变时溺于所安"；另一方面，一旦这种外部挑战的压力足以导致严重的民族生存危机时，又由于手足无措，不分轻重缓急而操切从事，"既变法之时又失于纷扰"。

由此可见，当时就有人注意到了中国近代以来特有的"两极

[①]《政治讲义》，《严复集》第五册，第1242页。

震荡"现象。这种保守与激进并存和拉锯状态,可以说是中国自早期现代化以来就已经表现出来的重要特征。这两种政治倾向几乎可以说是一对孪生姐妹。

为什么会出现上述"两极震荡"?对此我们可以从历史文化的角度作出解释。

从现象上来看,戊戌变法的失败在于变法决策者的操切与缺乏必要的政治战略。然而,从更为深层的角度看问题,可以说,这是一种过于缺乏应变弹性的保守的文化所导致的历史"因果报应"。

其原因就在于,在应对西方挑战的过程中,中国文化的保守封闭性与政治体制的僵滞性表现为它习惯于以准宗教化的信条与官学意识形态来维系社会秩序的稳定。这种文化总是习惯于用以自我为中心的态度来解释与判断来自外部世界的新信息。其结果是,这种保守的迟钝的"硬性"反应必然导致文化的"脆化",导致民族的危机、屈辱与挫折。而对导致危机的责任的追究,又必然会加深青年一代的变革者们对本国传统的疏离与叛逆。这种文化反叛心态,又总是与危机下的焦灼感相结合,使变革者越来越脱离现实的条件去从事活动。

正如戊戌变法失败以后的历史所表明的,当这种操切的变革不能顺利实现在传统体制内部的转化而遭到越来越多的人的不满与抵制时,其结果则引起保守派变本加厉的反动。"庚子之变"中那些极端保守顽愚的权贵们的表现,可以说是众人皆知的。传统中陈腐的教义、信条又会以闹剧的方式重新被用来抵制变革。

这种复旧闹剧,又会进一步引起人们对传统更为情绪化的憎恶。如此循环往复。在这种两极摆动中——从守旧到激进,又从激进而引发保守的反动,为保持传统而反对变革,又为推进变革而走向情绪化的反传统——传统文化的价值与政治秩序越来越丧失其在人心中的合法性。

三、官僚政体下变革的两难矛盾

然而，是什么原因，使康有为、梁启超这样一些激进的书生政治家，走到了历史的前台，并由他们来揭开了中国近代政治变革史的第一幕？历史为什么没有选择更为成熟练达的官僚精英而是选择康有为这样的人物来承担起中国变法的历史使命？

其间的原因不应仅仅从康有为这些个人身上寻找，而且更要从中国传统官僚体制变革过程固有的矛盾中寻找。

在对戊戌变法失败的原因进行深入的分析时，人们会发现，中国早期现代化过程存在着这样一个深刻的两难矛盾。

首先，中国传统的官僚群体中，很难产生对西方文明挑战作出敏感反应的人才。其原因正是前文已经分析过的中国对西方挑战作出回应时的"综合反应能力"的"脆硬性"。由于中国传统官僚集权体制对西方挑战作出的反应极为迟钝，在政体与价值体系相当封闭的条件下，在传统的认知方式与官学意识形态的束缚下，广大当权官僚与科举士绅知识分子不可能敏锐地对来自西方文明的冲击作出合理而及时的反应与感知，并进而见微知著地认识到危机与问题的严重性，也不可能运用更灵活、更切实的手段，来解决中国面临的困局与问题。中国权力精英与官僚士大夫精英的无能，封闭性与文化上的僵化性，是导致中国近代日益陷入深重的民族危机的内在原因。

而在这种危机深重的情势下，最早能对这种危机情境作出敏锐反应并显示出民族主义的热忱与献身精神的，恰恰是那些体制外的、较少与主流文化与正统学术有关联的、更年轻的士绅知识精英,康有为、梁启超、谭嗣同这些维新派就是这类更具"文化边缘性"的知识精英的代表。

这样一些体制外的人士有什么特点?

这些新型人物,由于他们与传统政治实践较少联系,由于他们没有受到传统政治阅历与政治经验的浸淫与影响,由于他们没有受到传统文化与思维定式的过多的约束,所以他们才能比一般官僚士大夫更敏感、更清醒、更深切、更强烈地认识到民族危机的严峻性,并以一般受正统思维模式影响的士绅官僚所不可能有的那种更奔放的激情与更具血性的坦诚,来表达他们的危机感,他们还能以一种富有想象的方式,来展望中国的未来与更美好的前景。

也正是这种体制外的"边缘人"才具有的激情、热忱、乐观脱俗的信念与大胆而充沛的想象力,使他们在危机深化的严峻时期,在平庸的官僚士绅中鹤立鸡群,在政坛上形成巨大的冲击波并能脱颖而出。

这一特点,正是为什么康有为、梁启超等变法志士,这些从未当过官的布衣之士,在甲午战争之后,能够一朝得志,获得光绪皇帝青睐的原因。

光绪皇帝这位最高权力中心的先觉者,一方面因深受危机感的煎熬而对平庸无能的传统官僚群体失去信心,另一方面却又对危机的深化束手无策。正是在这种情况下,这类新型的体制外的"边缘人"就显示出其前所未有的特殊魅力。试想一下,大清建国两百多年来,有哪一个人能像康有为那样,敢于在给皇上的奏折中大声疾呼,如果不再变革,皇上"求为长安布衣而不可得矣"?这种敢冒杀身之祸的胆量,甚至连慈禧太后也为之惊叹。敢于说出这种石破天惊之语，难道不正是出于对国家危机的最敏锐的感受？难道不正是出于对列祖列宗所缔造的社稷的赤胆忠诚？

慈禧太后与光绪皇帝读到康有为变法奏折中那些惊世骇俗的用语而没有加之以罪，正是他们也确实感受到了民族生存危机的巨大压力。当颇有年青人的血气的光绪皇帝深深感到，大清王朝正处于最需要能敏锐地应付危机的忠臣与政治家的时候，当这位忧心忡忡的皇帝眼中"廷臣一无可倚"的当头，康有为这颗新星的出现，确实如同是久旱而遇甘霖了。

然而，这一特殊政治文化现象，又继而引出以下一系列矛盾与问题。

从社会学角度来看，康、梁这些书生人物没有在现存官僚体制下被充分"社会化"（Sociaization）①。

康有为这些"特立独行"的知识精英，是在相当特殊的危机时期，由于一位与他们同样年青的皇帝的特殊眷顾，而从体制外直接进入官僚体制的决策中心的。也就是说，他们是由于极为罕见的机遇而以一种前所未有的"非制度化"的方式进入政治中心的。他们在进入最高决策圈以前，主要过的是田园书斋式的生活。他们从来不曾有过在官场环境中接受"政治社会化"的训练与浸淫的机会，因而他们并没有在行为方式、态度、人际交往的方式方面，在角色的自我认定与角色的期待方面有所改变，以符合一个"正常"的官员应有的规则。而这一切本来是官僚本人长期经验与实践的"社会化"过程中才得以形成的。"官场社会化"是一

---

①社会化，指的正是通过角色的学习、训练，获得同一阶层与群体所赞同的行为方式，从而被同一社会群体承认为"自己人"而被社会群体所接受的过程。

个官员适应官僚群体社会生活的前提。

有一个例子可以说明问题,当康有为刚到北京不久,他理应按惯例拜见本省本籍的先辈,以表示尊重之意,而康有为则声称,如果自己无才,就根本没有资格去参见先辈,如果自己有才,也就根本不必去参见。后来,保守的政敌们与反对派人士恰恰是把康有为的这一言谈作为这位不知天高地厚的新贵过于狂妄的证据,来加以传布引用。从这一点很可以看出,康有为的"官场社会化"程度是相当低下的。换言之,作为一个个人,康有为可以保持自己的个性,作为官僚阶层中的一员,他又应取得他人对其角色期待上的肯定。

正因为如此,尽管他们有着满腔热情并富有才气,尽管他们能以其辩才与笔才而赢得年青皇帝的信任,然而,他们对于既存的官僚政治体制运行的牵制因素,对于官场复杂的人际关系与"游戏规则",都缺少起码的知识与经验。

于是,人们可以发现,中国传统的官僚集权制政治体制在适应变革方面,存在着这样一个深刻的两难矛盾:一方面,只有当一个改革者在这种体制下被充分地"官场社会化",以获得官僚群体认可的行为方式与态度,他才可能游刃有余地从事政治活动,并才能在这一基础上,取得相应的对旧体制进行改革的政治经验与政治技巧,才能使改革的计划更为周全,各种举措更为切合实际,而不至引起广大官僚阶层的严重对立与反抗。另一方面,由于这种政治体制的极度封闭性,一个官员在这种制度下生活得越久,阅历与经验越是丰富,也就是说,他的"官场社会化"程度越高,他也就会越是习于所安,承袭旧章,他的锐气、感觉越是迟钝,越是缺乏改革的热情与能力。用康有为的话来说,中国的官僚们"寻至暮年,名位稍达,虽欲振作,而精力已销矣"。

戊戌变法初期，刚返国不久的驻日本神户的领事郑孝胥，就相当清楚地认识到这个矛盾。他在给皇帝的奏折中指出："默察京师大局，其老成者既苦于素无学术。其新进者又苦于未经历练。"①此言可谓一语破的。而戊戌变法的失败，又恰恰与此有关。

中国变法所特有的这种矛盾，就会导致这样一种局面：一旦这个社会要进行变革时，就会缺乏那种富于体制内的政治经验的适当的人才来担当改革大任。正因为如此，郑孝胥指出，在中国，提倡变法、"求新求变"、富于敏感的"好奇者""多无当于求实"，反之，那些富有政治经验的"求实者"，又"无当于好奇"。

郑氏还指出，中国往往是"求变时，溺于所安，既变之日，又失于纷扰"。②中国最需要的是这种既富有官僚政治的经验，同时又必须感觉敏锐并通晓世界大势的改革人才，然而，这种人才却很难找到。正因为如此，郑孝胥指出，中国变法最大的困难是"有君无臣之忧"。③这就一针见血地指出中国变法所面临的两难困境。

中国官僚政治造成的结果是，体制内的政治经验与能力，与变革所需要的政治活力与能动性（包括对危机的感知力，对外部世界的知识、热诚与创新精神等）几乎可以说是两者不可得兼的，甚至，可以说是呈反比关系的。两种能力往往不能重合于同一个人上。这一点恰恰是戊戌变法失败的悲剧的原因所在。

---

① 《总理衙门章京郑孝胥折》，明清档案馆编：《戊戌变法档案史料》，第11页。

② 《总理衙门章京郑孝胥折》，明清档案馆编：《戊戌变法档案史料》，第11页。

③ 《总理衙门章京郑孝胥折》，明清档案馆编：《戊戌变法档案史料》，第11页。

四、人格魅力与世俗理性:"类宗教人格"的两难矛盾

人们会发现一个意味深长的现象:康有为这样的变法人物具有很强的人格魅力,但却极度缺乏讲求实效的世俗理性。

众所周知,康有为、梁启超、谭嗣同这些戊戌变法志士都是具有相当强烈的宗教信念的人,他们多半是好佛学的。在从事政治之前,他们曾立志以宗教作为救世的事业。梁启超曾这样记述道:"吾辈以教为主,国之存亡与教无与,我一切不问。专以讲学授徒为事,俟吾党俱有成就之后,乃至出而传教。……大有入山数年之志。""吾辈宗旨乃传教也,非政治也。乃救地球及无量世界众生,非救一国也。一国之亡于我何与焉?"[①]

在这些变法者中,康有为的宗教气质是最为典型而且突出的。梁启超作为康有为的学生,对他的老师有相当深入的了解。他指出,康有为与其说是政治家,不如说是宗教家,与其说是实行家,不如说是理想家。他告诉人们,康有为"潜心佛藏,大彻大悟,又读耶氏书,故宗教思想特盛";"毅然以绍述诸圣,普度众生为己任"。多种宗教均对康有为具有相当强烈的吸引力,他从阳明学入佛学,最得力于禅宗,以华严宗为归宿。"不畏地狱,常住地狱,常乐地狱"。这种宗教精神,使康有为"每遇困苦之境,自提醒:吾发愿故当如是……以此自课,神明具泰。勇猛益加"。[②]康有为自己也多次表明他对天命的笃信。光绪二十三年(1897年),他就写道:"人生原逆旅,我身非我有,而何一室哉","吾一生不

[①]《梁启超年谱长编》,第58页。
[②]梁启超:《康有为传》,《戊戌变法》第四册,第10—36页。

用营谋,稍营谋即无益。更可信天命也"。①

一个改革家身上的这种宗教气质,对其政治行动产生什么影响?

首先,在如此保守、僵固的文化氛围中,正是这种"先知"式的宗教家式的人物所体现的慷慨激昂、乐观自信、献身热忱与精神感召力,才有足够的精神资源,来冲破这个民族的闭塞、长期专制政治压抑而形成的精神萎缩与文化惰性。

在一个由于陈腐、疲软而泄沓的万马齐喑的社会的精神氛围中,康有为所焕发的宗教式的勇往直前、不畏艰险、刚健果决的气概,以及他对自己从事的事业的自信与乐观,使他对他的崇拜者与同志拥有一种超凡的人格魅力。

可以说,这是一种被马克斯·韦伯称之为"奇里斯玛"的吸引力。康有为那种"六经皆我注脚,群山皆我仆从"的自信与迸发的热忱,"盖受用于佛学也"。康有为的讲演,"如大海潮,如狮子吼",②在这个"士风极坏,惟利禄是慕"的氛围中,正是康有为式的当头棒喝,才足以具有打破顽固、保守与平庸的文化冲击力。

然而,这种宗教情怀却在现世变革中具有"两面刃"的特点。因为,这种基于宗教情怀的自信,反过来,也阻碍了变革者在政治实践中的世俗理性(Secular reason)的发展。

世俗理性要求人们摆脱信条对人们从事实际政治活动的约束,以一种客观求实的、冷静的态度,从经验与事实出发,通过信息的收集与判断,去认识改革所面临的具体症结、困难与问题,并

---

① 《康南海自编年谱》,《戊戌变法》第四册,第137页。
② 梁启超:《康有为传》,《戊戌变法》第四册,第10—36页。

通过政治策略技巧来解决实际的困难。世俗理性要求人们考虑问题与作出选择必须充分注意效果。世俗理性最本质的特点是，摆脱信条教义对判断的参与，直接地通过日常生活式的健全的理性来认识与解决问题。而变法人士在从事变法事业时，他们的宗教式的思维方式与价值观念，却极大地，往往是不自觉地干扰了对具体事物的客观认知。他们的佛学使他们"视一切事，无所谓成，无所谓败"。换言之，他们身上的宗教气质阻碍了他们在政治实践中以世俗的求实的眼光来判断问题。

事实上，在变法关键时期，这种宗教心与康有为执拗鲠讦的个性相结合，其政治后果就更为严重。

一个明显的例子就是，当康有为的从弟康广仁劝康有为在严峻的局势面前应考虑暂时的退却以保存实力时，他却以"孔子之圣，知其不可而为之"表明自己的"义不能退"，在他看来，"知难而为"、"勇往直前"与"锲而不舍"是无须计较实际后果的。

为此，康广仁曾告诫他，"舍身于事不能有益，徒一死耳，死固不足惜，然阿兄生平所志所学……他日之事业正多。"而康有为却回答"生死自有天命"。他还列举了当年路经华德里时，只差着半寸，险些被一块飞砖击中而大难不死的往事，以此来证明，"今境也似飞砖视之"，"但行吾心所安而已，他事非所计也"。①

可以说，上述事例是一个最为典型而鲜明的例子。它表明一个受宗教式的"纯真"信条支配的政治家，是如何在关系中国前途命运与政治成败的关键时刻，拒绝在具体政治实践中用实效的标准来判断事物的。

近代中国确实面临着一个巨大的深刻的文化矛盾：一方面，

---

① 梁启超：《康广仁传》，《戊戌变法》第四册，第70页。

这古老文化的惰性是如此牢不可破,以至只能是具有强有力的宗教人格精神的人,才具有冲击这种文化惰性的感召力与挑战性;另一方面,这种强烈的宗教人格对变法者的思维与价值观的影响是如此巨大,以至于他们不能以世俗的理性与求实的态度,来冷静地面对如此复杂的现实问题,而这种世俗理性对于改革的成功来说,又是至关重要的。

正是在这个意义上,人们可以理解,为什么梁启超说康有为"出世太早"。他超越时人,而不宜适于现时。他的理想是如此高远,以致"动辄得咎,举国皆敌",这也就是为什么梁启超说他"大刀阔斧,开辟事业"而又"自今未有一成者"的原因。[①]

正如变法失败后一位英国外交官一针见血指出的,康有为"极富于幻想","很不适宜作一个动乱时代的领导者"。[②]正因为如此,"在目前中国的情况下,他的建议不是被忽视,便是惹起反抗"[③]。由这样一个理想家、"宗教家"来充任中国改革决策与实行的大任,既是这个时代与文化的自然结果,也恰恰是这场变法运动的不幸。

五、戊戌激进主义与传统的"极致性文化"

康有为等戊戌变法人士的激进思维方式,在多大程度上与中国传统的士大夫政治文化(Political Culture)有关?换言之,在深层的、无意识层面,中国传统政治文化在多大程度上影响了变法派人士的政治思维方式与价值趋向?

[①] 梁启超:《康广仁传》,《戊戌变法》第四册,第18页。
[②] 王崇武译:《戊戌变法旁记》,《戊戌变法》第三册,第527页。
[③] 唐才常:《欧阳中鹄书》,《唐才常集》,第228页,中华书局1980年版。

要深入认识戊戌变法派人士的激进心态,还必须研究康有为等变法派人士与清流思潮的关系。

这里的"清流"(或"清议"),从字面上讲,指的是"纯正而刚直不阿"的政治议论。有时也指士绅阶级中以维持道统为己任的社会舆论,清议特指一些无权的士人对朝廷腐败的抨击。

清流是一种非常具有中国传统特色的文化现象。清流包含着两个基本意义:一是无权者以某种传统上被尊崇为正统的基本原则为基础,对有权有势者的抨击;二是由于这种原则在舆论上被视为政治秩序的基础,主张清议者便受到在野的士绅舆论的支持与保护。

由于儒家政治文化具有强烈的伦理政治倾向,效忠于儒家的士大夫以讲求原则为立身行事的基础。以此为基础对当政者的抗争,将会在士林中成为引人注目的中心。而一旦成为这样一种注目中心,他们本身就会在士林中获得特殊的社会声誉、地位与影响力等稀缺资源。

清末的清流派,可以从中法战争中张佩纶与甲午战争中翁同龢的表现中看到。这种清流思潮的特点是,对政治问题具有一种泛道德主义的价值态度。对一场战争是否应进行,不是根据敌我双方力量的强弱比较,不是根据这场战争的可能后果来确定,而是根据正义、道德的信条来确定。用唐才常的话来说,清末的清流党人"无论曲直强弱,胜负存亡,但一不主战,天下共罪一之"[①]。中法战争中的张佩纶、甲午战争中的翁同龢,并不了解敌强我弱的现实条件而一味主战,他们的大言高论,乃是基于一种单纯的爱国热情与民族大义的清流理念。

---

① 唐才常:《欧阳中鹄书》,《唐才常集》,第228页。

这样，泛道德主义的政治观，充满书生气的虚骄的空谈，强烈的爱国激情，对列强侵凌形势与危机产生的焦灼感，对外部世界信息的封闭视野，所有这些因素混合在一起，便形成清末的清流派士绅以高谈"主战"来体现其爱国的泛道德主义的立场。在他们看来，战与不战，是体现政治上的道德与邪恶的试金石。只有勇于迎战列强，才是爱国，才是忠于民族大义，否则则是投降与欺君。

正是在这个意义上，清流党心目中的政治乃是一种中古式的"伦理政治"，而不是以现实效果作为取舍尺度的"世俗理性政治"。在中古时代，正人君子把政治视为道德伦理的一部分。政治选择必须严格地以道德标准来衡量。为了体现政治的伦理性，宁为玉碎，不为瓦全。在清流派看来，政治上的妥协，就是道德上的堕落。而世俗理性则要求以责任伦理来判断采取某种选择所可能导致的实际政治后果，并对这种选择负起政治责任。

"清流文化"对于政治的影响在于，清流派更注重的是政治选择的动机与意图的纯真，而不是政治选择的效果，其结果就是把政治活动变为不顾现实可能性的空头呐喊。在一个以意识形态的信条来作为进行自上而下的统治的基础的传统社会中，"道也者，不可须臾离者也，可离非道也"。这种泛道德主义态度与思维方式，已经无形中渗透于政治精英们的深层心理之中。在西方挑战的时代，在政治领域中出现清流党这样的政治思潮绝不是偶然的。在传统中国士大夫知识分子与官绅阶级中，深受危机压力而产生的屈辱感，恰恰可以通过主战论的大言高论而得以"理由化"。

正如不少研究者所指出的，戊戌变法派人士早期都曾受到过清流思潮的影响。在他们身上，在野士绅的民族主义的激情与书生式的大言高论相结合，往往发展为慷慨激愤的、较少考虑实效而较多着眼于道义的激进变法观。在他们身上，泛道德主义的价值观正是与清末的清流党一脉相承的。

下面，我们就可以进一步来考察一个更深层的问题，那就是，戊戌激进主义心态与中国传统政治文化之间存在着一种什么深层关系。这里，我们可以借用西方学者在政治文化研究中提出的"极致性文化"的概念来作为分析的工具。

极致性文化（Consummatory Cultire）与工具性文化相对应。工具性文化在追求终极性目标时，允许中间性目标的存在，在追求目标实现时，允许多样化的手段与途径。

而中国官学化的以儒学为基础的传统意识形态与政治文化，强调的是"道之大原出于天，天不变，道也不变"。而这种"道"又是"不可须臾离者也"。这种非此即彼的价值观与思维方式，具有"极致性文化"的基本特质，并对受这种文化熏陶的变革派人士有着不自觉的深层影响。

这里的极致性文化，其基本特点是把目标与手段均视为道德上的不可分离的整体。这样就产生两个特点。首先，它否认从现实状态向理想状态的进步，应允许存在若干并不完美的中间阶段；其次，在这种思维方式与价值观支配下，人们习惯于对问题与选择作非此即彼、非正即邪、非善即恶的两叉分类。渐进、宽容、妥协、多元性存在的价值与权利，异质体之间的互补性，在极致性文化中都是不具有合法性的。

这两个特点，极容易使这种文化中的精英阶级，在政治行为层面产生价值观上的独断论。更具体地说，当政治精英认定自己所从事的事业与理想动机正义、愿望良善，那么，凡是不同意自己政见的反对派，就必然是出于道德上的邪恶与堕落，这种"正邪两叉分类"的思维方法认为，既然世界是由光明与黑暗两者对立而存在，在两者之间并不存在中间性的形态，那么，不能认同于我所追求的真、善、美，自然就被归类到假、恶、丑的范畴之中。

这种在政治领域中的道德优越感与道德独断论，与"正邪两叉分类"的思想方法相结合，必然进而在逻辑上产生不宽容、不妥协的斗争心态。因为，既然政治上不同意己见的人士或反对派已被归入道德上的邪恶者，那么，对于邪恶者，就只有采取排斥、斗争与消灭的方式来对待。而对方所作出的任何反应，也只能从邪恶者之反对正义与光明来解释。正因为如此，极致主义文化下的政治观，本身就蕴含着流于极端的不妥协的斗争倾向。

事实上，早在清末清流党身上，人们就已经可以看到"极致性文化"的某些特点。而在与清流思潮有密切思想渊源关系的戊戌变法派身上，"极致性文化"所特有的政治上的两叉分类，道德优越感与不知妥协与渐进逼近目标的态度，则表现得更为鲜明而突出。

在《明定国是诏》发布后很长一个时期内，康有为所反复强调的是"新旧水火不容"，改革与保守"势不两立"，他在回答荣禄问及应如何变法的问题时，竟称"杀二三品以上阻挠新法大臣一二人，则新法行矣"，凡此种种言论、献策与措施，决不能简单地仅仅看作是康有为等人士的个性缺点或缺乏政治经验所致，人们应看到传统的极致性的"完美主义"的政治文化，对中国早期变革者们在不自觉的层面的深刻影响。

这种影响不仅表现在他们对待反对派的态度上，而且也表现在他们对失败原因的解释上。

在康有为他们看来，既然他们的动机与意图是纯正的，那么，失败的责任就不应由他们来承担，而只能由"邪恶的"反对者来承担。

这一点,康有为表现得特别突出,他在事后从来没有承认自己在变法过程中有过任何过失。以致梁启超在1902年与康有为由于政见分歧而发生争执时,曾在给康有为的信中尖锐地批评他的这位老师一辈子从来没有听取过别人的任何劝告,而总是一意孤行。在变法派内部,康广仁、王小航这些人士都劝说过他,然而却没有能影响过他。在康有为看来,只要意图纯正,行为自然也是正确的,如果失败,那只能是由于敌手过于强大,由于中国人太愚昧,由于天意或其他种种因素,而所有这些均与他无关。

可以说,极致性文化是一种最不利于推进改革的政治文化。

改革过程中(尤其是在初期)特别需要在现存体制不发生根本性的变动的条件下,尽可能多地团结大多数人群,尽可能地利用现体制内的共识资源与传统权威合法性,使改革过程的权力与利益再分配所引起的震动减少到最低程度。

改革的要点恰恰当在于,在缺少共识的地方尽可能多地寻找共识,而不是相反;改革需要在不同的个人、利益团体与政治势力之间求同存异,而不是相反——去扩大彼此之间的认识分歧。

改革需要把复杂的长期积累下来的问题渐进地、分阶段地、逐步地解决,中介性过程的存在则是必然的,改革需要不断地在各种力量之间寻求妥协,讨价还价,而不是你死我活,有你无我。

改革者最重要的品质并不是个人道德上的完美无疵与动机纯洁,而是对行为效果的预测与重视,而所有这一切,恰恰是极致性的政治文化所难以提供的。

当中国最需要它的政治精英运用智慧与能力来进行改革时,传统文化中那些极致性文化因素,却激活了早期中国改革精英中最不利于改革而最有利于革命的因素。

六、结语

也许,人们会认为,上述对康有为为代表的戊戌变法派的分析过于严苛了。人们会提出,难道生活在当今的中国人,不应该对在专制统治压迫下最早出现的改革者们,抱有更多一些的同情与敬意吗?难道他们的行动不正体现了20世纪的历史潮流与进步的方向吗?难道他们的缺点还值得一个世纪之后的后人作过多的抨击与指斥吗?

关于这一点我们的回答是,一个世纪以来,我们对戊戌变法的失败与研究恰恰是倾注了太多的道德同情与辩解。而这种同情与辩解,又正是由于人们不自觉地受到了传统的"意图伦理"思维模式与评价尺度的影响的缘故。

换言之,当一个不自觉地生活在传统的"极致性文化"的阴影中的当代中国人,对受同一种文化心态影响的作古者的过失进行评估时,往往会"只缘身在此山中"而"不识庐山真面目"。

长期以来,在研究戊戌变法失败的原因时,人们一般总是拿以下这些理由来为变法运动的失败进行辩解,例如,保守派势力过于强大,变法派力量过于弱小,慈禧太后掌握实权,广大官员对变法不支持,等等。然而,所有这些因素,与其说是变法失败的原因,不如说是一场改革必须预先考虑的前提条件。

正如人们分析一个泅水者被淹死的原因时,人们不能说,他的死因是由于水会淹死人,而应该具体地分析这个人的泅水能力是否足以克服"水会淹死人"这一泅水约束条件。正如保守派强大、慈禧太后掌有实权这些客观事实,乃是戊戌变法派人士要使变法成功,就必须充分考虑的约束条件一样。

多年以来，人们对戊戌变法的认识，大多停留在对保守派责任的追究与道德声讨上，而较少对变法派本身的政治行为与决策上的失误进行反省。沿着这条思路进行思考，由此得出的结论则自然是，由于在一个过于僵化的保守制度下，变法从根本上难以实现，所以中国只有通过革命的暴力来扫除旧势力，重建新秩序。

这种思路所造成的严重的问题还在于，它会导致人们形成这样一种思维误区，即认定在中国传统专制政体下，由于保守势力特别顽固，由于改革派受到保守派的压力过于强大，所以，在中国集权体制下进行任何变革都是不可能取得成功的；甚至认为，在中国，"所有的改革者都是没有好下场的"，而解决中国社会与政治变革问题，只能通过大刀阔斧地、"毕其功于一役"地与旧体制的彻底决裂。于是，导致戊戌变法失败的那种激进主义思维模式，反而进一步又成为人们在新的历史条件下对待变革问题的前提与出发点。

可以设想，在新的历史条件下，变革者们不顾客观条件而作出的激进的政治选择，在现实中一旦遭到失败，其结果又会再次重复与戊戌变法同样的命运，而失败的人们又会进一步强化原有的"中国改革悲观论"的思维定式。于是，中国人在面对变革问题时，便会周而复始地陷入一种难以摆脱的"自我应验"的"陷阱"，并造就了一种在变革问题上的宿命主义与悲观政治哲学。

对于一个生活于新的变革时代的中国人来说，不应该是继续简单地把这些改革发起者们视为诗化的审美的对象，而应该进一步去发掘他们的失败悲剧对于当代人从事新的变革事业所具有的启示意义。

最后，让我们简略分析一下，戊戌变法失败对中国后续现代化的影响。

从总体上来说，戊戌变法是在清王朝的统治者在其臣民中还具有相当的合法性的历史条件下，运用皇帝的权威资源，自上而下地进行的一场变革运动。它如果取得成功，中国就有可能采取开明专制主义的现代化模式来推进中国的早期现代化。

戊戌变法的失败，最直接的后果，是加剧了社会内部的政治两极化过程。一方面，康梁的激进变法的失败，引起了满清权贵保守派的政治反动。他们以情绪化的方式，更为顽固地坚持"祖法不可变"的立场。一批更为昏庸、眼界更狭隘的"原教旨"保守派进入了权力中枢，并进而强化了朝野本来就存在的非理性的排外主义势力。他们注定成为清王朝残存的权威合法性资源的巨大消耗者。另一方面，戊戌变法的失败，使相当一批现代化知识精英，由于对体制内的变革失望，而开始走向体制外的革命。"革命排满"从此成为日益强大的政治思潮。清王朝充当中国变革的主导者的可能性将受到越来越严重的挑战。这种两极化过程使中国未来的命运充满了更多的变数。

第七章　清末新政：
走向现代化的第三次选择

如果说，洋务运动与戊戌变法是清王朝通过传统权威形式来推进现代化的前两次选择的话，那么，20世纪初的清末新政，则是这个传统官僚专制国家力求走向现代化的第三次历史选择。

我们将通过对新政历史的考察，来研究影响新政过程的三个基本因素，它们是权威危机、改革综合征与立宪主义的激进化思潮。从1901年《辛丑变法诏书》发布，1905年立宪运动的崛起，一直到1911年的保路运动与辛亥革命，正是以上这些因素彼此之间的相互作用，构成了这段现代化历史的基本线索，其中我们将重点考察激进主义思潮对清末新政的影响。

一、新的变革时期的到来

清末新政是在庚子事变的危机条件下出现的。戊戌变法失败后，深受刺激并对变法产生强烈逆反心理的慈禧太后，在垂帘听政之后，重新把顽冥不化的权贵保守派推上了历史的前台。不久以后，这一逆历史潮流而动的保守政治势力进一步走向极端，他们所坚持的非理性的排外主义与北方民众中朴素的民族主义相结合，导致了庚子事变，此后便是八国联军对中国的一场历史浩劫。

然而，历史却在此后出现了新的转机。一方面，中国民众在义和团运动中所显示的巨大反抗力量与生命活力，使西方列强深受震慑，从此不敢轻言瓜分中国；而另一方面，以慈禧为首的清王朝最高执政集团，在追究并清算了"原教旨"式的保守派在庚子事变中的责任之后，出于对权威危机的恐惧，于是一变而为新的改革政策的积极推行者。从庚子事件到辛亥革命以前，清王朝在其最后十一年中发起了一场大规模的社会改革运动——清末新政。

清末新政是一场改革运动。它和历史上的所有传统君主制下的改革一样，以传统政治权威合法性为基础，运用传统的官僚行政组织手段，自上而下地进行政策创新，在保持既存秩序的历史连续性的基础上，渐进地推进社会变迁和政治结构的自我更新，并实现从传统社会向现代社会的过渡。

清末的这场新政改革内容十分广泛，包括废除科举，创办新式学堂，奖励出国留学，禁止鸦片，兴建铁路，发展实业和社会福利事业，扩展新式军队，改革司法制度和巡警制度，创立地方自治与筹办立宪，等等。其中最为重要并对中国以后的历史产生深远影响的，是推行以预备立宪为中心的政治改革。这场新政几乎涉及中国政治、经济、军事、社会、文化生活的所有领域。

从现代化的历史发展的角度来看，在这十年多的时间里，中国的社会风俗和政治生活与过去几十年相比，发生了重大的变化。新的社会利益集团和政治势力开始崛起，这种社会风气的变化，甚至已经影响到内地省份的一些偏远角落。

二、变革已经成为新政时期的基本社会共识

与19世纪后期的洋务运动和19世纪末的戊戌变法相比较，也即与前两次现代化选择相比，清末新政具有以下一些值得注意的特点。

从变革的范围而言，洋务运动仅涉及防务和与之直接或间接相关的若干领域，这一变革运动开展的地域，也仅限于一些沿江沿海省份，其主持者主要是一些受朝廷支持的地方大员。而且，洋务派人士长期以来一直受到来自朝内外各种保守派的反对压力，从而处于被动状态。可以说，洋务运动基本上是一场以防务现代化为中心，以若干沿江沿海省份为基础的相当有限的变革运动。

与洋务运动相比，新政是由清王朝最高当局作为国策而确定下来的，它以清王朝对全国的统治的权威合法性作为基础，并以诏令和政令的形式在全国范围内广泛推行。无论是满族权贵还是地方大吏，都不具有公开向这种权威挑战的资源和基础。与洋务运动相比，新政主持者的有关改革的各项政令可以在全国范围内自上而下地推行无阻。

如果把新政与戊戌变法相比较，人们就会发现，虽然这两次改革均具有超过洋务运动的广度，但戊戌变法为时过于短促，光绪皇帝在变法期间，虽曾发布了数以百计的改革诏令，但这场改革只持续了一百天就以失败告终，其中大多数有关改革的政令在社会上均没有付诸实施，更没有在社会变迁方面产生相应的实际效果。而新政却持续了整整十一年之久，此后才被更为激进的辛亥革命所打断。

戊戌变法与清末新政是中国近代历史上前后相续的两次改革

运动，虽然戊戌变法运动在中国已是家喻户晓，但它却不能为深入认识中国近代变革所面临的各种复杂因素和矛盾提供更为丰富的内容。因为这一变法运动的生命过于短促，以至于社会还来不及对光绪皇帝颁布的大量的改革上谕作出反应，这场改革就在宫廷中被政治反对派扼杀了。正如本书前一部分所述，变法运动是由少数仅受并无实权的皇帝信任的改革派人士在面对最高权势者的极度猜忌的情况下，在政治歧见十分深刻的紧张氛围中，在"知其不可而为之"的孤独的悲剧情景中推行的。

而清末新政的主持者已不再面临这种来自最高统治者与保守权贵的政治挑战。与戊戌变法相比，清末新政具有了新的有利条件：庚子事变以后，中国人的心态已经出现巨大而深刻的变化；像徐桐、倭仁这样一些顽冥守旧的"原教旨"式的深拒固闭的保守主义者，在政治决策层中几乎已经销声匿迹。即使中国社会的一些角落里仍然有这样的人士，但是，他们在政治生活与社会舆论中的影响力已经微乎其微。

庚子事变的巨大历史创痛与教训，在短短的一二年里，在中国人的精神与观念领域里，导致这样一个结果，即变革的问题已经不再受到社会各阶层的强烈的情绪性的抵制。人们在观念上的差异，只是如何变革，以及在变革的幅度、范围与速度方面的分歧。由于这种心态上的巨大变化，可以说，新政时期的中国，与戊戌变法时期那些深感"举世皆浊，唯吾独清"的孤独志士所活动于其中的中国相比，虽然时隔不过数年，已经不可同日而语。

不管这些个人从事新政改革是出于救亡图存的考虑，还是出于保持清王朝统治合法性的考虑，或是两者兼顾，但通过推行新政来实现本国的现代化，已成为中国统治精英与当时大多数官僚士绅的基本共识。

三、清末新政在中国现代化历史上的地位

与戊戌变法不同，长达十一年的新政，无论就这一改革所导致的社会动员的广度和深度而言，还是就新政各项政策措施在社会和地方各层面产生的消极的和积极的后果而言，它都提供了更为丰富的信息。

新政运动在教育、军事、财政、法制、路矿、实业、地方自治和立宪政治各方面的广泛展开，引起了革命派、激进立宪派、温和派、保守派和儒家的"原教旨派"相当激烈的反应和政治思想冲突。从当朝权贵到地方督抚，从留洋学生到破落的塾师，从农民、士绅、商人到洋场买办，纷纷在海内外各种报刊上发表不同的言论，彼此针锋相对。各种不同的利益集团和社会阶层，也都积极调动各自拥有的社会资源来影响政府的决策。

在这场长达十一年的新政运动中，涌现了前所未有的复杂而深刻的问题与矛盾。例如，主持改革的执政者的权威合法性问题，改革政策的合理性问题，自上而下的变革所引发的各种新的社会矛盾问题，在政治精英层中对改革的目标与方向的分歧问题，变革引起的权力再分配问题，官僚集团的腐败问题，城市与农村民众对改革的反应问题，开放出国途径与大众传媒的普及，西方示范效应所引起的心理反差问题，新的政治制度的建立以及由此引起的新的社会利益集团的出现与分化问题，新旧观念与价值的冲突问题，等等。

所有这些问题与矛盾，均比以往任何时候更为强烈地刺激了变革中人们的心智，引起受这场变动影响的人们在态度与观念层面的分歧以及在政治行为与政治选择上的矛盾冲突。清末新政史

正是这样一场完全展示在后人面前的从兴起到衰亡的变革的历史长卷。正是这样的有声有色的历史舞台，为我们分析与研究变革中的激进主义与渐进主义这两种不同的政治选择，提供了远比以往任何历史时代更为丰富的信息资源。

迄今遗存的大量的档案、奏议、传单和报刊文章，均为人们研究新政过程中出现的种种困境、矛盾和问题提供了极为珍贵的文献资料。从社会变迁的角度而言，在这十一年的社会变革中，社会结构的分化程度，社会各阶层的政治参与水平，社会流动性和社会动员程度，以及思潮的多元化程度，所有这些可以作为现代化基本变量的因素，均较过去有了长足的发展，虽然这些进展同时也伴随着因现代化急剧变迁和社会矛盾激化而导致的深刻危机。人们可以从这些史料中获取各种信息，并以此为基础，进而考察制约中国近代改革成败的各种因素和变量。毫无疑问，对上述各种变量和因素之间关系的研究，将有助于揭示那些长期影响中国现代化过程的带有普遍意义的东西。

正是在这个意义上，可以有充分理由认为，自20世纪开始以来的新政，是中国现代化历史上一个重要的发展时期和阶段。就变革的深度和广度而言，就其对中国此后的历史的影响而言，更为重要的是，就这一全国性的变革运动对于现代化宏观研究理论价值而言，新政的重要性均已超过19世纪后期的洋务运动和19世纪末的戊戌变法运动。

四、影响新政过程的三个基本因素

然而，中国的新政改革却并没有因为这种与戊戌变法相比具备的有利条件而取得成功。导致新政这样一场由统治者主动发起的新政变革运动失败的原因究竟是什么？

众所周知，戊戌变法与清末新政是中国历史上前后相继的两次变革运动，并且都以失败而告终。如果说，戊戌变法的失败与康有为为代表的改革精英的焦虑型的激进主义的思维方式有密切关系，那么，导致清末新政从发起到走向失败的原因则远为复杂。

大体上，新政过程中存在着戊戌变法时期所没有的三个特殊问题。这些问题与矛盾只有在改革引发的社会变迁深入到一定程度以后才会显示出来。

首先，在新政过程中，在作为清末现代化精英的中国士绅知识分子中，存在着一种对他们的政治选择与政治行动具有巨大的影响力的特殊"意识—心理"现象，我们可以把它称之为"制度决定论"。即人们无视一种源于西方的政治制度（立宪制度）所得以发挥其效能的各种前提条件的情况下，把引入这种制度作为解决中国问题的工具与方法。其结果就会出现一种可以被称为"制度主义"的谬误。

在一个民族面临危机压力的条件下，制度主义的思维方式是预设一种良好的政治制度（例如西方宪政制度），可以无条件地适合于所有民族与国家，并产生与西方国家同样的效能。这种预设会使危机压力下的变革者顺理成章地认为，只要大幅度地快速地移植某种被认为良好的特定的西方制度，就可以使本民族摆脱危机，实现富强与这个民族的现代化。

如果受这种思想理念影响的人们的危机感越是强烈，那么，他们引入这种"良好"制度的要求与渴望也就越为强烈，其变革态度也就变得越为激进，因而也就越具有脱离中国当时的具体条件而去强行实施的可能。它在新政中的表现，可以在越来越激烈的立宪运动中看到。

这种颇具乐观色彩的制度主义的思想方法，远比焦虑型的激进主义更具有理论逻辑性，因而更能为这个社会中各个阶层（包括权力精英与体制外的知识分子精英）所接受，这就决定了它在20世纪中国的影响力与波及面也就更为广泛，更具普遍性与持续长远的影响力。

本书在关于清末新政的研究中，将特别着重于研究这种以"制度决定论"为基础的激进主义得以形成的思想文化原因、它的表现方式以及它对政治选择与政治行为的影响。

新政面临的第二个问题，是清末权威危机的形成。这种权威危机，一方面，强化了当权者的变革意识。出于维系王朝统治的本能，他们比过去任何时候更为主动积极地推进变革。另一方面，权威危机又使统治者的合法性在知识精英与民众的心目中产生了动摇，权威危机不但影响了改革政策的顺利推行，并进而又使清王朝的统治根基受到了前所未有的挑战。

新政的第三个基本矛盾，是随着改革推进而出现的"改革综合征"，包括地方主义的离心力量的形成，新旧规则均无法约束人们的行为而出现的"失范"、政治腐败、利益集团的冲突、财政危机及新旧秩序冲突引起的社会整合危机与政治冲突等等，这些改革综合征所引起的遍及社会各阶层的不满情绪，一方面加剧了原已有之的权威危机，另一方面又激起了民众与知识分子精英更强烈的"制度主义"的激进主义倾向。

正是在这个意义上，清末新政的历史过程，实际上正是权威危机、改革综合征与制度主义的激进变革心态这三种因素相互激荡，并进而引发的日益深化的危机的历史过程。本书正是以这三种因素之间的互动作为分析新政历史的基本线索。

五、清末新政的三个阶段

从以上角度来考察政治激进主义在清末新政中的表现，以及这种激进主义思潮对于人们政治选择与行为的影响，那么，我们可以把1900年到1911年辛亥革命这十一年的新政历史过程，大体上分为三个时期。

从1900年到1905年，是在清王朝的权威危机初步形成的形势下的新政发起阶段。

在庚子事变引起的八国联军入侵、庚子赔款与民族危机急剧加深的情况下，最高统治阶层在西行过程中开始意识到变法的迫切性，并认识到变法对于挽救其政权所具有的重要意义，从而在西行过程中作出了变法的政治选择。这一时期的特点是，在变法开始的四五年中，统治者对于如何变法尚没有形成具体的方案与设想。变革的社会动员程度很低，主要表现在废除科举、奖励游学等方面。

从1905年清廷派员考察西方宪政，到1908年慈禧太后与光绪皇帝逝世，是以立宪运动为中心的新政第二阶段。

在这一阶段，新政变革获得了一种新的思想动力，那就是受日本与西方国家立宪制度的刺激而产生的"制度主义"变革观的崛起。日俄战争后期，实行了立宪的日本对没有实现立宪的专制俄国的胜利，对中国士绅知识分子与官僚民众各阶层产生巨大的刺激与示范效应，出现了立宪救国论的思潮。通过立宪来实现救国救亡与实现中国富强的目标，在相当一部分有影响的士绅官僚中形成一种共识，立宪派走上了中国20世纪初的政治舞台。这一特点使立宪成为新政改革派争取的基本目标与核心问题，而这种

1900年,八国联军进北京,慈禧和光绪西逃至西安。图为八国联军总司令瓦德西进入紫禁城前,美军列队迎接。庚子国变,令清朝统治阶级震惊无比。新政的出台也就顺理成章。

基于制度主义变革观的立宪运动本身就孕育着一种新型的激进主义思潮的倾向。

另一方面,变革所引起的制度创新也是这一时期的基本内容。这一阶段中,随着筹备立宪运动的开展,各种改革措施也相继出台,司法制度改革、教育改革、出洋留学、禁烟、城市建设、实业、户口调查、巡警制度等等,这些改革产生相当的积极历史作用,并把社会各阶层动员起来。与此同时,新制度的建立与旧制度的取消,也导致由于新旧制度都无法对社会进行整合而产生的社会脱序问题。

这一时期,整个社会进入一个相当活跃的新时期。各种社团层出不穷,各派政治势力在立宪问题上开始出现思想观念上的碰撞与冲突。随着资政院与地方咨议局的建立,地方士绅商人与知识分子的自主性已经出现。新政由于立宪运动而进入一个社会动员面迅速扩大的时期。

从1908年11月后摄政王载沣执政,到1911年保路运动与辛亥革命的爆发,是新政的最后阶段。

自慈禧太后与光绪皇帝的相继逝世以后,新政进入了以摄政王为核心的政治统治时期。新旧交替产生的权威真空,使清末统治者的权威危机变本加厉,并进而使其统治能力与对社会局势的控制能力大为削弱。立宪运动由于杨度等人的推动与影响,由于危机感的压力与立宪救国论思潮的广泛影响,开始进入要求加速立宪进程的激进化时期。在这一时期,出现了三次要求速开国会的请愿运动。而清政府则为了加强对政治局势的控制,力求实现中央集权,并建立了以立宪派权贵为主体的"皇族内阁"。立宪派与政府决策中心的矛盾处于日益紧张的状态。

在社会层面,由于新政为筹措经费而采取的加税、摊派与各种措施，以及新政改革产生的腐败，引发了各地广泛的反抗运动，并进一步削弱了清廷的统治权威与效能。清王朝的统治危机由此而进入深化时期。

在这种情况下，铁路收归国有政策，成为引发清王朝总危机的导火线。在第十六章里，我们将通过透视清政府推行铁路国有政策的过程与保路运动的兴起，来分析新政中的权威危机、激进主义与制度变革形成的地方主义离心势力与地方分利集团这些因素是如何相互作用的。

第八章　辛丑变法：清末新政的序幕

在20世纪来临之际，在经历了近代历史上最为羞辱的西方列强入侵的苦难之后，中国总算再一次进入了变革时代，这是一个迟到了的改革时代。

在中国进入20世纪的第一个月里（1901年1月，光绪二十六年十二月），在庚子事变后"西狩"到西安的清廷统治者，以皇太后与皇帝的名义发布了一道宣布改革的诏书，从而揭开了清末新政的序幕。

与戊戌变法相比，以《辛丑变法诏书》发布为开端的新政是清王朝最高当局作为国策确定下来的，它以清王朝最高统治者慈禧太后对全国的统治权力为基础，并具有洋务运动与戊戌变法所不曾具备的由中央向地方自上而下全面推行的政治条件。

从《辛丑变法诏书》发布到1905年7月宣布派大臣出洋考察以前，这五年是清末新政的第一阶段。在这一章里，我们将分析清廷在庚子事变后重新转向变法的原因和过程，"辛丑变法"的主要内容，以及清政府推行新政改革将面临的矛盾和困难，而这些均构成了新政的背景和初始条件。

一、"庚子西狩"与慈禧太后政治态度的转变

庚子事变是中国政局变化的一大分水岭。从戊戌变法失败到八国联军入侵这一段时期，极端排外的满清权贵势力在清朝核心政治中占有主流地位。这种建立在否定戊戌变法基础上的极端保守的政治统治所引起的严重后果以及八国联军入侵使中国陷入空前严重的民族危机，使以慈禧太后为首的最高统治层在庚子事变以后开始进行政治上的反省，并第一次认真地考虑中国的变革问题。这一政治上的重大转变是在慈禧从逃离北京至西巡到西安期间出现的。

庚子事变以及随后八国联军的入侵，迫使慈禧太后带着光绪皇帝、嫔妃和大批政府官员匆匆出逃。对于慈禧本人来说，这次长达两年之久的"西狩"可以说是她此生中从来没有经历过的窘迫艰辛的历程。

当慈禧西行到河北怀来县境时，当时前来迎驾的是怀来县县令吴永。这位县令后来在《庚子西狩丛谈》一书中，具体入微地叙述了当时慈禧太后饥寒羸瘁的狼狈处境和精神状态。例如，慈禧亲口告诉吴永，她从北京出发到达怀来以前，沿途数百里不曾见到过一个老百姓和官员。当时她已两天没有进食，旅途中口渴难忍，好不容易找到一口井，水里却浮着一颗人头，于是这位太后只好咀嚼田地中的高粱秆解渴。由于出逃时只着夹衣，夜里天寒无法入睡，她与皇帝只好背靠背共坐一条长凳，望着星空挨到天明。当她第一次见到这位"不失礼数"前来跪接她的到来的地方官时，方才感到"难道本朝江山尚获安然无恙耶？"由于百感交集，不禁放声痛哭。吴永为她从老百姓家中弄来五个鸡蛋，她如

获至宝，竟一口气吃了三枚，把剩余的两个赏给了皇帝。当吴永被太监引见给光绪皇帝时，这位从来无幸见到过天颜的小官吏竟发现这位皇帝"衣无外褂，腰无束带，发长至寸余，蓬首垢面，憔悴已极"。①

在途经数省、行程达数千里的旅途中，久居深宫的慈禧太后生平第一次亲身感受到中国内地的贫困和凋残。她还从与吴永的对谈中了解到"民间疾苦及闾阎凋敝情状"，并时常为之"嗟叹"。②在言谈中，她还告诉吴永说，她沿途亲身感受到的一切是"前所未闻"的，以至于慈禧太后厉声诘责同行的军机大臣"平时何无一声奏闻，直是蒙蔽我母子耳目？"当时，这些军机大臣"相顾失色，咸不知所对，只有相率免冠碰头"。③

漫长的旅途和人生经历的突变，使这位皇太后有充分的时间和可能对庚子事变和数十年来清廷的政策重新予以回顾和反省。当她忿忿然提到刚毅、赵舒翘这些"误国之臣""死有余辜"时，也不得不承认，"闹到如此地步，总是我的错头，上对不起祖宗，下对不起人民。满腔心事，更向何处诉说"④。

可以说，"庚子奇变"和此后"西狩"的经历，以及由此产生的内疚心理，是促使慈禧太后转向改革的重要契因。辛丑年七月二十六日，也即她到达怀来县后的第四天，她以光绪皇帝名义下诏罪己。不久，荣禄、岑春煊以及包括吴永在内的随从她西巡的一些官员，纷纷向她进言及时进行改革的必要性。

例如，吴永就向她进言"请饬京外大臣遴保通达时务人才，

---

① 吴永:《庚子西狩丛谈》卷一，岳麓书社1985年版。
② 吴永:《庚子西狩丛谈》卷一，序。
③ 吴永:《庚子西狩丛谈》卷一，第72页。
④ 吴永:《庚子西狩丛谈》卷一，第89页。

1901年,清政府与西方列强签订了历史上赔款数目最大的《辛丑条约》,中方的签字代表是奕劻和李鸿章。

破格任用,并注意出洋留学生,量才登进"。慈禧即予采纳,"谕交军机大臣商酌采用,请旨施行"。①

当时曾迎銮护驾的岑春煊的回忆也反映了这一点。岑氏记述道:"太后虽在蒙尘,困苦中尚刻意以兴复为念。一日,诸人于召对之际,太后忽顾曰:'此耻如何可雪?'"岑春煊便趁此机会进言称:"欲雪此耻,要在自强,自强之道,首需培植人才。学校者,人才所由出也。然此事俟局面稍定方能顾及。"②岑春煊还指出:"朝廷自经庚子之变,知内忧外患,相迫日急。非仅涂饰耳目,所能支此危局。故于西狩途中,太后首以自强为询。辛丑回

---

①吴永:《庚子西狩丛谈》卷一,第65页。
②岑春煊:《乐斋漫笔》,《近代稗海》第一册,第88页,四川人民出版社1986年版。

銮以后,即陆续举办各项新政。"①

正如许多后发展国家走向现代化的历史所表明的那样,处于危机压力下的专制统治者,往往会产生一种强烈的变革意愿,以求通过变革来摆脱自身的危机,在这种特定的情况下,他们往往会成为相当"真诚"的变革者。由于慈禧太后是清王朝最高统治者,她的态度转变,以及她所拥有的至高的权威,是清末新政在庚子事变之后得以开展的重要因素。

二、改革诏书的发布与社会反应的冷淡

1902年1月19日(辛丑年十二月十日),慈禧太后在西安以光绪皇帝的名义,又一次颁布了明确宣布清廷变革意向的诏书。慈禧本人最为宠信的军机大臣荣禄对促成这份诏书的发布起到重要的作用。②这份诏书标志着清政权从庚子事变时期的极端保守政治倾向向改革的政治倾向的基本转变,诏书的发布也标志着此后十一年的新政的开端。人们可以通过分析这份诏书,来了解清廷在庚子事变后作出新的政治选择的思想动机,以及清廷统治者为改革所限定的一些基本原则。

这份诏书首先从儒家的经典中,为它所宣布的变革寻找传统的合法性根据。诏书开宗明义地指出:

> 世有万古不变之常经,无一成不变之治法。穷变通久,见于大易,损益可知,著于论语。盖不易者三纲五常,昭如

---

① 岑春煊:《乐斋漫笔》,《近代稗海》第一册,第99页,四川人民出版社1986年版。

② 据萧一山《清代通史》记载,该诏书的起草者就是荣禄的幕客樊增祥。

日星之照世，而可变者令甲令乙，不妨如琴瑟之改弦。

其次，诏书又进而引述大清的列祖列宗因时变宜的先例，作为清廷推进变法的基础：

自伊古以来，代有兴革，即我朝列祖列宗，因时立制，屡有异同，入关以后，已殊沈阳之时。嘉庆道光以来，岂尽雍正乾隆之旧？大抵法积则敝，法敝则更，要归于强国利民而已。

接着，诏书公开承认，自从庚子事变以来，皇太后与皇帝本人日夜焦虑不安，通过不断地"痛自刻责"，从而认识到中国数十年来的"积习相仍，因循粉饰"乃是导致庚子大衅的原因。正因为如此，"现有议和，一切政事，尤须切实整顿，以期渐图富强"。

这份诏书把学习西洋再次明确提出来作为改革的方向，同时还特别突出慈禧太后在确立这一变法方针上的决定性作用："懿训以为取外国之长，乃可补中国之短，惩前事之失，乃可作后事之师。""今者恭承慈命，壹意振兴。"

同时，诏书认为，变法不应只限于学西方的语言文字、制造机械而已。因为这些不过是"西艺之皮毛"，而非"西政之本源"。如果中国"徒学一言一技一能"，"舍其本源而不学，学其皮毛而不精，天下安得富强耶？"

诏书对中国的积弱原因的认识，尚没有什么新意。大体上把中国的政治的不良概括为"习气太深"，"文法太密"，"庸俗之吏多，豪杰之士少"，而"文法"、"胥吏"、"资格"使人才"日见消磨"。"误国家者在一私字，困天下者在一例字。"由此可见清廷当时并没有对于中国变革的目标与方向有什么具体的设想。

当然,要向天下宣布变法成为朝廷的新国策,就必须对以往慈禧太后对戊戌变法的否定,向全国国民作出解释与交代。诏书把这次由慈禧太后主持的变法与以往的戊戌变法作了根本上的区分。诏书称"康逆之谈新法"乃是"诱人叛逆"、"间离宫廷"、"潜图不轨"的"乱法",而绝非真正的变法。这份诏书还特别指出,太后训政实在是为了"剪除乱逆",太后从来不曾反对过更新,皇帝也从来不曾不分青红皂白地"概行除旧"。而"母子一心"是"臣民共见"的。

这份诏书之所以并没有对如何进行新的变法确定具体的蓝图,也没有对朝廷拟定的变革将采取何种具体措施作出说明,乃是因为执政者心中只有朦胧的非变不可的意向而并不具有成算。朝廷显然认为,这些都是在广泛听取建议之后才能确定的。诏书要求军机大臣、六部九卿、出使各国大臣和各省督抚针对中国现在情况,参酌中西政要,对涉及朝章国故、吏治民生、学校科举、军政财政以及如何兴国势、出人才、裕度支、修武备等众多方面问题,在两个月内提出建议,以供朝廷采纳。[①]

特别值得指出的是,从这份诏书的内容来看,清廷认为变法不应仅限于"语言文字制造机械",因为这些被认为是"西艺之皮毛",而应注重于西学的"本源"。这就意味着,执政者心中所能容纳的变法的范围与规模,将远远超过"同治中兴"以后的洋务运动。当然,诏书为这种暗示作了必要的补充,它指出,这种西学的本源又是与中国往圣的遗训一致的。清廷力求在祖制与往圣

[①] 以上诏书引文均见于《光绪朝东华录》,光绪二十七年十二月条,中华书局1958年版。

遗训的精神中为变法寻找合法性的根据。

诏书发布以后的几个月内,并没有引起社会上积极的回应。朝廷从各级官员收到的有关变法的奏议为数甚少。这种冷淡的反应曾使慈禧太后颇为不安,以至于在此后几个月内,清廷又连续几次发布诏旨,敦促臣僚向朝廷呈递有关变法的建言。

光绪二十七年三月(1901年4月),清廷为推行新政,设立了"督办政务处",以统筹新政的各项事宜。政务处由庆亲王奕劻、李鸿章、荣禄、王文韶、昆冈、鹿传霖等人组成。刘坤一、张之洞、袁世凯以地方总督资格遥为参与。在此后五年中,政务处负责制定新政的各项具体措施,掌管各地官员呈交的有关新政的奏章,并办理官制、学堂、科举等各种事务。

光绪二十七年十一月(1902年1月)慈禧乘坐火车返回北京以后,又进一步发布懿旨,以明确的语言强调,朝廷对于变法的态度是"立意坚定,志在必行"。这份诏书承认,"积弱之由来"乃是因为"振兴之不早","国势至此,断非苟且补直所能挽回厄运,唯有变法自强为国家安危之命脉,亦即中国生民之转机"。诏书要求政务处随时督促,务使中外大小臣工实力奉行。

辛丑变法过程中所发布的一系列诏书表明,庚子事变以后的清朝最高统治者,自鸦片战争以来,第一次开始真正认真地考虑通过进行体制创新与变革来实现富强的目标的问题。

然而,这种自上而下的变革动向,并没有达到对社会各阶层进行动员的效果。整个社会,从王公权贵到中央官僚,从地方大员到庶民百姓,对清廷变法的诏令反应基本上均表现得相当冷淡。造成这种"上作而下不应"的原因是多方面的。首先,清廷在庚子事变中的顽冥表现,使其在士民中威信与号召力大为降低。其次,当时以慈禧为首的朝廷的大队人马尚在西逃途中,八国联军尚没有退出占领区，各地兵荒马乱，局势动荡，这种情况分散了各级官僚和士民对变革问题的注意力。第三，一个更为具体的原因是，这份诏书只是发给京城与地方政府中的高层官员的，而戊戌变法以后，政府中主张变法的人士多数受到清洗和排斥，官员们对于朝廷转向大幅度变法的真实动机仍有所疑虑。

三、"辛丑变法"的主要内容

从1901年发布变法诏书到1905年日俄战争结束前后，这五年间的辛丑变法期间，两江总督刘坤一与湖广总督张之洞联合提呈的"江汉三奏"起到了相当重要的作用。这一期间的改革措施基本上都是以刘坤一、张之洞的"江汉三奏"与袁世凯等大员提出的新政建议为基础的。

大规模的制度创新在新政的最初四五年中开始提上议事日程。传统的制度如八股考试、科举、书院体制、旧式的兵制、中古粗疏的刑法等等，这些在中国数千年对自然经济社会进行整合的种种因素，由于无法有效地应对列强的侵略，而不得不由统治者予以改革。而新的行政、法律、教育、人才选拔与军事制度等等，则被认为对富国强兵与解救民族危机行之有效而开始引入中国。

大体上，从辛丑诏书发布到日俄战争结束以前，新政的主要内容可以概括为行政法律制度、教育体制与军事体制改革等三个方面。

首先，是法律制度与行政制度的改革。

光绪二十七年六月，清廷改总理各国事务衙门为外务部并以其为各部之首，设总理大臣一人。特派奕劻为外务部总理。中国有外务部自此始。

第二年，清廷下诏编纂《中西律例》。中国传统刑法过于严苛，例如，审判官可以在罪名根本未曾确定以前采用刑讯，这与国际通行的法律抵触甚多，西方列强则以中西法律不同为口实，向中国政府要求领事裁判权，使中国的主权遭到破坏。新政时期，清廷为了废止各国在中国享有的领事裁判特权，决定改订刑律。为此下诏指令中国驻各国使臣，向所在国查取各国通行律例。并责成袁世凯、刘坤一、张之洞等大员慎选熟悉中西法律者保送来京，听候任用，并开馆编纂《中西律例》。四月，谕沈家本、伍廷芳修订法律。

此外，清廷派载振、袁世凯、伍廷芳等先订立《商律》，并设立商部。两年以后，清廷又为建立现代的警察制度而建立巡警部。

其次，是教育制度方面的改革。

光绪二十七年七月，即签订《辛丑条约》同月，清廷下诏废八股文，并宣布自第二年开始，乡会试等均改为策论，不准用八股文程式。同时又下旨停止武科乡会试。此后不久，又下诏自明年会试后，凡入翰林者，均必须入京师大学堂，分门肄业。

同年八月，诏各省所有书院，省城改设大学堂，各府与直隶州改设中学堂，各县设立小学堂；诏各省筹建武备学堂；此外还下令多设养蒙学堂。

此外，清廷还颁布学堂章程，规定凡由学堂毕业考试合格者，由政府给予贡士、举人、进士等名称。同时，又特设管学大臣以专其责。

光绪二十八年颁定学制，并在这一基础上命张之洞会同管学大臣分别厘定初等小学堂、高等小学堂、中学堂、高等学堂、大学堂、养蒙院、家庭教育法、师范学堂、实业学堂等各种章程。此外，拟定科举递减办法，以此作为逐步取消科举制度的准备。

在辛丑变法期间,另一项重要的改革措施是奖派留学。当慈禧还在返京途中,清廷就下诏,要求中国驻各国使臣认真访察中国在该国的游学生,从中发现优秀人才,并咨送回国听候录用。几个月以后,又正式确立由各省选派留学生出洋,讲求专门学业的制度。到了1905年中期,又进一步订立考试出洋归国学生的制度。从此以后,每年考试留学生便成为常制。

再次,是军事体制方面的改革。

光绪二十九年十一月(1903年12月),清政府下诏设立练兵处。朝廷显然已经真正意识到,传统的八旗绿营旧制,已经完全不能适应国防的需要,因而诏令各省把原有各营严行裁汰,精选若干营,分为常备、续备等军,其中一部分则改为巡警。清廷在慈禧返京以前就下诏令各省设立武备学堂。1903年,又设立练兵处,命庆亲王管理,以徐世昌、段祺瑞治理。练兵处负责管理与指导全国各省训练新军的事宜。此外,清政府又拟定全国兵额为三十六镇,由各省设督练处,以督抚、将军主政,下设兵备、参谋、教练三处,分别掌管相关职能。

庚子事变以后,慈禧太后首先关注的是练兵问题。庚子事变和八国联军入侵中国,给予慈禧的刺激是巨大的。据来自内廷的消息,这位太后"对于练兵一事非常着急,因筹款事几致寝食皆废"。[①]为此她甚至停止了对自己的祝寿活动,并下旨要求中央与地方裁并机构,以节省行政经费。为了防止各地州县官员中饱私囊,派户部右侍郎兼练兵大臣铁良赴各地查库。慈禧还指令各地

[①]《辛亥革命前后:盛宣怀档案资料选编之一》,第12页,上海人民出版社1979年版。

上交各项款额均由户部另存作为练兵经费。①

四、回銮后的慈禧与光绪精神状态的变化

辛丑变法最突出的问题是缺乏强有力的改革主持者，也始终没有形成一个足以凝聚全国人心的政治中心，这是制约新政的重要因素。我们可以通过对最高统治者与高层决策层的情况的分析认识到这一事实。

慈禧太后是新政时期的最高执政者。尽管慈禧太后本人对庚子事变这一空前深重的国耻和民族危机负有最直接的、主要的责任，但由于她在数十年中形成的权力基础，以及她对中央与地方官僚的实际影响力根深蒂固，这就使她仍能像过去一样，牢固地执掌着最高权力。直到她1908年逝世，这种权势都不曾受到过统治阶层内部任何势力和集团的挑战。就慈禧本人所享有的稳定的最高权力而言，就她晚年力求巩固清王朝的国祚而进行变革的意愿和政治倾向而言，这一点本身可以是一个传统国家进行自上而下的政策创新的有利条件。然而，慈禧决不是推进中国20世纪初的现代化的合适人选。

这是因为，由于她的政治知识的狭隘性和传统宫中妇人经历的局限性，使她缺乏足够的能力对涉及国家命运的重大政治问题作出高瞻远瞩的判断和抉择。从总体上看，一方面，慈禧为人精明能干，确实具有统御和笼络群臣的绝大才能；另一方面，作为传统礼教束缚和熏陶下的女主，她对中国实际社会的了解十分有

---

① 《辛亥革命前后：盛宣怀档案资料选编之一》，第12页，上海人民出版社1979年版。

1902年1月,"两宫回銮"专列回到北京。图为在袁世凯军队的保护下,光绪和慈禧回到紫禁城。

限,对近代世界的潮流尤其缺乏深入的认识。在掌握政权的数十年中,她所关注的只是一些相对具体而实在的目的,考虑的只是如何保持自己的权位与清室的政权,虽然她也想阻遏洋人的侵入,但考虑方式却较为浅简而消极,至于从工业建设入手,进一步推动中国走上与欧美列强并驾齐驱的现代化的想法和愿望,可以说从来没有产生过。

从以往的历史来看,她在面对严重的政治困局和危机时,就往往表现出极度的束手无策、优柔寡断和心力交瘁,并容易受周围大多数人的主流看法和情绪的支配和摆布。在庚子事变中,她的这一特点就表现得更为明显。她在西巡途中告诉吴永,当时朝廷上的王公大臣"都是一起儿敦迫着我,要与洋人拼命的,教我一个人如何拿得定主意?"吴永认为,像慈禧这样一位"深居宫中,一向与外间情势不相接触"的"易于迷信"的"女流",一旦

军机大臣王文韶

遭此巨变，变得拿不定主意，乃是"实在的情节"。①

慈禧作为"深宫女流"在面对重大政治决定时表现出来的优柔寡断和缺乏主见，并时时依赖她所信任的宠臣来作出重大决定的这一特点，到晚年时表现得更为明显。人们可以从新政时期的大量史籍中发现，这位表面上不可一世的最高统治者，实在是一个极端缺乏自信的经常以泪洗面的脆弱的老妇。就在西逃途中，当王文韶携带军机印信徒步三天才在怀来县赶上慈禧西狩的驻地，慈禧一听到王文韶到，"立命入对，相持而泣"，她对王文韶说："此后国家唯汝是赖！"② 大量的史料记载表明，每当她因朝野政见分歧而拿不定主意时，往往只能是老泪纵横。

根据清末史料记载，这位太后西巡返回北京以后，对过去所做的事也颇为后悔，由于年岁越来越大，又屡经忧患，对于未来深感遥不可知，所有这些，都使她"推权于政府，不肯任劳

---

① 吴永：《庚子西狩丛谈》卷一，第89页。
② 《清史列传》卷六十四，第5075页，中华书局1987年版。

怨"。①庚子事变对她的刺激和对她的自信心的打击,中国所面临的内忧外患的严重性,以及她的垂垂老矣的年龄,都影响着庚子事变后她的精神和心态的变化。

事实上,这位最高统治者对自己的能力和对国家的前途均丧失了信心。她在与京外臣僚如张之洞、刘坤一的多次对话中都显示出,她的经验和知识都不足以判断中国的变革应如何进行。此后的改革决策中,她从来就不曾充当积极主动的角色。可以判定的是,从辛丑变法的诏书发布到预备立宪的改革,慈禧本人在重大决策上并没有主见,而只是在朝野的立宪声浪中随波逐流。

当20世纪初的中国在面临着前所未有的矛盾、困难和问题的情况下,进入前所未有的新的改革阶段时,当中国确实需要一个强有力的核心人物来引导命攸关的重大变革时,慈禧本人绝不是这样一个可以胜任的权威人物。

同样,光绪皇帝也绝不是人们所期望的理想的一代英主。长期以来,由于这位年青皇帝在戊戌变法中的积极表现,由于人们对他的不幸命运所寄予的深切同情,也由于人们对于慈禧的厌恶,特别由于康有为、梁启超等人运用他们在报刊舆论方面的影响,不断对光绪皇帝的"英主"形象加以渲染,光绪皇帝在人们心目中的形象被大大地文学化和美化了。

实际上,戊戌变法的失败在很大程度上与光绪皇帝缺乏应有的政治经验有关。一位美国学者在对光绪皇帝的研究中指出,光绪是一个无能的皇帝,他对变法并没有通盘的计划,所有的有关

---

① 胡思敬:《国闻备乘》,《戊戌变法》第四册,第275页。

变法的上谕都是根据奏折的建议临时发出的。①事实上，正如本书前面几章所指出的，在短短的一百天内，他发布了二三百道涉及几乎所有领域的有关改革的上谕。而这些上谕中的大部分却由于在当时根本无法实施，而徒然成为守旧派反对的借口。

自戊戌变法失败以后，光绪皇帝不但已丧失了自己的权力，而且，更重要的是在精神与肉体上由于长期以来一直备受慈禧的摧残，变得萎靡颓唐。从吴永在《庚子西狩丛谈》一书中描述的这位"发长数寸，蓬首垢面"的皇帝身上，已经透露出这位皇帝精神状态的基本轮廓。长期以来处于封闭而畸形的环境中，有时他会因一些小事而喜怒无常。他的个性的变态，使一些深知内情的人士对太后一旦去世以后光绪皇帝的统治能力与精神状态问题感到忧心忡忡。②

光绪皇帝由于不幸的生活经历和畸形的环境而形成的心理与意志能力方面的缺陷，固然是当时的局外人所不可能了解的，但这些缺陷的事实上的存在，使他绝不可能成为潜在的明君和推进变革的合适的执政者。

---

①美籍学者Luke Kwong的观点，参见[美]柯文：《在中国发现历史》，第25页，中华书局1989年版。

②盛宣怀档案中陶湘从北京给盛氏的密信，生动地记载了一些细节材料，例如，1904年，光绪皇帝曾限令太监把自己居室的电话装毕，当太监禀告"此物都中不全，应从外洋购办"时，他竟大怒，限太监于一日内寻到，否则掌嘴，后因恐慈禧得知，才作罢。陶湘密告此事给盛宣怀时写道："以上两事，极为微细。极有关系。借此可知老太太（慈禧太后）之严待非无因也，借此可知当今（光绪皇帝）之难以有为。实可忧也。且闻当今性情急躁，雷霆雨露均无一定，总之，太君无论如何高寿，亦有年所，一旦不测，后事不堪设想。"见《辛亥革命前后：盛宣怀档案资料选编之一》，第12页。

五、中间派掌权:辛丑变法时期的权力中枢特点

从上层决策圈的情况来看,自从慈禧回銮以后,戊戌式的激进的变法派与庚子事变时期在朝廷中占主流地位的极端守旧派,均已退出了上层政治舞台。当时执掌军机大权的朝中大员,主要是一批以荣禄和奕劻为首的老于世故然而平庸的中间派的传统官僚。

这些官僚大体上有如下这些特点:他们较为务实,并与庚子事变时期的极端保守满清权贵保持相当的距离。虽然他们中大多数人内心并不赞同刚毅、载漪这些极端排外守旧派的所作所为,但由于处世圆滑与明哲保身,从而能在庚子事变的戏剧性冲突中小心地保持中立。另一方面,他们同样反对戊戌变法时期的新进的变法派书生们的激进主张,这使他们在戊戌政变与庚子事变后能保全禄位。而且,他们大多是在慈禧太后"西狩"过程中的扈从有功的臣僚,这使他们在扈从过程中拥有远比别人更多的机会来争取慈禧的充分信任。他们与慈禧太后的关系是十分密切的。

然而,这些被慈禧太后委以重任的官僚,同样难以担当改革重任。当时曾在朝廷任职的梁士诒根据自己的亲身观察,曾在光绪二十九年(1903年)这样评价过这些政务处的王大臣们:

> 太后锐意维新,主媚外以安天下,惟所任非人,习于所安,(太后)对守旧泄沓诸臣,意存瞻徇,不肯决意淘汰。皇上则韬光养晦,遇事不发一言。荣(禄)有足疾,于政治上无所可否,皆迎合后意。王文韶有聋疾,而又遇事诈聋,鹿(传霖)多执拗,瞿(鸿禨)好挑剔。……此近日四军机之大略也。要之,近日非不锐意维新,而内外诸臣有血性者甚少。

每下一诏,多粉饰敷衍,一奏塞责。①

当然,这一评价确有偏颇之处,例如荣禄在促成慈禧推行辛丑变法方面实际上起到了重要的作用。②就荣禄本人的政治倾向而言,他也并不是康有为、梁启超出于政治斗争的需要而简单指称的那种极端守旧派。即使在庚子事件时期,他的政治头脑也比当时大多数王公权贵要清醒得多。又如瞿鸿禨,应该说也是一个相当能干精明的官僚。从反映这些上层官僚的活动的史料来看,应指出的是,这些当政大员们对于推进新政大体上都表现了支持的态度。他们力求在新旧之间寻找平衡。最能表现这种政治态度的,是1903年荣禄临终前呈交给慈禧的遗折中的一段话:"新政之当举者必以实力推行,成宪之当遵者毋以群言淆惑。善求因革之宜,驯致富强之效。"③

尽管如此,梁氏对当时主要朝廷官员的上述评价,却可以说大体上把握了这些平庸而暮气重重的中间派官僚的总体特征。这样一批官僚显然是缺乏变革的热忱的。

从辛丑变法诏书发布以后的政体结构来看,庚子事变以后至日俄战争结束以前,新政改革是在现存政治体制和权力运作方式不曾进行重大变动的情况下进行的。现存的政治结构与决策程序,排除了在最高统治者以外形成推动现代化的权力中心的可能。

正如一位学者所指出的,清代中央政治结构的基本特点是:

---

①《三水梁燕孙先生年谱》上册,第41页,1945年版。

②在慈禧太后返回北京几天以后,正是慈禧最为宠信的这位军机首席大臣,运用他本人对慈禧的影响力,促使太后再颁懿旨,"以示朝廷立意坚定,志在必行",表明进行变法的决心。

③《荣禄存札》,第403页。

一方面，以绝对的君权专制作为政治运作的中心；另一方面，又在权力中心的辅佐机构上采取权力分散的"军机处"体制。军机大臣参与各种决策，但只居于皇帝的秘书与智囊的地位，而且军机处常有四至七人"入值"，各人职衔不同，但理论上权力完全平等，相互制衡而绝无一人独掌大权的可能。军机处也没有向各部和各省督抚直接命令的权力。全面推动新政的计划只有来自最高统治者，任何军机大臣绝无单独控制大权的权力的机会。[①]这种政治格局与政体结构表明，传统的官僚体制很难使富有创新意识的和高远的现代化视野的政治家脱颖而出，并自上而下地对社会进行有效的变革动员。

可以指出的是，在日俄战争结束以前的四五年中，从"辛丑变法"时期的执政当局的情况来看，慈禧太后作为这次变法的主持者与实际发动者，表现出前所未有的"真诚"与积极态度，但她远远不具有推动这场变法所需要的眼界与能力。

以政务处为基础的变法主持机构，主要是由一些年迈力衰、才具平庸的旧式官僚构成。他们具有在传统体制下生存的足够丰富的政治经验，但却缺少通过变法实现富强的热情、号召力和政治凝聚力。从政治倾向上看，他们并非戊戌变法时期活跃一时的年少气盛的激进变法派，也非庚子事变中顽冥不化的保守派。由于上述两极化的政治势力在此前已经被清除出最高政治舞台，这就使这样一批中间派官僚充当了新的变法运动的主要角色。而以载泽、端方为代表的少壮派的亲贵立宪派尚没有形成，更不可能在政治生活中发挥重要作用。这些少壮派权贵要在日俄战争以后

[①] 李恩涵：《清季同光自强运动与日本明治维新的比较》，引自罗荣渠编：《中国现代化历程的探索》，第467页，北京大学出版社1992年版。

才跃上政治前台。

辛丑变法是在庚子事变引发的严重的内外危机的情况下开始的。在庚子事变以后至日俄战争结束以前的新政初期阶段，改革是在现存政治体制和权力运作方式不曾进行重大变动的情况下进行的。自辛丑变法开始以后，许多在戊戌变法中提出的制度变革已经渐次得以推行，但这些制度创新并没有取得对社会进行广泛动员的效果。当政者尚没有找到进行改革动员的契机。这种契机要到下一阶段，即以立宪为主题的阶段才得以出现。

在辛丑变法时期，社会各阶层对于辛丑变法基本上持冷淡旁观的态度。上述统治精英无法有效地动员社会各阶层参与到这场变革中来。这种情况一方面使政府权威不曾受到来自受治者的自下而上的挑战，另一方面，这四五年时间的大多数改革措施基本上停留在形式化的层面，不曾对社会变动产生实质性的影响。

六、权威资源的流失对新政变革的双重影响

在对庚子事变以后的清廷上层政治格局进行了分析之后，下面将进一步分析新政所面临的两个重大的矛盾，这两个矛盾很大程度上将制约新政发展的前景。

首先，是清廷推行变革的权威资源问题。新政是一场由传统专制君主所发动的自上而下的变革运动。如同历史上所有的变革运动一样，必须以这种政权的权威合法性资源的相对充实作为成功的基本条件。

传统的君主权威政治的合法性，具有一种控制人心的政治神话（PoliticalMyth）力量。这种传统政治资源本身对于改革启动而言，并非不利条件。梁启超曾用通俗的语言指出传统君主制度的政治神话对于这个国家的政治整合的作用。他指出,君主制之所以能保持,靠的是历史上形成的习俗和心理,人们把它视为一种"似魔非魔"的东西而尊重它,崇敬它。正因为如此,这种君权的尊严便能在无形中发生一种效力,从而能直接或间接地镇住此国。梁启超还指出,被人们视为"似魔非魔"的君主权威这种神话信念,是"不可亵渎"的,一旦被亵渎,维持其神话力量的基础也就化为乌有。这就正如同木主被狂生击碎以后,其在人们心目中的神圣性也被击得粉碎是一样的道理。[①]

正因为如此,如果君主能合理地利用这种政治神话力量来推行现代化政策,就可以在消耗较低的"政治成本"的情况下,较为顺畅地使有关改革的各项政令渗透于社会各层中,并得到贯彻和实施。同时,这种权威合法性既可以压制体制内的保守派对于改革祖制的抵制,也可以抑制更为激进的政治势力对现存秩序的冲击和破坏。这种权威就可以起到欧洲历史上的绝对主义的开明君权推进现代化的那种作用。日本明治维新时期的君主政治的权威就曾起到这种政治作用。[②]

[①]《梁启超选集》,第675页,上海人民出版社1984年版。
[②] 日本的天皇制度提供了秩序重建的主要支点。在日本臣民的心目中,天皇是神圣的,如果天皇命令改革秩序,那么对于臣民而言,这个有关现代化的改革圣谕本身也是神圣的,不容讨论的,必须绝对地服从的。再也没有其他神圣的事物向天皇提出挑战。日本正是在天皇权威合法性相当充沛的情况下,君主及时地提出现代化的国策并运用君主的传统权威积极推动变革事业,从而取得现代化事业的成功和中日甲午战争的胜利。这一实效,反过来又进一步增加了日本国民中的民族主义的政治凝聚力,以及作为民族主义的象征的天皇的权威合法性的资源。这种不断从变革产生的实效中获得增值的权威资源,反过来又可以使日本以天皇为核心的政治中心进一步得心应手地推行新的改革政策,并且形成政治权威与改革实效之间的良性循环。

清末中国的情况正好相反，自19世纪后期以来，中国早期现代化过程的基本特点是，当清王朝的统治者和政权尚享有较为充沛的权威合法性、行政效能的时候，由于传统政治文化与专制结构的惰性极为顽固，致使中国传统的体制容纳变迁的能力和对新问题的适应能力极度低下，从而使清朝统治者没有利用这一时机进行成功的变革。其结果便是，自鸦片战争以来，连续不断的丧权、割地、赔款，尤其是"庚子奇变"所导致的空前的民族生存危机，从根本上削弱了政治中心的权威合法性。

到了20世纪初期，由于庚子事变的巨大国耻，清王朝的统治权威受到破坏，其权威合法性开始急剧流失，并逐渐丧失对本国臣民的"镇制力"。直到此时，清王朝的统治者才真正意识到认真变革的必要性，然而，恰恰由于这个政权已经没有足够的权威资源可以动员，传统权威已很难成为转变秩序的支点和力量。关于这一点，我们可以从《东方杂志》上一位作者的评论中，看出当时中国臣民心目中的清廷权威合法性的急剧衰落：

> 自庚子之役，朝廷威信实大堕落，遂不复能如大彼得之变法而有风动之效。而茕茕之氓对于朝廷已大消其畏威之念。不复如曩时之屏息雌伏。此所以去年一岁之中各省抗粮闹漕之事累累而不绝。

这位作者还指出，自1904年以来，见诸明文者就有二十一次之多。这显然是清王朝自开国以来前所未有的。①

这种权威合法性的急剧衰落，对于清王朝推行前所未有的新

---

① 霍照：《立宪私议》，《东方杂志》乙巳年十一月，第217页。

政改革有着矛盾的双重影响。

　　因为清政权陷入权威危机,这就会迫使清朝的最高统治者以过去前所未有的决心和迫切意愿,通过加速变革来恢复它在臣民中原来享有的权威。开始主动地推行大幅度的变革计划,力求以改革的实效来赢得其在民间的信任,以求恢复其以往所享有的至尊威信。正如世界各国历史上大量事实所表明的那样,处于危机中的专制政权,往往会迅速地一变而为渴求变革成功的最为"真诚"的改革者。因为这种"真诚"实际上源于君主对延续其王朝生命的愿望的真诚。这一点正如亨廷顿所指出的:"残存的君主比历史上任何时期都更热衷于现代化的事业。他们从事改革的动力也许更胜过一些民族解放运动的领袖。因为后者已多少具有了现代的合法性。相反,残存的君主的政治合法性已经受到了怀疑,他们必须藉'良好的政治表现'来重新取得被统治者的信任,并以此来巩固自己的地位。"①就这一点而论,权威危机的形成,对于驱使传统专制政权从保守转向变革,未尝不是一个积极的因素。

　　与此矛盾的是,权威合法性的丧失,对于一个充满焦虑的统治者来说,其消极后果远远更大得多。那就是,统治者将由此而丧失推进改革所必须的政治动员与政治整合能力。他们此时已经缺乏足够威信、能力和命令的贯彻能力来动员各种资源,整合社会并控制变革的进程。

　　而且,权威危机的深化而引发的上述矛盾,将会相应地更为尖锐化。更具体地说,深重的内外危机的压力,一方面往往会迫使统治精英产生严重的焦虑情结。这就意味着,越是陷入危机的泥潭,他们就越会被深重的内外危机感所引发的焦灼心态所驱使,

---

① 亨廷顿:《变动社会的政治秩序》,第三章。

去从事远远超出自己能力与条件的大幅度的、高难度的与急剧的变革。这往往意味着各种从未经过尝试的新举措也就会连番出台，以至于饥不择食。

另一方面，更为严重的问题则在于，上述危机引致的权威合法性资源的急剧流失，又会使统治者更加无力对自己发动的大规模举措进行有效的整合，于是就形成恶性循环。

对于清王朝而言，它在权威合法性方面还面临着其他民族所没有的特殊问题，那就是统治民族与被统治民族彼此的异质性问题。清王朝是由满族建立的专制王朝，作为被统治民族的汉族对这一异族王朝具有很深的潜在的不信任感。我们可以把这种政治心态称之为"后母情结"。

"扬州十日"、"嘉定三屠"的惨剧的阴影，一直深深地埋藏在被统治的汉族士民的心灵深处。这种"后母情结"使清王朝在受治者心目中的合法性，远比同族王朝的合法性更为脆弱。这也就是说，当统治民族在应付外力压迫方面出现"过失"与由此引起的国家屈辱时，异族统治者所犯的错误与失败，更难为被统治民族所容忍和"谅解"，正如人们对生母的过失较容易容忍，而对后母所犯的同样过失则较难容忍一样，因为后者行为的动机较前者更会引起怀疑。

庚子事变之后，清政权被反对派称为"洋人的朝廷"，这一判断显然不尽合乎历史事实，但却在青年一代的政治精英中有广泛支持者，其原因就在于此。以"革命排满"来追求国家富强的目标的政治思潮，构成不断冲击政治中心的巨大压力。这一特点可以解释清政权的权威合法性在现代化过程中何以特别脆弱。

在这种情况下，新政主持者的权威合法性资源，新政政策自由选择的空间，国家所能掌握的经济财力资源，受治者对该政权的服从和效忠的程度,行政命令贯彻的能力,均处于对于实施上述大刀阔斧的、急剧的、大幅度的变革十分不利的情况。正是从这一点而言,在这种情况下的变革要想取得成功就更为困难。

七、列强压力下的新政:20世纪初中国面临的外部环境

新政面临的第二个问题是外部挑战的压力使改革的条件进一步恶化。

应该指出的是,西方列强与日本对中国的冲击压力,对中国走向现代化仍然有着某种客观的积极的影响。西方与日本的先进的科学技术、文化价值、政治制度和强大的近代工业和经济实力,代表着一种中国人前所未闻的强大的文明。它们在向中国挑战的过程中,在向中国人显示武力和获取经济利益的各种活动中,通过刺激中国而起到了强烈的示范作用,激起了中国人"寻求富强"的各种努力。但是,列强对中国早期现代化的负面影响显然要大得多。其表现主要在以下几个方面。

首先,西方与日本等列强,通过战胜中国,迫使中国政府签订各种不平等条约,削弱了中国政府在对于发展至关重要的那些领域的决策自主权。特别是对税收、关税与海关收入的控制。

其次,列强使中国陷于战争与军事上的失败而削弱了中国的国家权威,而这种权威本来是国家督导型现代化所必需的。

再次,庚子事变以后,当清政府终于准备为拯救国家而努力之际,列强强加给中国的巨额赔款耗尽了现代化发展所亟须的财源,使中国政府为实现本国现代化可以动员的财力资源几乎枯竭。这种情况使得清政府不得不或向西方各国贷款,或加重百姓负担,从而又引起国人的怀疑和反感,加重了社会矛盾和"政治成本"。①八国联军索取的赔款高达四亿五千万两。分三十九年还清，加上利息，总额高达九亿八千余万两。后来由于国际形势的变化，总共付出了六亿六千万两。据有关资料估算，当时一个中国劳工一年的总收入合计才五六两银子而已。由此可以得知这笔赔款对中国所构成的沉重负担与压力。

各省为分担这笔巨额赔款，平均支付每年9%的岁入。②由于各省岁入本来十分有限，这一额外负担更使其捉襟见肘。而1905年以后，新政兴起，国家财政支出又急剧增加，有的省份就立即陷入赤字状态。③

正因为如此，《辛丑条约》签订后，西方列强历年对中国压迫与侵凌，极大地限制了中国实现现代化的机会、条件和能力，清政府的权威资源、财税来源和动员能力都大为削弱，以至于根本无法支撑如此浩大的改革计划。另一方面，深深陷入权威危机而惊恐不安的清王朝统治者，又在20世纪到来之际，比起历史上任何其他时期，都更为渴求通过变革来维系其列祖列宗遗下的政治产业。

由此可见，上述这些因素盘根错节，相互交织，清政府只能在困难条件下实施新政。当然，清王朝推行新政，并非意味着必然遭到失败命运，但历史留给这个王朝新政成功的概率是相当有限的。

---

①[美]G.怀特:《中国为什么没有走上日本式道路》,见罗荣渠等编:《中国现代化历史的探索》,第240页。
②张朋园:《中国现代化的助力与动力》,《中国文化复兴月刊》(台北),1974年8月。
③张朋园:《中国现代化的助力与动力》,《中国文化复兴月刊》(台北),1974年8月。

第九章　近代中国人对西方立宪的"文化误读"

在日俄战争以前,清末新政的特点是,清廷运用传统的官僚体制和程序自上而下地推行涉及教育、科举、新军和法制方面的变革措施。这一时期的新政并不涉及政治体制和政治程序的重大变动,改革对整个社会的动员程度并不很大。这种变革方式仍然属于"传统政体下的政策创新"范围。

新政开展四年之后,也即日俄战争以后,中国政治生活中出现了一个新的刺激因素与思想动力,从而打破了原来沉寂萎靡的政治氛围,起到了更为广泛的社会动员的作用。此后,清末中国的整个社会政治思潮开始受这种因素的刺激而进入活跃时期,这个思想动力就是1904年前后出现的立宪思潮。清政府在新政初期的"政策创新"的变革模式开始受到来自立宪运动的挑战。

这种立宪思潮对清末政治的影响主要表现在两个层面。首先,由民间和海外的士绅知识分子鼓吹和提倡的立宪主义思想逐渐受到权贵中的改革派人士与清政府中部分高层官员的积极响应,从而在社会各阶层中逐步形成"立宪救国"的舆论。其次,民间和官方的立宪派通过不同的渠道对最高统治者慈禧太后施加影响,促成了清政府于1906年把筹备立宪作为既定国策确立了下来。此后,新政也就进入了以立宪为主题的新阶段。

立宪运动的崛起在新政历史上是一个重要分界。本章将分析近代中国人是以什么方式来理解西方的立宪政治的,日俄战争后立宪运动为什么会崛起,以及中国人所特有的那种立宪观所潜含的两重性与深刻矛盾。在以后的章节中,我们将阐明,正是中国人的立宪观所具有的内在矛盾的发展以及与其他各种因素的结合,导致了清末立宪运动的激进派在与立宪稳健派的较量中成为主导的优势的政治力量,新政运动中的政治冲突也因而不断激化。

一、近代中国人的立宪观的起源

在考察中国近代的立宪运动以前,有必要简要地介绍西方社会的立宪主义和君主立宪政治制度的基本特点。

宪法(Constitution)是近代西方历史的产物。立宪制度是这样一种制度:宪法是作为对于政府的一种有效的和重要的制约机制而存在并起作用的。在立宪制度下,治理国家的人们必须受宪法各项条款的约束。宪法是政府和执政者行使权力和从事政治活动的前提。

立宪主义认为,法律(law)是高于一切的。正是在这个意义上,立宪政府也被称为在法律约束下的"有限政府"(Limited Government)。众所周知的是,英国、法国与美国这些西方早期民主政治国家的立宪运动与成文宪法的制定,都是受到一种精神与思想的主导,也即是为保障国民个人的权利与自由,来对抗国家权力的滥用。正是在这个意义上,在西方,宪法原生的含义是把国家与政府的权力限定在一定的边界之外,以此来保障社会个人的自由与权利。这正是立宪所内含的基本价值与理念。

可以说，宪法之所以确定国家行政权力的权限，并不是出于行政权力运作本身的需要，而是出于限制这些行政权力，以避免这些权力被当政者滥用。

有必要指出的是，西方历史上的立宪主义决不能单纯理解为某些思想家基于某种政治理念的人为的设计，它是资本主义市场经济发展与市民社会发展到相当程度后的社会产物。

以君主立宪政体而论，当西方各国的市民阶级和中产阶级的经济和政治力量发展到一定程度以后，他们就自然要求享有更多的政治权利和人身自由。在某种特定的历史条件下，传统的君主一方面享有相当的政治合法性权威资源，另一方面又考虑到各种因素，不得不向这种新兴的政治社会势力作出让步。于是在君主与市民之间，国家与社会之间，形成某种力量均势。双方通过宪法作为政治上的契约，对各自的权利和义务作了明确的限定，并通过这种契约规定来调节两者之间的关系。

西方立宪政治固然具有整合社会秩序、凝聚社会各阶层的人心、调节社会集团与政治势力之间的关系的效能和功用，但这种制度结构与其所表现的效能之间的因果关系，有赖于一系列复杂的历史、文化、经济和社会条件的存在才得以成立。

立宪的本质是不同的社会利益集团之间形成的契约。而这种契约规则之所以能对各社会阶层、利益集团起到规范与制约行为的作用，取决于一系列条件。例如，市场经济关系相当发达，市民阶级和中产阶级相当成熟，社会政治生活中的公认的游戏法则、规范、价值和契约关系能够被社会成员普遍遵守，国民的教育文化程度较高且普及，传统上形成的君主权威合法性的神话魅力对国民仍具有相当的吸引力，从而在君主与国民之间形成互容性的关系，等等。只有在上述各种条件存在的情况下，宪法作为具有普遍的社会约束力的法规才可能被人们普遍遵守并发挥作用。英国的君主立宪制就是以这种契约关系作为社会纽带的典型的政体。

上述这些条件并非人为地"制造"出来的，而是在长期历史发展过程中自然生成并相互依存的。理解这一点，对于认识中国近代的立宪思潮与西方的立宪主义的本质区别具有重要的意义。

这里有一个特别值得深思的问题，近代中国人在什么条件下产生了对西方立宪制度的兴趣？

在跨文化研究中，人们会发现一个带有普遍性的现象，生活在一种文化中的人们，他们往往是自觉地或不自觉地带着自己文化中出现的问题和对自身困扰的关注，对另一种完全异质的文化发生兴趣并渴求了解的。人们力求通过认识另一种文化，来为自己文化中的问题寻求解决的途径。

在19世纪后期，近代中国士大夫中的一些精英人物，就对西方的议会政治制度产生浓厚的兴趣。这种兴趣之所以产生，乃是由于中国人发现，西方立宪政治所具有的某种优点，恰恰是面临生存危机的中国传统政体最为缺乏，因而也最为需要获得的。

早在同治年间，王韬就在其《漫游随录》中盛赞英国的"君民共主"的议会政治制度。在这本著作中，王韬把君主专制与民主政治的结合看作是巩固一个国家的君主与民众之间的"上下之交"的手段，因而也是实现"富强之效"的手段。他认为，正是西方这种议会民主制度使得西方社会"上下相通，民隐得以上达，君惠亦得以下逮"；正因为如此，西洋的议会政治"犹有中国三代之遗意"。①他在进一步解释这种制度的优点时还指出："苟得君主于上，民主于下，则上下之交固，君民之分亲矣。内可以无乱，

---

① 王韬：《弢园文录外编》（光绪二十三年铅字本）卷四。

外可以无侮。而国本犹如苞桑磐石焉。由此而扩充之，富强之效，亦无不基于此矣。"①

到了光绪初年，郑观应在《盛世危言》中同样沿着这种思路来理解西方宪政。他认为，立宪与议会的好处是"集思广益"并消除君民之间的隔阂。

他写道："议院者，公议政事之院也，集众思广众益，用人行政，一至秉公，法诚良，意诚美矣。无议院，则君民之间多隔阂。……故欲藉公法以维大局，必先设议院以固民心。泰西各国咸设议院，朝野上下，同心同德。"正是这种政体，使西洋各国"合众志以成城，致治固有本也"。②

到甲午战争前，陈虬、陈炽、许景澄、张荫桓等人，均以大体相似的方式和用语，介绍并赞扬了他们所理解的西洋议会制度。

从这些近代士大夫知识分子对西方议会制度的观点和认识来看，他们对西方制度的兴趣着眼点，是这些政治制度所表现出来的某种特殊"效能"，而这种"效能"恰恰又是中国所缺乏的。他们正是带着对本民族特有的"问题"的关注去认识西方文化的。由于中国传统专制政治在应付西方挑战时暴露出来的严重弊端，由于中国传统政体使君主与民众上下相隔，于是，在他们看来，议会政治的意义并不是西方原生意义上的对政府权力的限制与约束，而是这种制度能够"集思广益"，"固结民心"。用郑观应在《盛世危言》中的话来说，泰西各国由于开设议院，于是"君相臣民之气通，上下堂廉之隔去，举国之心志如一，百端皆有条不紊……自有议院，则昏暴之君无所施其虐，跋扈之臣无所擅其权，

①王韬：《弢园文录外编》（光绪二十三年铅字本）卷四。
②郑观应：《盛世危言》卷四。

大小官司无所卸其责,草野之民无所积其怨"。①他还认为:"中国而终自安卑弱,不欲富国强兵,为天下之望国也,则亦已耳。苟欲安内攘外……其必自设议院始矣。"②其他有关介绍西方议会政治制度的看法,也大体如此。

应该说,这种立宪思潮最初只存在于一些与西方文化有较多接触的士大夫知识分子中,当时对清朝执政当局并没有产生直接的影响。一些研究者发现,在当时的有关的官方文献中,几乎找不到有关立宪问题的臣民的建言和议论,但它作为一股潜流,却不断渗透于当时的社会舆论和精英的思想中,对以后的立宪运动的崛起和发展,起到了思想先导的作用。

二、"制度决定论":一种"早熟"的立宪观

我们可以把这种仅仅根据一种外来制度的"效能"来决定仿效这种制度,以求实现该制度的"效能"的思想倾向和观念,称之为"制度决定论"。

这种"制度决定论"思想倾向的最基本特点是,在肯定异质文化中的某一种制度的功效的同时,却忽视了该种制度得以实现其效能的历史、文化、经济和社会诸方面的前提和条件。换言之,"制度决定论"仅仅抽象地关注制度的"功效"与选择该制度的"必要性"之间关联,而没有或忽视了"功效"与实现该功效的种种条件的关联。一种制度实施的可行性与实效性,又恰恰不能脱离这些条件。正如本章前面对西方立宪制度进行分析时所指出

---

① 郑观应:《盛世危言》卷一。
② 郑观应:《盛世危言》卷一。

的，立宪政体所能达到的令中国人颇为惊羡的效能，是有着许多内隐的与外显的社会经济与文化条件的配合的，而这些条件往往是该种文化原先所固有，而中国所没有的。

近代大多数中国知识分子在认识西方政治制度时，往往都具有这种倾向性。一般地说，在中国当时特定的历史社会条件下，人们是很难摆脱这种态度和思维方法来认识另一种完全不同的文化的。

这是因为，中国陷入深重的民族危机这一特定的疑难困境，使中国知识分子绝不可能脱离这种切身的关怀和问题，来对另一种文化发生兴趣。西方政教制度与它所表现出来的效果，给那些最早接触西方的中国知识分子的刺激是直接、强烈而鲜明的。此外还因为，中国人在当时还不可能具有那么丰富的知识，认识到一种异质政治制度的文化背景，尤其不可能认识到一种制度与该社会的其他因素之间的相互依存关系。长期处于闭锁状态的中国人尚不具备达到这种认识水平所需要的经验与条件。

由此可见，从认知心理的角度来说，"制度决定论"这种思维方法所得以产生的机制是，就客体方面而言，西方社会、经济、文化与政治，是在其自身长期的历史演变与发展过程中相互依存、有机联系在一起的一个整体，每一部分产生的功效，必须以其他部分的存在作为条件。而就认识主体方面而言，当人们从自己特定的关切角度来认识西方文化时，他们仅仅只注意到有机整体的某一方面和侧面。并且也只有这一方面和侧面，才足以引起人们的兴奋与兴趣，并对其作出反应。在这一认知过程中，政治制度与其他层面的相互依存和制约关系也就不自觉地被人们忽略了。

而且，从人们的认识过程来看，一种制度产生的效果较为容易被人们观察到，而这种制度得以产生效果的条件，却是处于相对隐蔽的、不易被人觉察的状态，这些内隐的条件对于从来没有在西方社会生活过，对西方历史文化背景完全陌生的中国知识分子来说，确实是难以了解的。

三、日俄战争对中国立宪思潮的刺激作用

如果说，在日俄战争以前，还只是少数敏感的精英分子表示出对西方立宪政体的赞誉与向往，那么，1904年至1905年在中国土地上发生的日俄战争，对于中国立宪思潮的发展则起到了巨大的刺激作用。这种刺激作用主要表现在以下方面。

首先，黄种民族的日本对白种民族的俄国的胜利，在中国士民的社会心理上形成了巨大的冲击。

自1840年中英鸦片战争以来的六十多年中，中国人在历次与西方列强的对抗和交涉中，屡遭割地赔款的屈辱和挫折，尤其是庚子事变与八国联军的入侵中国，在当时中国人的心态中，产生了一种深感压抑、沉重的种族自卑情结。"黄种人"在与"白种人"的较量和竞争中，几乎是每战必败。在许多中国人的意识和潜意识中，甚至产生了作为黄种的中国人总有一天有可能被白种的西方列强在种族竞争中残酷淘汰的沉重的忧虑。20世纪初期中国人中的这种"种族自卑情结"，是后世的中国人往往不能体会的。在中国人看来，日俄战争中作为与中国"同文同种"的日本人竟然打败了不可一世的俄国人，许多中国人深深为此而感到鼓舞和振奋，并强烈地渴望从日本的示范中找到拯救中国的良方，种族自卑感转而变为一种强烈的感奋、欣快与期盼。自1904年以后，这种新的社会心态一经产生便在中国社会各阶层中广泛发展起来。

日本人为什么能在日俄战争中取得胜利？当时的中国人很自然地把日本人的胜利归结为日本的立宪政治在凝聚民心方面所起到的作用。从当时各家报刊均纷纷登载的大量文章中，我们可以看到这种观点几乎成了整个社会的共识。

具有广泛社会影响的《东方杂志》刊登的一篇时论文章写道，日俄之战并非日本与俄国两国之间的战争，而是立宪政体与专制政体这两种政体之间的战争。日本"以小克大，以亚挫欧"，这是一般"公例"无法解释的。如果不从立宪与不立宪这一角度来解释，简直成了无因之果。①

光绪三十二年（1906年）五月《中外日报》上发表的一篇《论日胜为宪政之兆》的文章颇为具体入微地分析了当时中国人的一般社会心理变化。该文认为，中国在闭关自守的时代并不知道有专制、立宪、共和各种政体的区别。中国人自然把己国的所行的政治制度视为唯一合乎天理的制度。后来人们发现，普天之下，凡是富强的西洋国家，不是立宪政体就是共和政体，而非专制政体。这虽然是对专制论很不利的证据，但却并没有使国人一致要求立宪，因为俄国被认为是一个堪称盛强的专制国家，政府也以俄国为理由来拒绝民权。俄国人也往往趁机表示由于俄中同属一种政体，俄国有保全中国的能力。中国人长期以来自以为，如果专制不足以立国，为什么俄国却能如此富强？正是日俄战争从根本上打破了中国人的上述观念。因此，日俄战争的胜负结局实际上就决定了中国的选择："不为俄国之专制，必为日本之立宪。"尤其是日俄战争后的中国人得知连战败的俄国人也群起为力争实现立宪政体而奔走呼号时，那么，他们自然认为，中国人就决不

---

① 《宪政纪闻》，《东方杂志》第三年临时增刊。

能袖手旁观,贻误时机。①正是在这种情况下,奋起直追地在中国建立立宪政体,就自然成了一种新的共识。

《时敏报》上的一篇文章最为明确地表述了中国人当时在立宪问题上的"制度决定论"思想。该文认为,泰西各国几乎没有专制政体存在,无论是大国还是小国,均立宪法,设议院。为什么泰西各国要选择立宪政治?因为立宪政治是一种可以团结国民的良好制度。它能够"合众议,聚众谋,而日臻富强"。基于这一认识,作者认为,如果中国也能推行立宪政治,那么其利益就同样可以明显地表现出来:"其一能使上下相通,其次能使民教调和,又次能使筹款易置……"在作者看来,这仅仅是小的方面,更大的利益还在于"能公是公非,万人一心,上下同德,以守则固,以战则克。以谋内政,足以泯偏私之见,以谋外交,足以杜贿赂之原"。基于以上推论,结论自然是"中国而不欲兴也则已,中国而果欲兴也,舍立宪法其曷以哉?"②其次,日本立宪之所以被许多中国人视为实现富强的关键,还因为当时的中国士民对1901年以来的辛丑变法的失望,引起要求进一步扩大政治参与的高涨呼声,以求进一步变革,这是日俄战争期间立宪运动崛起的又一个重要原因。正如我们在第一章里所指出的那样,辛丑变法缺乏强有力的改革集团和有现代化导向的政治精英作为基础。

1905年《南方报》发表的一篇文章集中地表述了中国士绅和民众对辛丑变法的不满情绪。该文认为,虽然"自庚子以来,一切行政之事,亦稍稍有所建革……然数年以来,群治之不进也如故,民智之不开也如故,求之政界,则疲玩愈甚,而蒙蔽日深。

---

① 《宪政纪闻》,《东方杂志》第三年临时增刊。
② 《论国家要政》,《东方杂志》第二年第十二期。

征诸社会,则奸蠹日多,而公德益坏"。这场新政中暴露的问题是如此严重,以至于文章作者认为,新政中采用的从外国引入的各种措施,创之于列邦则为善治,一用于中国,几乎都会与原先的期望相反。其根本原因就在于中国没有改定政体,立宪之于中国,正犹如航船有了指北针。①

在经历了几年新政之后,士绅与民众希望能通过政治上的新的举措,来改变官场上那种"泄沓如故"的局面,而"合众策,聚众谋"的立宪政体,无疑将扩大他们进行政治参与的机会,这就可以振奋社会人心,并刺激社会变革的进展。

如果说,当时报刊上发表的鼓吹立宪政体文章,在形成立宪运动的舆论方面起到重要的作用的话,那么,以驻法公使孙宝琦为首的一批使臣,于日俄战争爆发后的联名奏请立宪,则首先发起了敦促清政府走向立宪改革的运动。这份奏议正体现了士绅与民众中因受日俄战争刺激而振奋起来的立宪思潮的以上两方面动机。正因为如此,这份奏折一在报刊上发表,就立即引起社会上重大的反响,立宪问题从此开始成为社会舆论关注的中心问题。

孙氏在这份奏折中,首先指出,庚子以后政府采取的变法措施之所以没有取得成效,乃是由于整个社会缺乏上下一心共扶危局的精神,而日本却由于在明治六年(1872年)确定为立宪政体,此后又宣布了宪法,从此以后,君民上下一心,形成牢固不摇的基础。

孙宝琦认为,根据他对各国的观察,凡是立宪的国家,均可由弱转强,由乱寝治。因为在这种政体下,合通国之民共治一国,哪有不强的道理?反之,君主孤立,民不相亲,国势必然日危。

---

① 《东方杂志》第二年第十二期。

孙氏把日本和英国与德国作为立宪的楷模提出之后，又进一步指出，日本主动地以自上而下的方式推行立宪，实在是顺而不逆，安而不危。这种方式非常适合于大清王朝。因为它既可避免自下而上可能带来的动乱的危险，又可达到保存邦本、固结民心的致治目标。最后，孙氏等人请求"仿英德日本之制，定为立宪政体之国"。①

这份奏折以立宪政体具有"固结民心、共扶危局"的功效，作为中国应实行立宪政体的根据。这一点可以说是与甲午战争以前的议会论者一脉相承的。除了论及立宪的必要性之外，该文又以日本自上而下的立宪成功来说明中国立宪也可望取得同样的成功，并最先向清廷正式提出更改政体的建议。

正是在这种背景之下，日俄战争之后，立宪主义思潮得以迅速崛起。用当时社会上流行的说法："昔者维新二字，为中国士夫之口头禅，今者立宪二字，又为中国士夫之口头禅。"此后，清末立宪运动就在海内外各种主张立宪的政治力量的推动下发展起来。

四、对立宪政治的"文化误读"及其两重性

在这里，我们特别要指出的是，自中国近代以来，在立宪思想上的"制度决定论"是具有两重性的。

由于中国缺乏内源性的制度变革驱动因素，也就是说，在中国缺乏西方布尔乔亚阶级与市民社会（Civil Society）这些促成立宪政治的社会条件的情况下，这种"制度决定论"的简单的和片面的乐观主义，具有积极促进变革的刺激力量。

---

① 《论立宪为万事根本》，《南方报》（乙巳年七月二十三日）。

因为它可以刺激后进国家的知识分子,使他们产生一种乐观的进取心与亢奋心。人们以为,只要在中国引入这种制度,这种制度就会在中国的土地上无条件地产生西方社会同样的效能。这种简单的线性的思维,使他们产生一种乐观的看法,似乎中国只要有了泰西的议会政治,中国的富强就指日可待,中国的民族危机就会消弭。这种心理上的"欣快感",使他们在中国社会内部尚没有产生承受西方立宪政治的经济、文化与社会条件以前,就"早熟"地进入了对一种更为先进的政治制度的向往的思想状态中。例如,在郑观应看来,既然"蕞尔三岛"的英国,由于设立了议院而能威行四海,卓然为欧西首国,那么,如果中国能"设立议院,联络众情,如身使臂,如臂使指,合四万万之众如一人,虽以并吞四海无难也"。①

换言之,尽管中国当时远不具有实行立宪政治所应具备的经济、社会与文化条件,但是,制度决定论式的对立宪政治的简单化的理解乃至误读,却会产生一种奇妙的刺激作用,产生一种向上的激情,一种克服数千年来习以为常的政治"常规"与文化惰性的思想冲动,产生一种对自己并不真正理解却充满期待的美好事物的模糊的欣快感。由于它给人们带来一种与现实政治对比而产生的心理落差,以及由此而引起的对现实的批判意识与挑战意识,它也就会促使人们从全新的角度,来批判地认识自己的过去,并重新认识中国应该选择的前程。而所有这种种向上的动力,却来源于"中国式"的对西方立宪政治的读解。历史与逻辑就是如此的矛盾。从逻辑上来看,某些看来属于错谬的东西,在历史上又往往充任了进步的"荷尔蒙"。

---

① 《孙宝琦上政务处书》,《东方杂志》第一年第七期。

人们可以想象一下，如果没有这种制度决定论的过于"早熟"的立宪观，如果只有经济条件成熟到与西方社会相近时，才能"水到渠成"地出现以市场经济契约为基础的原生态的立宪主义思想，那么，改变现实的动力，将可能陷入一种"低水平循环"的陷阱之中。更为具体地说，对于非西方的后发展国家而言，作为立宪政治的基础的近代市场化经济的长入与充分发展，又必须以思想与价值观念层面以及社会政治层面的巨大冲击与变动作为前提条件。因此，如果没有思想精神方面的冲动力，就难以产生改变现状、发展经济的契机与动力，而没有这种动力与契机，也就是说没有使立宪政治得以实现的那一系列社会与经济条件，这样，整个社会仍然可能如过去世代一样的死水一潭。

然而，人们却不应过高地估计这种建立在文化误读基础上的制度决定论的立宪观的历史作用。这种思维方式的消极方面也是显而易见的。

首先，制度决定论产生的一个直接后果是，人们对于某种效能的渴求（例如克服民族危机或富国强兵等等）越是强烈，人们也就越发向往迅速地建立那种被认为可以产生该种效能的制度。这就是为什么人们的民族危机感越是强烈，他们实现立宪政治的要求也就越加强烈。在他们看来，只有立宪才能拯救中国，中国既然业已陷入深重的危机，只有立即采取立宪政体，才有希望摆脱危机。正是在这个意义上，中国近代的立宪政治史就具有这样一个突出的特点，那就是，立宪思潮将随着内忧外患的深化，随着民族危机的尖锐化，而不断地走向激进化。这正是形成中国改革过程中的激进主义思潮的一种根源。

其次，制度决定论的立宪观，又具有引发失范和整合性危机的盲目性。

研究发展中国家的政治变迁的一些学者曾分析了传统集权体制条件下嫁接西方立宪政治的困难。他们指出,一种新的立法制度能否在新兴国家中顺利地建立并发挥作用,其中一个重要条件是:它是持续或发展了原有的制度,还是仅仅从宗主国家输入的外来制度。这种差别关系到立法者在公众中的合法性,以及这种立法变动与传统的信念、价值与习俗的相容性。在前一种情况下,立法变革较为容易取得成功,因为社会成员更容易理解在这种与传统保持着某种连续性的新体制中如何行事,这就使得公开的冲突与政治机能上的严重的断裂可能减少到最低程度。而在后一种情况下,新制度将会是十分脆弱无力的,并很容易在排外的民族主义的浪潮中被当作"外来物"而扫除掉。①

这一分析有助于解释立宪政治何以在中国早期现代化过程中遭到失败。典型的立宪政治,是西方市场经济社会的历史发展的产物,当中国的政治精英们把它当作寻求富强的工具而从西方嫁接到中国社会中来时,这种制度与传统社会结构几乎没有任何同构点,它与传统的政治文化(包括人们的信念、价值与习俗)和政治体制没有相容性和结合点。人们并不知道在这种制度下如何行事,也没有共同的约定俗成的规则可供遵循。

对于日俄战争以后的中国人来说,受民族危机的刺激而产生的危机感越是强烈,他们也就越是向往某种被他们认为具有消弭危机"功效"的西方制度,其心态也就会越发激进,其结果则会是越发脱离实际。

中国此后所面临的问题将是这样的:在旧体制尚来不及进行

---

① [美]J.斯密斯与L.D.穆索尔夫主编:《发展过程中的立法:新兴与传统国家中的变迁进程》,第6页,杜克大学出版社1979年版。

适应现代化挑战的转型以前，在传统的权威基础对社会转型的整合功能尚没有有效形成以前，这些旧物便将因为这种基于制度决定论的激进政治选择而急剧崩解。然而，那些仿效西方的新体制，却由于缺乏和适当的经济与社会条件的配合，而同样无法取得整合社会的成效。于是，一个国家的现代化就有可能在严复所说的"新者未得，旧者已亡"的困境中陷入空前的失范状态。制度决定论所引发的社会失范，正是中国早期现代化所面临的最为严重的问题与矛盾之一。

第十章　英国模式与日本模式：
清末立宪派的两种选择

在中国数千年的历史上，历代统治阶级的改革从来没有像清末立宪那样，在政治权力分配、政治运作程序和社会动员水平方面产生如此偏离祖制的、大幅度的变动。

毫无疑问，绝非个别有权势的个人的提倡就足以使最高统治者痛下如此大的决心。事实上，从1905年开始，清王朝的最高统治集团就几乎笼罩在由遍及国内和海外的立宪派所倡导的舆论氛围之中，并在这种"举国趋向一致"（奕劻语）的呼声中随波逐流。

在前面一章里，我们从政治观念的角度与由思想激荡而形成的政治思潮的角度，分析了清末立宪思潮的形成原因。在这一章里，我们将研究那些主张立宪的人们中的几种不同的类型。由于政治利益、政治观念与价值倾向等原因，他们有的看重日本的立宪模式，有的则倾向于采取英国式的立宪模式。这种分歧对于研究清末的立宪思想与运动具有重要的意义。

清廷把筹备立宪作为实现富国强兵的目标的重大政治选择，正是各种有影响的政治势力彼此互动并不断对最高决策者施加影响和压力的结果。除了全国各地的士绅与知识分子在立宪运动中的作用以外，朝廷官僚权贵中的立宪派在推进这场运动进展方面同样具有至关重要的影响。

从社会分层而言,立宪派内部有在朝的亲贵派、官僚派,在野的中下层的士绅知识分子等不同的类型。一方面,他们处于同一种历史文化背景,受同样的外部危机的刺激,因而在立宪问题上,都不自觉地受到"制度决定论"的思维方法的影响,并各自基于其不同的政治资源而起到了推进立宪运动的作用。另一方面,从思想倾向性而言,主张立宪的人们,又可以以各自对立宪的具体目标模式而划分为"钦定宪政派"与"协定立宪派"。这两派各自所主张的政治体制实际上有着很大的区别,"钦定宪政派"主张形式上的立宪政体而在实际上则是开明专制,而"协定立宪派"则主张自下而上的政治参与的扩大,并形成以民权来制衡君权的英国式的君主立宪政治。

由于不同派别的立宪派人士的地位、利益、思想动机与思想倾向存在着差异,这就使他们在选择立宪模式方面有着不同的倾向性。由于对立宪理解的不同与目标倾向的不同,最终导致立宪派内部越来越深刻的矛盾与政治冲突。最后,较为激进的"协定立宪派"取代较为保守的"钦定宪政派"而成为立宪运动的主流。

通过对立宪派内部不同派别和社会集团的考察,人们可以进一步认识,为什么立宪运动后来会出现分化与激进化,这种考察还有助于了解新政时期政治冲突的发展趋势。

一、亲贵立宪派的政治资源与作用

亲贵立宪派是指那些满清贵族和满族官僚中的立宪改革派。

这一派中的主要代表人物有公爵载泽,有被西文报刊称为

"最具自由思想的亲王"的民政部尚书肃亲王善耆,①有历任两江总督和直隶总督的端方,庆亲王之子载振等人,其中一位重要人物,就是后来成为摄政王的载沣,以及其弟载涛、载洵等等。亲贵立宪派中的少壮派人士对于促成立宪成为新政的既定国策起到了很大的作用。这些人大多数年纪很轻,涉世不深,也没有多少政治经验。这些少壮派新贵中的相当一些人,在庚子事变时期都没有多大的政治地位与影响力,只是庚子事变之后,由于他们特殊的地位与身份才得以迅速崛起。

为什么这些身居高位的亲贵人物,会成为立宪运动的积极支持者与推动者?

从一般原因而言,作为中国人,他们与国内士绅官僚一样,同样深受内忧外患的刺激,他们同样也受到近代中国人具有的"制度决定论"思维模式的影响,他们深信,中国只要仿效日本实行立宪政体,就可以日臻富强。从特殊原因而言,在这些满清权贵中的核心人物看来,立宪不但可以消弭革命派的威胁,而且改革一旦取得实效,将使满族人建立的王朝重新取得汉族人的信任,清王朝也就可以长治久安。

下面,我们可以通过几个代表人物的思想言论,来透视这一派政治势力的一些特点。

首先要介绍的是载泽。他无疑是整个亲贵立宪派集团的中心人物。他是嘉庆皇帝的直系后代,同时又是慈禧太后的侄女婿。这位财政部尚书与慈禧太后保持着相当直接和密切的关系。

载泽在当时的影响,可以从英文的《北华捷报》对他的大量活动的报道中看出来。这份洋人办的报纸称这位年青的贵族官员

---

① 《北华捷报》1907年6月7日。

是一个"迫切希望使教育体制现代化的开明派贵族"。①他不断向慈禧太后鼓吹立宪的必要性,作为出洋考察团的首领大臣,他在考察回国以后,曾两次受到太后的单独的长时间的接见。每次陛见时,他都"痛陈不立宪之害及立宪后之利"。以至于在这位首席出洋大臣的慷慨陈词的鼓动下,"两宫动容",慈禧太后当即甚至表示:"只要办妥,深宫初无成见。"②

《北华捷报》载文认为,这位改革派权贵"在提倡宪政改革方面,是所有的出使大臣中最为直言不讳的",他甚至把那些反对改革的官员称之为"叛逆"。③据这份洋人办的报纸称,这位亲贵改革派在鼓吹宪政方面"特别富于热情而且能言善辩"。④1908年3月,他还向慈禧太后建言"给予新闻出版以完全的自由,使它们能批评和评论公共事务和政府官员的行为"。看来这位充满革新热忱的贵族官员已经走得相当远了。

在促成最高当局实行筹备立宪方面,载泽充分发挥了作为满族贵族与慈禧姻亲的双重身份的影响力。当时的反对派以"立宪利于汉不利于满"作为自己的论据。载泽上奏予以驳斥,认为这种观点只顾目前,不顾长远,提出这种观点的人,"实专为一己利禄起见,决非公忠谋国,使其行排汉之政策,必至自取覆亡"。以至"两宫览奏,大为感动"。在出洋大臣回国到清廷正式宣布筹备立宪的整整一个月里,这位被当时的社会舆论称为"不惜以身怨府,排击流俗"的载泽,始终是一个极为活跃的人物,当时的

---

① 《北华捷报》1907年6月7日。
② 《东方杂志》辛亥年第四期,第14页。
③ 《北华捷报》1906年8月31日。
④ 《北华捷报》1907年8月9日。

《东方杂志》载文称:"此次宣布立宪,当以泽公等为首功。"①

在亲贵立宪派中,另一个重要人物是端方。端方是满洲正白旗人,他虽然并不出身于显赫的贵族,但却是一个颇为精明能干的并深受慈禧太后本人信任的满族大员。早在戊戌变法时期,他就主持当时主管实业的农工商部,并因同情变法而受到过牵连。后来又支持过张之洞的改革计划。

庚子事变慈禧"西狩"时期,这位当时的陕西布政使由于拱卫周备而深得太后宠信,1904年调任江苏巡抚。长期以来,他就与流亡于海外的梁启超保持着书信联系。日俄战争爆发后,朝廷还采纳了由他提出的解除戊戌党禁的建议。据称,正是他首先向慈禧太后本人提出立宪建议的。可以说,端方是清末满族权贵中思想最为开明并对最高当局有着重要影响的人物。

1905年,慈禧太后在召见这位宠臣时问道:"新政皆已举行,当无复有未办者?"端方说:"尚未立宪。"慈禧此前似乎还并不知道立宪是怎么一回事,要他解说什么是立宪。端方以最投其所好的方式告诉太后:"立宪则皇上可世袭罔替。"据记载,这一解说使太后"颇为动心"。②次年,端方奉命与载泽等出国考察政治。据说,慈禧称赞他的才智抵得上出洋使团所有其他官员合起来的才能。③

这些权贵人物既属特权阶级,也是统治阶级中新进的政治精英。他们在当时的条件下起到了其他立宪派所难以起到的重要的特殊的作用,这是因为,他们或者是最高统治当局中的核心人物,或者是具有影响力的皇亲国戚,他们不但具有满族的血统作为政

---

① 中国史学会编:《辛亥革命》第四册,第14页。
② 魏元旷:《坚冰志》,《戊戌变法》第四册,第313页。
③《北华捷报》1905年9月15日。

清末载泽率大臣出洋考察

治认同的基础,而且有的还具有清朝皇族的血缘身份与地位。如果说,与他们相比,汉族立宪派人士与最高执政者之间,往往存在着民族隔阂和猜忌心理的话,那么,这些亲贵人士在提出立宪主张时,就更容易获得最高执政者慈禧太后特殊的信任。正因为这一点,在清王朝这一由满族的统治者建立的政权条件下,这些亲贵立宪派在力争实现他们的立宪主张时,拥有极为重要的政治资源。当时有影响的《东方杂志》就已经指出,在满族统治的条件下,没有这样的政治势力的积极活动和力争,清末立宪是根本不可能出现的。①

庚子事变之后,晚年的慈禧,一则对日益严重的内忧外患有一种强烈的焦虑感而心神不定;再则,对立宪这一如此重大而又显然全新的事物,又深感无法用自己过去的政治知识和经验来加以理解和定夺,经历了庚子之变后的这位年迈太后,越来越丧失

①《辛亥革命》第四册,第14页。

了她过去的自信和练达,对于是否把立宪作为国策决定下来,她一直举棋不定。

在1905年6月,她曾表示过,议会制度并不适合于中国。一年以后,在她所宠信的亲贵立宪派的劝说下,则开始对立宪政治抱有相当的兴趣。对于这样一个深居宫闱的老太后来说,通过对她所信任的人的决定来作出选择,可能是她所认为的最为放心的选择。

这里有一个值得注意的问题:当亲贵立宪派在迫切期望用立宪制度作为蓝本来改造中国的传统专制政体时,他们心目中的西方和日本的立宪政体究竟是怎样一回事?

我们可以以载泽作为分析对象。这首先是因为他是首席出洋考察大臣,他对西洋各国和日本进行的长达数月的实地考察使他的看法和观点具有权威性和影响力。其次,他又是立宪派中的最活跃人物,他的观点最为鲜明。他写下了一批在社会上具有重大影响的奏折,从而使我们有可能更全面地了解他和他的同时代人的立宪思想。

只要人们读一下他于1905年夏秋之交呈递的请求改行立宪的著名奏折,就会发现,他对西洋宪政的见解,存在着相当多的误解和错谬。

建立有效的立宪制度是否需要某种条件?载泽似乎没有考虑过这样一个问题,他的看法相当简单。他认为,"大抵弱小之国,立宪恒先",瑞典、葡萄牙、比利时、荷兰与日本,都是由于国弱小或壤地褊小而立宪成功的例子。他还认为,俄国之所以立宪最后,乃是因为兵力素强,其受外来之震撼轻,得以安常习故。[1]根

---

[1]《载泽奏请以五年为期改行立宪政体折》,《清末筹备立宪档案史料》上册,第111页,中华书局1979年版。

据这一判断,任何国家都可以立宪,而弱国小国和深受外国压迫的褊小国家,与大国强国相比,在立宪方面反而更为有利。

这一观点实际上潜含的预设是,立宪可以是无条件的,立宪与否,与一个国家的经济、文化、教育程度并无直接关系,而一个国家承受到的危机压力,变成了实行立宪的有利条件。根据这一逻辑,中国立宪也就势成必然。

对于载泽来说,他与其他士绅官僚立宪派一样,确实从日本在日俄战争的胜利中受到了鼓舞,日方的胜利被简单地解释为立宪的胜利。他们更倾向于直接仿效日本,他们从日本立宪中受到两方面的启示:一是天皇的权力不但没有因立宪而削弱,而且反而得到了加强;二是立宪使全国军民上下一心,他们由此相信,立宪可以在不影响皇帝权力基础和对全国政治的控制能力的条件下,达到动员民众致力于富强目标的目的。

二、权势派及其作用

在推进立宪改革的过程中,以袁世凯、庆亲王奕劻为代表的一些上层官僚,是掌有实权的政治实力派,他们受实际利益的驱使,也积极运用自己的权势与影响,促进了立宪决策的形成。这些人物对最高统治者慈禧产生的影响最为重要。我们可以把这种基于权势与既得利益的考虑而积极支持立宪的实权派人士称之为权势派。

这里,我们还要特别提到袁世凯这个关键人物。袁在推进立宪改革方面确实起到了重要的推动作用。早在新政初期,袁就以开明的改革派官僚为世人所称道,他是庚子事变以后最早向清廷奏请变法的高层官员之一。联系到他当年列名强学会的种种活动,可以说,他的改革倾向始终是存在的。他在积极推行实业、教育、新军和巡警制度方面的新政措施,可以说是不遗余力的。在他当政之下,直隶省建立了全国最完备、组织得最好的教育制度。1907年的统计材料表明,直隶省的新式学校总数达8723个,这个数字是湖南与湖北两省学校总数的四倍。①

尽管如此,袁本人在1904年7月以前,对立宪问题的态度还是十分冷淡的。根据他的幕僚张一麐的回忆,张謇曾写信给袁世凯,希望他体察世界大势,效法明治维新重臣,在推进中国的立宪改革上成为中国的伊藤博文,以成"尊主庇民之大绩"。张一麐本人也趁机力劝袁世凯利用自己的影响倡导立宪,大意是各国潮流均趋重于宪政,吾国如不改革则无以自立于国际地位;而且,立宪后满族皇帝将处于无权地位,可借此消除满汉矛盾。他还认为,非有大力者主持立宪,很难达到立宪的目标。袁世凯当即表示,中国国民教育尚未普及,程度幼稚,如以专制来治理他们,则容易使国民就范于纪律。如采取立宪政体,权在人民,恐画虎不成,反而会生出许多流弊等等。他在给张謇的复信中也同样表示"须缓以时日"。②

袁世凯本人对立宪政治所表现的这种冷淡,相当程度上是出于长期政治经验而产生的直觉。他原先就曾认为,以中国的国情而言,立宪尚不具备条件。西方立宪是在长期历史过程中逐渐发展起来的。这些条件绝非通过几道上谕与行政命令就可以在中国传统体制的基础上复制出来并有效地运作。他曾说过:"夫以数千

---

① 这一资料来源于《日本外务省档案》(1-6-1-37),第36—44页,转引自[美]周锡瑞:《改良与革命》,第49页,中华书局1982年版。
② 张一麐:《心太平室集》卷八,第37—38页。

年来未大变更之政体,一旦欲变其面目,则各种问题则相连而及。"他还用老屋来比喻,未修以前尚可支持,一旦拆卸,那时人们才会发现腐朽的梁柱与粉壁会使问题多么严重。①

为鼓动袁世凯支持立宪,张一麐当时曾与之反复申辩,但无法说服袁。当时双方不欢而散。然而,就在不久以后,袁世凯就一反常态,立即要张一麐拟出一份有关预备立宪的建议书交给他。前后完全判若两人。这使张氏十分惊讶。后来,张一麐发现袁世凯与考察大臣联名奏请预备立宪的奏稿几乎与自己拟定的一字不差。②

是什么使袁世凯的态度发生如此突然的转变?1906年11月陶湘给盛宣怀的一封密信中,有一段话可谓一语破的:"本初(袁)素来尚专制。……所以上下均以立宪持议者……本初另有深意,盖欲借此以保后来。此固人人所料及者。"③

袁世凯的深意就是,希望慈禧太后生前就能把立宪政体建立起来,并借此来限制光绪皇帝的权力,防止光绪皇帝对他在戊戌政变中"告变"行为的报复。太后本人已经年迈体衰,来日无多,而光绪皇帝毕竟年轻,来日方长,他对袁世凯又恨之入骨,这些都是路人皆知的事实。

对袁世凯而言,这无疑又是与其身家性命休戚相关的冷酷事实。在袁世凯看来,如果光绪在没有立宪的情况下掌权,袁的政治生命乃至身家性命都难以逆料。而立宪则不但可以以宪政制度来限制皇帝的生杀大权,而且他可以在太后健在的情况下,利用

---

① 《辛亥革命》第四册,第15—16页。
② 张一麐:《心太平室集》卷八,第37—38页。
③ 《辛亥革命前后:盛宣怀档案资料之一》,第28页。

他本人与庆亲王的特殊关系,当上内阁总理。并利用他执掌的北洋军权,使皇帝反而听命于他。

袁世凯一旦恍然领悟到立宪与否对于他个人的利害大有关系,他自然会尽力争取实现立宪这一目标。以袁世凯本人的权势与影响而言,一旦他转向积极推进立宪,他就自然在这一运动中扮演最为重要的角色,成为当时立宪派中最为积极同时也是最有实力的人物。1906年11月22日,陶湘致盛宣怀的密信中披露,袁世凯较之其他主张立宪的人士"尚新更甚",他在到京后,曾连续被召达四次之多。声言"若不及早图维,国事不堪设想";"官宁可不做,法不可不改"。又说"有如此贤主在前,乃国家之福"。还公开表示"当以死力相争"。这种激进亢奋的态度,以至引起他的政治对手铁良的攻击,铁良指责袁世凯动机不纯,称"如乃公所谓立宪,实与立宪本旨不合"。①

还必须指出,立宪国策之所以确立,与袁世凯与庆亲王之间的利益共生关系有关。正是当时中国官场中权势最为显赫的这两个人物的利益结合,并对慈禧太后施加重要影响,才使立宪派成为清末政治中的主流势力。

就袁世凯一方而言,他力图通过官制改革把中央权力及早地控制在自己手中。希望借改革官制的机会,把军机处裁撤,按照立宪国的责任内阁制,由首相组织内阁。然后再拥护庆王为国务总理大臣,他自己则做副总理大臣。由于在责任内阁制下,各部的大臣由总理推荐,组成中央政府。这样,一切用人之权均可通过庆王而实际上落到袁世凯一人手中。

庆亲王与袁的关系原先并不十分密切。袁给予庆王的赠馈并

---

① 《辛亥革命前后:盛宣怀档案资料之一》,第28页。

不算太多，以致庆王曾私下对人表示过他的不满。①但荣禄自从辛丑回京以后，因体弱多病而时常请假，袁估计到荣禄可能不久于人世，又得知庆王有可能替代荣氏担任军机大臣，转而拉拢庆王。袁氏最重要的一次行动是派其亲信杨士琦送给庆王一张十万两的银号票子，作为亲王今后入军机的零用钱和给太监们的赏钱，这一数额是如此巨大，以致庆亲王当时甚至怀疑自己是否因眼花而看错了数额。后来这位亲王果然就任军机大臣，袁每遇年节均多有丰厚的赠礼。而庆王作为回报，则每遇重要事件和官缺，大多与袁商量，请其"保举人才"。②

值得一提的是，这位以贪黩而著称于世的军机领班大臣庆亲王奕劻，恰恰又是支持宪政改革的亲贵重臣。在1906年夏由最高层官员组成的专门讨论是否立宪的联席会议上，他首先发言，指称立宪有利无弊。并说，既然近来全国所指陈所盼望者均是立宪，足见这是人心所向，应从速宣布立宪以顺民心副圣意，③从而为这次高层会议定下了一个基调。正是这次具有决定性影响的联席会议，向慈禧太后呈交了把筹备立宪作为既定国策的最终建议。几天后，清廷就向全国发布了筹备立宪的诏书。

虽然，这位位尊势显的庆亲王在争取立宪方面，一开始并没有前面提及的载泽与端方那么主动积极，然而在外间的政治压力越来越大的情况下，他对立宪的态度日趋积极，并对犹豫不决的慈禧太后施加了关键的影响。在同情并支持立宪改革的官员中，他的地位与权势可以说是最高的。与前述载泽这样一批青年权贵

---

① 刘厚生：《张謇传记》，第126页，上海书店1985年版。
② 《张謇传记》，第126页。
③ 中国史学会编：《辛亥革命》第四册，第17页。

立宪派不同,他对宪政运动的支持,并不是出于宪政理想对他的吸引,其原因乃在于:一方面,他从个人的实际政治利益考虑,认为推行立宪可能使他得到的好处更多;更重要的还是朝野立宪派的强大压力已经形成,这使他产生一种强烈的统治危机感。"顺天应人",顺水推舟地应付潮流,是符合他一生的处世哲学的。由于他的权势最为显赫,这就使他起到了其他亲贵立宪派人士所不能起到的关键作用。

三、士绅官僚派:立宪运动的社会基础

在构成立宪派的人群中,亲贵派与权势派以外的广大的士绅官僚立宪派可以说是清末立宪运动的社会基础。他们主要以民族自强作为立宪的基本动机,与前两派往往从本族或个人的既得利益上考虑有所不同。属于这一派的地方督抚、驻外使节与各级官僚、在野的士绅阶层与青年学生,均在立宪运动中起到了重要作用。

尤其是南方一些省份的督抚,是士绅官僚立宪派中的中坚力量。由于南方各地的革命派活动和民间的排满情绪较为活跃,且较多地受到西洋文化和经济力量的冲击,社会风气较为开放。这些因素都对南方地区的一些地方大员的政治观念和态度具有相当的影响。两广总督岑春煊、云贵总督丁振铎、贵州巡抚林绍年等也纷纷电奏请求变法。1906年7月,直隶总督袁世凯、两江总督周馥、湖广总督张之洞联衔奏请于十二年后实行立宪政体。此外,先任四川总督后又任东三省总督的锡良也在推进立宪的过程中起到了重要的作用。

这里,可以以张之洞为例。张之洞早在1901年写《江楚会奏变法三折》时期，就曾认为"变法有一紧要事，实为诸法之根，言之骇人者"，那就是"西法最善者，上下议院相互维持之法也"。他认为，在中国可以先仿行上议院。后来这一建议受到刘坤一的否定，但张之洞的这一设想可以说是后来他积极推行君主立宪制的基础。①

1907年8月，张之洞受慈禧召见，他在召见时与慈禧的一段重要对话，很能说明他对立宪制的态度激进到何等程度：

慈禧太后：大远的道路，叫你跑来了，我真是没有办法了。今天你轧我，明日我轧你，今天你出了一个主意，明天他又是一个主意。把我闹昏了。叫你来问一问。问了好打定主意办事。……出洋学生，排满闹得凶，如何了得？

张之洞：只须速行立宪，此等风潮，自然平息。出洋学生其中多可用之材，总宜破格录用。至于孙文在海外并无魄力。务请明降恩旨，大赦党人。不准任意株连。以后地方闹事，须明辨民变与匪乱。

慈禧太后：立宪事，我亦以为然。现在已派汪大燮、达寿、于式枚三人出洋考察。刻下正在准备，必要实行。

张之洞：立宪实行，越速越妙。预备两字，实在误国。派人出洋，臣决其毫无效验。即如前年派王大臣出洋，不知考察何事？试问语言不通，匆匆一过，能考察其内容？臣实不敢相信。现在日日言准备，遥遥无期，臣恐革命党为患尚小，现在日法协约，日俄协约，大局甚是可危。各国视中国能否实行立宪，以定政策。愚臣以为万万不可不速立宪者，

---

① 《张文襄公全集》卷一七一，电牍五十。

此也。①

这一段珍贵史料，告诉人们十分丰富的信息：慈禧太后在清末立宪问题上表现出拿不定主意，随波逐流地听从她所信赖的大臣的意见；当时在新政问题上出现的众说纷纭，朝廷内外复杂的人际关系矛盾，使这位太后感到心力交瘁与筋疲力尽。这些情况尽在这段对话中显露无遗。

这段对话中尤其值得注意的是，张之洞这位清朝重臣对立宪制度的理解竟是如此的肤浅与幼稚。这位大学士竟然认为，仿效西方立宪，甚至连考察都是多余的。由于中国危机太迫，以至于立宪实行，越速越妙。而他还一厢情愿地认定，西方列强完全是根据中国是否立宪来决定对中国的态度，等等。"制度决定论"的立宪观在张之洞那里，已经发展到中国"万万不可不速立宪"的地步。在他看来，立宪政体是无须考虑任何国家的国情条件的，是普遍地用于一切国家与民族的万能制度。而慈禧太后却出于对这位老臣的充分信任，以至于提不出任何不同的见解来反驳他。可以说，在当时人们的心目中，"立宪万能论"已经变成一种可以救急、救亡、图存的政治神话了。事实上，慈禧正是在包括张之洞在内的这样一批激进的立宪派官僚的连番劝说影响下，匆匆地决定了大清王朝以立宪作为国策的政治选择的。

地方大员之所以对清廷的立宪决策起到重要的推动作用，主要因为：首先，他们掌有地方上的实权，从而具有以其权势为基础的社会政治影响力。其次，他们一般都受到最高决策者的高度

---

① 《八月初七日张之洞入京奏对大略》，转引自孔祥吉：《张之洞与清末立宪别论》，《历史研究》1993年第1期。

信任和器重，被视为官员中最有能力和才干的人士，他们的政治见解与建言，也较为最高统治者所重视。第三，他们与地方上的各种力量和社会集团直接联系，被视为介乎中央与社会势力集团的缓冲力量。以地方督抚为核心的清末官僚立宪派是立宪运动中的实力派。正如以后的历史所表明的那样，从1906年到1911年，每当清廷与立宪派的政治冲突尖锐化的时刻，这些地方督抚一旦出面向最高当局发出陈请和联名奏折，最高当局往往在他们的压力下会作出让步。

这里特别要提到驻外使臣在推进立宪运动中的作用。这些使臣具有在国外生活的直接体验和阅历，虽然这些阅历并不足以使他们对西方文化认识更为深刻，但至少使他们成为清朝统治阶级中对中西两种文化的反差和中西社会的发展差距感受最为强烈和真切的人，这就使他们在立宪运动中成为最前沿的和最为积极活跃的鼓吹者。他们的国外经历，也使他们对西方政治制度的介绍的言论和主张在社会上同时也在官员阶层中，具有较大的权威性。

除了前面所提到的驻法公使孙宝琦奏请立宪外，其他如驻俄使臣胡惟德、驻英使臣张德彝等人，均纷纷先后奏请清廷，请求实行以立宪为基础的变法。此后，继任的驻英使臣也以各国盼望中国立宪，而上奏请求速定办法；驻美使臣梁诚则在奏折中称，由于国外华侨要求立宪，请求朝廷速定宗旨。这些奏折在报刊登出以后，立即引起社会各界的很大反响并使社会上的立宪运动形成新的浪潮。

立宪派中的一般士绅知识分子可以说是清末立宪派的社会基础，这是立宪运动中人数最多也最为活跃的社会群体。他们的作用主要表现在两个方面。首先，是形成倡导立宪救国的社会舆论，他们运用报章书刊等各种传媒传布立宪思想，以此来影响社会，形成全国范围的提倡立宪的舆论与思想氛围。其次，由于他们与官僚、权贵，甚至与最高统治集团有着长期形成的私人关系，从而使他们可以利用这种关系来影响政治决策，促进立宪运动。他们在动员民众发动立宪运动方面，具有权贵立宪派政治精英所难以起到的作用。

这一派人士中最具代表性的人物是张謇。他刻印日本宪法通过各种关系分送给内廷阅读，慈禧太后也颇受影响。他还劝说政府大员积极推进立宪。张之洞的立宪奏折就是由他草拟的。

士绅立宪派内部各人的立宪动机不尽相同，其中有相当一部分人希望借此来扩大汉族士绅阶级在权力分配格局中的弱势，改变满族独揽大权的局面。因为立宪体制下，汉人将拥有更多的民意资源来争取更多的权益，当然，立宪不仅仅有利于国家和民族，由于他们的汉族身份，立宪的结果无疑也有助于他们本人的政治地位的上升。地方大员中的满族官僚的思想动机则接近于亲贵立宪派，他们期望以立宪来消弭革命派对满族政权的威胁。这一点可以解释为什么当时从中央到地方的满汉官僚，会"举国一致"地趋向于立宪。

如果说，支持立宪运动的权贵派、权势派对这一运动的主要作用，在于利用他们拥有充分的同族人的政治资源，所处的关键地位，以及最高决策者对他们个人的信任，影响最高执政者的目的的话，那么，士绅们则在动员舆论、发起集会以及在国民中促进立宪运动方面具有重大作用。这些不同势力的相互影响与作用，是清末立宪运动得以在一二年的短短时间内就风起云涌，并足以影响最高决策的基本原因。

四、英国模式与日本模式:君主立宪制的两种范本

如果说,到了20世纪初期,仿行立宪已经成为中国社会中有影响的人们中一种基本共识,那么,中国应该采取何种立宪模式更为合适?

从采取君主立宪制政体的世界各国的情况来看,大体上可以分为两种类型。一种是以英国为代表的"协定立宪政体",另一种是以德、日为代表的"钦定立宪政体",这两者存在着很大的区别。

从历史根源上来看,英国的立宪政体是新旧社会势力之间达到力量均势的历史结果。在英国社会内部,一方面,布尔乔亚阶级或市民阶级得到一定程度的发展,这一阶级为了保护市民社会(Civil Society)和使民间社团组织的自主性不受专制国家的侵夺,并为了在政治上享有充分的权利与自由,起而与国君抗衡并形成强有力的社会政治势力。另一方面,国君又仍然享有相当充分的权威合法性与尊严,这样,双方就通过宪法这种政治契约而形成一种相互制衡的关系。正如前一章所分析过的,以英国为代表的这种典型的立宪政治,具体表现是"分权政治",通过地方自治、自主性的市民社会与议会来限制君权,并制约国家自上而下的权力,英国式的立宪政府乃是"有限政府"。

然而,明治维新的日本与1918年以前的德国,则属于一种特殊的"非典型的立宪政体"。在这种体制下,立宪只是一种现代性形式的政治符号而并不具有真正限制君权的实质意义。尽管它们采取的是立宪政治的形式,但本质上仍然是权力集中运作的绝对主义国家。德国历史学家蒙森(Teodor Mommsen)把它称之为

"伪立宪绝对主义"（Pseudo Constitutional Absolutism），可以说是相当确切地概括了这种政体的本质特征。

日本明治维新以后建立的君主立宪制与德国属于同一种类型。日本学者信夫清三郎指出："天皇制把近代立宪主义嫁接在源自古代世界的神权的、家长式的观念上了。然而，这种立宪主义是形式上具有'束缚议会权力'的伪装的立宪主义。伊藤博文的'立宪君治'是用立宪主义来伪装神权的家长式的本质。"①

伊藤博文对立宪政体上的这种区别认识得很清楚，他在日本宪法公布之后的第十天就明确指出，"观各国之宪法，依其国情而有异同，要可区别为二，一为民约宪法，即君主与民间所成之约束，或国民间之规约。其二为钦定宪法，即由君主以独断之权力制定而付国民者。帝国宪法即属于后者"。②日本的立宪政体就是这样一种"钦定立宪政体"。用当时一位日本学者的话来说，"日本政治以现在形势言之，其权力之中心，于名实上并在于皇位"③。

从日本君主立宪这种政体的实质来看，它的发展结果并不是走向议会民主，而是形成一种相对稳定的"开明专制主义"政体。如果说，日本明治维新初期可以称之为"启蒙绝对主义"的话，那么，在19世纪七八十年代之交，取得了这种立宪形式的日本明治政权由于获得了新的"现代性"符号，从而与这以前相比较而增加了现代性的权威资源，成为"立宪绝对主义"政权。这

---

① [日]信夫清三郎:《日本政治史》第三卷,第223页,上海译文出版社1988年版。
② 金长佑:《日本政府》,转引自陈丰祥:《日本对清廷钦定宪法之影响》,《台湾大学历史学报》第八期。
③《政治官报》一至二册,《日本宪法说明书》。

一种政权形态并不具备对政府与君权的实质性约束力,权力的运作过程仍然是权威主义的、自上而下的。这种政体是在日本与德国特定的历史条件下产生的,它在这两个相对落后的国家的现代化初期阶段,恰恰起到了加强国家权威并运用这种权威的威慑力量来一致对外,聚合日本民族主义的各种资源以推进现代化的历史作用。

区分这两种性质不同的"立宪政体"具有重要的意义。英国立宪模式与日德立宪模式存在着根本的区别,前者是通过宪法,通过动员自下而上的、自主的社会组织与个人的政治参与,来制约专制君权,从而形成君权与民权之间的平衡。后者则是君主在享有相对充沛的权威合法性资源的条件下,借助于原来贵族势力与钦定宪法,有效地把社会各阶层的政治行为约束在一定的范围以内。这种方式抑制政治参与,控制社会动员,并与现代性的宪政符号相结合,便完成了从传统专制政体向现代化的开明权威政体的转化。

清末中国是一个不同于西方工业社会的后发展国家,中国应该采取什么形式的立宪政体作为推进现代化的政体模式?不同的立宪取向会产生非常不同的后果。

如果以日本与德国的"形式主义"立宪政治作为仿效对象,那么,议会只能是钦定的立宪形式,君主、国家与政府则是实质上的权力主体。中国就可以通过这种类似于日本、德国的"伪立宪绝对主义"的方式建立起开明专制主义的政体。它的基本特点是,以国家权威来整合社会资源,并抑制自下而上的政治参与诉求的"超前扩张",以此来形成变革初期阶段的政治稳定。与英国这样一些原生型现代化国家不同,后发展国家现代化初期阶段的发展逻辑要求权力必须集中在主导现代化政策的国家一级,只有这样才有利于人力、财力与物力资源的相对集中与有效利用、分配，日本这种具有现代化导向的权威政体，恰恰是符合后发展民族的这一现代化逻辑的。

如果以英国立宪政治为楷模，那就意味着不断地通过扩展议会的权力，发展地方自治与社团自治，形成社会各阶层自下而上的政治参与扩张与社会动员。从理论上说，这种政治模式可以通过开放个人与社会的自由活动空间来实现对专制君权的约束、限制，形成议会对政府、社会对国家的抗衡压力，达到"君民上下相通"。

但是，在中国这样的后发展国家现代化过程中，采取这种英国模式，并不会导致英国在这种典型君主立宪制下的秩序稳定的结果。这是因为，中国缺乏英国社会的各种条件。相反，在中国的条件下，过早的政治参与膨胀将会极大地削弱政治与国家的权威，将会使长期受到压抑的形形色色的政治势力急剧地卷入政治场所，并提出种种在当时中国的社会尚无法实现的政治与社会要求，使社会转型出现此伏彼起的越来越严重的社会政治冲突。这种冲突必将进一步削弱甚至瓦解国家权威，其结果，并不意味着民主条件的成熟，相反，地方势力、土豪劣绅与官僚相结合的分利化的特权势力，均会先于市民社会而出现，形成中国现代化过程中的新的难题。

五、保守与激进的立宪派：立宪运动的内部分歧

那么，新政时期的中国立宪派是如何认定什么是理想的立宪模式的呢？他们是否认识到两种类型的区别，并作出自己的选择呢？

在这个问题上,大体上,清末立宪派可以分为三种类型。

一种是较为清楚地认识到英国立宪模式与日德立宪模式的区别,并主张中国应仿效日德模式。

当时的考察宪政大臣达寿所持的就是这样一种观点。达寿认为,就中国而言,应该采取"大权政治","而欲行大权之政治,必为钦定之宪章",他提出:"非钦定宪法,无以固国本而安皇室,亦无以存国体而巩主权。大权政治不可不仿行。"①

这种主张的实质是君主以独断之权力钦业而颁布宪法,君主为立宪权之主体,且为国家至高无上之主权者。议会从属于行政权,成为君主主权下的建言机关,而无强制政府实行之力。用庆亲王的话来说,资政院"当舆论之冲,政府得安行其策,而民气得通"而已。我们可以把这一类立宪派称为"钦定宪政派"。

亲贵派与权势派官僚大多主张这一种宪政模式,无论是从自己的既得利益,还是从日本立宪中所获得的经验来说,他们提出这一主张乃是十分自然的事。正如伊藤博文曾对载泽所告诫的那样:"须知(君主)立宪政体与民主政体有绝异之处,一则主权在君,故虽立宪以后,于君主国之国体仍无窒碍,贵国为君主国,主权必须集于君主一人之身,万不可旁落于臣民。"

可以说,以明治钦定宪政为蓝图,在中国复制出与日本相似的开明专制的政体,是这些亲贵派与宫廷派官僚的基本主张。他们力求使立宪后的内阁、议会在法律上从属于君主。另一方面,为了维持一种"大权政治",这一派主张,中国实行立宪时必须尽可能地抑制社会各阶层自下而上地进行政治参与。达寿认为:"若采日本纯粹钦定之制,则法定于君,断非臣下所能参议,然苟非

---

① 《达寿奏考察日本宪政情形折》,《清末筹备立宪档案史料》上册,第41页。

秘密从事，则报章流布，妄肆讥评，鼓动人心，煽动全国，士夫奔走，伏阙上书，即使祸乱不萌，难免一时纷扰。"①以此作为中国推进变革的一种基本选择。

第二种人可以称之为"协定宪法派"，他们同样认识到立宪模式存在着英国与日德不同的类型，但他们倾向于在中国推行类似英国模式的立宪政体，即宪法出于君主与议会之协议。则立宪权由君主与议会所共有，议会有相当的权力以节制君权之滥用。

这一派人可以以梁启超、杨度、熊范舆等在野的士绅为代表。他们主张尽快地召开国会，扩大民众自下而上的参政权利与地方自治，他们认为，只有充分调动民权，才能团结全国人心，才能改变"政府孤立于上，人民漠视于下"的弊政，并使中国"君民一体，消弭外患"。②

这种协定宪法派可以以梁启超的思想为例，他在论及中国立宪的次序时，称"（宪法）草稿既成，未即以为定本，先颁行于官报局，令全国士民皆得辩难讨论"。③由此可见，梁启超是反对日本式的"钦定宪法"而主张以国民参与制定的协定宪法作为中国立宪的基础的。梁启超认为，清廷未开国会而先行颁布宪法，会以立宪之形式来达到专制的目的（而这正是日本开明专制主义的实质），因此力主先开设国会，从而使国民先行介入，拥有编定宪法的权力。④

在与革命派的论战中，他认定中国由于国民素质还不成熟，因此，对于中国来说，最合适的政体是立宪政体下的开明专制。

---

① 《达寿奏国会年限无妨预定折》，《清朝续文献通考》卷三九三。
② 《熊范舆等呈》，《清末筹备立宪档案史料》上册，光绪三十三八月。
③ 梁启超：《立宪法议》，《清议报》第八十一册。
④ 《国会请愿同志会意见书》，《国风报》第一年第九期，第85页。

然而，他又认为，中国的专制必须受到自下而上的约束，才有可能转化为具有现代化导向的开明专制，这一层考虑又使他把希望寄托于民选议会的召开，他所希望的宪法是由国会与民众参与制定的宪法而不是钦定宪法。这样，他的思想主张就出现了自相矛盾：一方面，他主张日本式的开明专制，既然如此，他就应该支持钦定宪法，因为只有这样，才能保证君主权威"神圣不可侵犯"，不致受到自下而上的冲击。然而，另一方面，他又在实际上以英国式的协定宪法作为推进中国宪政的楷模。他认为英国式的"协定宪法"政体具有约束专制君权的功效。而英国式的立宪已经与他心目中的开明专制不是一回事了。这样的思想矛盾，在一些在野的士绅知识分子身上都有所表现。

第三种人占当时的多数，他们对立宪的向往，只是一种笼统的观念。他们只是反复地运用英国、法国、日本、德国的例证来笼统地说明立宪较之专制的优越性。可以说，当时的立宪派（包括亲贵立宪派）中不少人普遍都存在着对立宪政体的两重误解。第一重误解是，他们把立宪视为普天之下均能适用的政治制度，而根本上忽视了这种特定的政治制度得以发挥效能的条件，这种"制度决定论"的误解可以说是当时的立宪派共有的；第二重误解是，他们把英国的君主立宪制与日德的君主立宪制混为一谈。

一般而言，当时多数主张立宪的人们远没有达到对以上两种立宪政体作出明确的划分与理解的认识水平。在他们心目中，立宪是一种与专制相对立的"政体"（与"国体"相对应），有了这种"政体"的国家就会拥有众多的好处，没有这种政体的国家，就是专制，而专制就会产生一系列弊处。

立宪派普遍把日德与英法混为一谈的看法，在下面的奏折中表现得十分鲜明："若宪法者，泰西行之而效，日本行之而亦效，圣人复起,不易斯制,但当实力举行,不必姑为尝试。"①驻法公使孙宝琦的《上政务处书》在阐述了立宪政治的优点之后,也还是笼统地要求"仿日本英德之制,定为立宪政体之国"②。

这种对立宪政体的两重误解的存在,使亲贵立宪派、官僚和慈禧太后产生了一个极大的政治错觉,即立宪政治可以在集中化的君主权威和中央对地方的有效控制不会受到威胁的情况下,增加社会对国家的凝聚力和国家对社会的动员力。这种误解,对日后这一政权所产生的历史后果是致命的,尽管他们当中大多数人至死都不曾真正意识到这种后果。

六、清末新政过程中政治参与的急剧扩大

在中国应采取何种立宪模式——是仿效英国,还是仿效日本?表面上看,这只是选择哪一种具体模式的问题,但它关系到立宪改革对社会各阶层的动员程度。如果在政府无力按自己设定的方式来推进钦定宪政,并控制激进"协定宪法派"与更为激进的"民选议会派"的挑战,那么,后者就会通过立宪改革中建立的自主性的组织,如咨议局、资政院,以及各种联合会,形成发动民众自下而上的对政府的强大政治压力,这种冲突的结果就会使立宪改革演变为一次革命。

但在立宪运动初起阶段,立宪派内部的这种分歧并不明显,一般人也对此并没有重视。正如前面所指出的,多数人认为只要立宪就好,至于采取何种方式,这是次一级的问题。

---

①《刘桦条陈预备立宪应实力举办呈》,《清末预备立宪档案史料》上册,第341页。

②《东方杂志》第一年第七期,第80页。

对于清政府而言，在颁布立宪诏书时，确实是以日本钦定宪法为基础并亦步亦趋的。清末的执政者们以为，如法炮制地仿效日本宪法来制定他们的钦定宪法，最终日本式的立宪就会在中国土地上复制出来。

然而，清廷为实现立宪目标而在全国各省开设地方咨议局推行地方自治，在北京则设立资政院，这些立宪措施的先后推出，使咨议局、资政院这些自主性的宪政组织把越来越多的体制外的士绅与知识分子动员到体制内的政治舞台上来，并使民众与士绅有了更大的政治独立性。如何保证中国沿着钦定宪政派的道路顺利发展下去而不至受到民选议会派的挑战？而要达到钦定宪政在中国实现的目标又需要什么条件？在这些关键的方面，清末新政的主政者们并没有考虑得更多。

当政府自以为认真地按它所制定的钦定宪政的方针来进行预备立宪时，处于清末社会的各种社会群体和政治势力，由于政治理念、价值目标、自身利益和所处的地位的不同，纷纷作出不同的政治行动，提出不同的政治目标和相互对立的诉求。

在这些社会群体中，主张"排满革命"的革命派与主张"协定宪法"的民间士绅知识分子，更为激进地发起了自下而上的政治动员。真诚地主张君主立宪而又同时主张以英国立宪模式作为目标的"协定宪法派"，在推进立宪的旗帜下，以地方自治的咨议局为后盾，与中央的资政院遥相呼应，并一次又一次地发起速开国会运动，各种请愿层出不穷。

更为严重的后果是，在士绅与政府之间业已产生严重的政治认同危机的情况下，政治参与的爆炸性的扩大不但没有形成清廷原来所期待的通过立宪来凝聚社会人心，"上下一心"，相反却使激进派的"速开国会"的请愿运动在全国各地迅猛发展起来。而清政府却在四面楚歌中无所措其手足，并在立宪运动日益激进使清政权受到巨大的立宪运动压力的情况下，陷入了极端孤立状态。这种情况在明治维新后的"立宪"的日本是根本不存在的。

从新政过程中可以看出，各社会群体进入中心政治领域的速度是相当快的。这首先是由于在立宪救国论的思潮的影响下，立宪体制的建立被社会各阶层视为克服中国严重的内忧外患和实现富强目标的主要手段。而筹备立宪时期建立的地方自治、咨议局和资政院则大为扩展了中国士绅与知识分子自下而上进行政治参与的渠道。其次，报纸、杂志等大众传媒在19世纪末的迅速发展和在知识界的普及，社会舆论和言论相对于过去时期的较大自由，出国留学潮的兴起，以及社会流动性的迅速增长，这些被认为是推进中国日臻富强的重要举措，均极大地刺激了各种新型社会群体的出现，并促成了这些群体对中心政治领域的迅速参与。

在以后各章的分析中，本书将研究赞同立宪的各政治集团（亲贵派、官僚立宪派和士绅派）如何由于社会政治冲突的激化而分化的基本趋势：

主张英国式的协定宪法的士绅派主要是改良派士绅、官员和城市新型商人，其中还包括那些更关注本地区与本身既得利益的土地主。他们由于掌握了地方咨议局的主导地位和舆论领导权而处于主动地位，成为激进的立宪主流派。

在这种情况下，原先那些声威显赫的地方总督与巡抚们又处于何种地位呢？一方面，清廷不断采取加强中央集权的措施，以防地方督抚坐大，从而收回了地方大员相当一部分权力；另一方面，各省咨议局的普遍建立，又造成地方士绅权力前所未有的发展，对地方督抚来说，这无疑是双重压力。在这上下双重压力之下，地方督抚与官僚被逐渐架空，从而使他们中相当一部分人在地方激进势力的压力下也同样趋向激进，并对中央政治中心施加压力，以迎合士绅主流派。而中央政府从此也如同釜底抽薪，失去了它在地方的权力基础。

　　清政权因激进立宪派冲击而受到的压力和威胁，使立宪运动初期最为活跃和主动的亲贵立宪派开始进退两难。其中有的走向保守，有的则成为他所致力的立宪运动的政治参与浪潮的牺牲品。

第十一章 保守与激进：
反对派与立宪派的思想论战

自1905年到1911年的筹备立宪过程中，在立宪派与反对派之间一直存在着相当激烈的论争和思想冲突。自民国以来，清末立宪运动中的反对派的思想观点就一直没有受到学者应有的重视。人们一般倾向于认为，立宪运动中的反对派是文化上向隅而泣的顽固守旧派人士，他们在政治上则是逆历史潮流而动的反动势力，总而言之，他们既是思想落伍者，又是专制政治下的既得利益者，因而研究他们的思想言论没有多少学术价值。

然而，如果从后发展国家早期现代化这一特定视角来看，人们将会发现，反对派的思想远不是"文化守旧"可以简单地概括的。那些被斥为"保守派"人士的思想内容，要比人们想当然认为的更为丰富复杂得多。

我们已经分析了清末立宪派的思想基础以及这一派人士内部的思想分歧。让我们进一步考察一下，立宪派与反对派之间是如何在立宪问题上展开思想论战的；这种论战对于认识中国早期现代化过程中不同的政治选择上的冲突，可以提供什么启示？

实际上，这种两派之间进行的思想冲突和交锋，反映的正是传统的官僚专制国家在仿效西方政体过程中存在的两难矛盾与困难问题，因而有着十分深厚的内涵。研究这种思想论争，对于理解立宪运动的内在矛盾和困难，对于进一步认识制约中国早期现代化过程的各种复杂条件和因素，实际上具有十分重要的意义。

一、清末立宪运动中的反对派

清末反对中国实行预备立宪的人士，实际上包括两种类型的人。

一种是基本上赞同立宪的方向，但对当时占主流地位的预备立宪思潮持批评态度的人士。这一类人并不反对中国在未来某个时候走立宪改革的道路，但他们认为，由于中西文化、社会和历史条件与环境存在着巨大的差异，简单地仿效西洋宪政将会对中国的变革、对现体制下的秩序稳定带来严重的不利后果，因而他们主张推迟预备立宪，到未来时机成熟以后，再考虑以渐进的方式来推进立宪改革。他们认为，在新政的现阶段，应以加强君权、发展实业、实行开明专制为目的。军机大臣孙家鼐，考察宪政大臣于式枚，御史赵炳麟、王步瀛等人均坚持这种主张。

于式枚可以说是其中最具代表性的人物。他曾公开表示，中国的立宪应在20年以后才可以提到议事日程上来。这种态度使他在立宪呼声日益高涨的当时显得极为孤立，以致成为全国占主流地位的立宪派士绅的众矢之的。

特别值得指出的是，这些人士的政治态度与价值观念，与顽固守旧派的保守主义的自我中心的价值取向相比，有着很明显的区别。他们并不否认西方文明在许多方面的优点，他们也绝非盲目的仇外排外论者，他们不否认立宪政治对于西方各国的作用和功效，他们甚至在原则上也认为，西洋的立宪政体的"文明"程度均优于中国现行的专制政体。这一类人中的一些代表人物有过数次出洋考察的丰富经历,例如于式枚、吴寿等人。从他们反对立宪的言论来看,他们对西方和日本的政治和社会情势的了解和认识程度,与那些积极提倡立宪的人士相比,可以说是有过之而无不及。换言之,他们的观念和价值态度已经更为现代化了。以往学者在评价孙家鼐、于式枚等人的思想时,往往把他视为顽固守旧派的主要代表,显然是过于简单化了。

我们大体上可以把这一类人称之为立宪缓行派。他们对立宪派的抨击,往往揭示了在中国当时的条件下,简单地仿效西方宪政制度可能产生的一些消极后果。正因为如此,对这一类反对派的思想的分析,将有助于认识清末立宪运动与中国现代化变革所存在的一些关键问题。

反对立宪的第二种类型人士,是一些更接近于从儒家的"原教旨"立场来反对立宪运动的传统官僚派人士。其代表人物有御史胡思敬、翰林院侍读柯劭忞等人。这一类人对西方宪政并没有多少知识与兴趣,他们之所以反对立宪,乃是担忧中国传统政教风俗将可能由于实行立宪而遭到威胁。他们出于对专制君主政治的信仰与效忠而坚决反对中国在任何时候实行西方式的立宪政体。这一类人数量并不多,在社会上已经日益失去影响力。我们可以把持这种反对立场的人称之为传统的政治守旧派。

以上两类人均是从保守的立场来批评立宪运动的,他们把积极推行立宪的人士视为共同的论敌。然而,在以何种方式来拯救中国的问题上,两种人实际上存在着相当的分歧。

对立宪运动持批评态度并在报章上发表文章阐述己见的,大多数是属于前一种类型即立宪缓行派。在庚子事变之后,由于大多数中国士绅和官僚在强大的外部危机和西洋各国的示范作用的压力下，已经认识到用"以不变应万变"的深拒固闭态度来应对现实危机绝非明智之举。继续坚持1900年以前那种以倭仁为代表的极端保守的政治立场的人已较为罕见，而且他们也很少在"新人云集"的报刊上去发表自己被人们视为"不合潮流"的观点。本章中引述的主要是第一种类型的立宪反对派的思想言论。这不但是因为他们的思想具有相当的理论研究价值，而且因为考察他们的思想，也有助于人们认识在清末立宪过程中，激进派的对立面是怎样思考中国改革的道路与目标的。

二、从廷臣会议看统治集团内部的立宪政争

在五大臣出洋考察回国后不久的1906年8月25日，清廷召开了一次廷臣会议，参加者有醇亲王载沣、军机大臣、政务处大臣、大学士，以及当时的北洋大臣袁世凯。这是一次专门讨论是否把立宪作为既定国策的重要会议。会议开了三天，此后不久，即9月1日，清廷即下诏宣布预备立宪。从此新政就进入以立宪为基本国策的新阶段。

在这次具有重要意义的廷臣会议上，占主流地位的立宪派与占非主流地位的立宪缓行派之间，在中国是否应采取立宪作为富国强兵的必要选择的关键问题上，展开了一场公开的思想交锋。当时的《东方杂志》曾对这次廷臣会议的情况作了详细的报道。这份报道记述了与会的各位要员就立宪是否符合中国国情展开的相当激烈的争论。

这次会议上，在筹备立宪问题上持积极肯定态度的，有奕劻、徐世昌、张百熙、袁世凯，持保守消极或反对态度的有孙家鼐、荣庆、铁良和瞿鸿禨，醇亲王载沣则采取中间偏积极的立场。

从总的情况来看，这次廷臣会议上并没有人公开反对立宪，几乎所有的与会者都或多或少把立宪政体作为一种良好的制度予以肯定。但针对是否应在当前的情况下积极仿行立宪体制，与会者却存在着很大的分歧。

为什么在当时社会舆论中以及在清廷收到的大量奏折中，人们可以发现有不少人士对立宪持明显的反对态度，而在这次廷臣会议上，却没有公开的反对派出现？

对这一点的解释是，由于慈禧太后倾向于支持立宪，立宪在当时已是社会人心所向，大势所趋，这就使得那些即使对立宪抱反对态度的高层官员也为形势所迫，不敢公开表明自己的立场。因此，反对派在这次廷臣会议上，一般也并不反对把立宪作为中国政治发展的未来方向，但却反对把预备立宪作为中国变革的近期目标。因此，我们这里指称的反对派，主要是那些反对把预备立宪作为当前国策的官僚人士，这些官僚未必就是反对清末改革的顽固守旧派。

从这次廷臣会议来看，立宪派与立宪缓行派的分歧主要表现在以下四个方面。

首先，反对派认为，由于中国处于严重的内忧外患和国势虚弱的情况，无力承受立宪这样的重大变动可能带来的危险和动荡局面。而立宪积极派则恰恰相反，他们认为，正因为中国危机深重，因此，只有重大的改革动作和革新才能拯救中国，使中国摆脱危机。

在这次会议上，作为反对派首先发言的是七十九岁的文渊阁大学士孙家鼐，从政治倾向上看，这位政务处大臣并不是原教旨式的保守派，早在戊戌变法以前，他就与翁同龢同为光绪帝师傅，并列名于强学会。戊戌变法期间，他主办过京师大学堂，并积极主张发展现代教育。当时英文版的《北华捷报》把他称为立宪问题上的中间派。①

孙氏发言称，立宪国之法，与君主国完全不同，这种不同的关键，还不在于"形迹"（形式），而在于宗旨。他认为，"宗旨一变，则一切用人行政之道无不尽变，这就如同重心一移，则全体之质点均改其方向"。孙家鼐认为，正因为从君主国到立宪国的转变，是这样一种"用人行政之道无不尽变"的巨大变动，具有相当大的风险。这样大的变动，在国力强盛时推行也难免有"骚动之忧"，而在当今中国国势衰弱的情况下，"变之太大太骤，实恐有骚然不靖之象"。因此，政府目前所能做的，是"但宜革其丛弊太甚之事，俟政体清明，以渐变更，似亦未迟"。②孙氏并不反对立宪，他的立论根据是，重大的变革必须在国家的资源与能力、国家对社会的控制力相对强大的情况下，才具有成功的可能。中国在当时显然还不具备这样的条件。

军机大臣、巡警部尚书徐世昌则作为立宪派一方起而反驳。这位五十一岁的新武官僚并不否认中国的国势虚弱，但他认为，正因为如此，中国必须进行大刀阔斧的变动，才能解决危机。

徐世昌指出，支离的、逐渐变更的改革方法，中国过去早已尝试过多年，但并没有取得什么效果。徐氏提出一个颇有新意的论点是，逐渐的小变之所以不能取得成效，这是因为这种变革并不能改变人们的观念并借此激发国民的精神，"盖国民之观念不变，则其精神也无由变。是则唯大变之，乃所以发起全国之精神

---

① 《北华捷报》1906年11月9日。
② 《辛亥革命》第三册，第15页。

也"。①在这里,立宪派一方的基本论据是,支离的渐进的变革,无法克服传统体制和政治秩序的惰性,也无法发动社会的力量来增加国力,因而也无法使改革取得实效,而改革不能取得实效,将会使中国的危机变本加厉。而要克服这种恶性循环,只有通过重大的,乃至戏剧性的变革才有可能。因为这种大的社会变动将会极大地冲击人们的观念,振奋国民的精神,而这种"全国之精神"才能克服以往的小变小革所无法扫除的历史惰性。

反对派与立宪派的基本分歧之二是,立宪政治是否必须以国民程度作为先决条件。

这一问题是孙家鼐在反驳徐世昌的上述观点时引发出来的。孙氏在徐世昌发言后又接着指出,即使要以立宪来发起全国之精神,那也是在一定的条件下才有可能,这个条件就是"民之程度渐已能及"。然而,中国当前的情况则是:"国民之能知立宪之利益者,不过千百之一,至能知立宪之所以然,而又知为之之道者,殆不过万分之一,上虽颁布宪法,而民又惛然不知,所为如是,则恐无益而又适为厉阶。"因此,他认为,中国在国民尚缺乏立宪所必要的知识程度之前,立宪改革必须慎之又慎。②

积极主张立宪的张百熙则立即对此种观点予以反驳。这位主持京师大学堂的五十九岁的邮传部大臣认为,国民程度应该是改革的结果,在目前的情况下,"今上无法以高其程度"。因此,如果要等到国民程度达到立宪的标准时才实行立宪,那中国将永远看不到立宪的那一天来临。张氏的结论是:"与其俟程度高而后立宪,何如先预备立宪而徐施诱导,使国民得以渐几于立宪国民

---

① 《辛亥革命》第三册,第15页。
② 《辛亥革命》第三册,第15页。

程度。"

反对派与立宪派的第三种分歧是,吏治清廉是否是推行立宪的必要条件。

四十七岁的军机大臣、协办大学士、保守的蒙古官僚荣庆在此次会议上发言称,他并非不深知立宪政体之美,但中国的实际情况是,政体宽大,渐流弛紊,因此,必须"先整饬纪纲,综核名实,立居中驭外之规,定上下相维之制"。他认为,只有这样行之数年,使官吏尽知奉公守法,然后才能逐步推行立宪。如果不考虑中国与西洋国情与局势的不同,而仅仅为了追逐立宪的虚名,其结果势必使政府无法控制那些无法无天的神奸巨蠹,执政者将处于无权的境地,日引月长,将导致严重的后果。荣庆的论点的实质是,原来传统政体下产生的宽纵之弊和由此产生的纪纲紊弛,在立宪政治推行以后反而会更加得不到有效的约束,其结果将使各级官吏为非作歹和腐败的痼疾变本加厉。因此,只有先行运用国家的权威整顿秩序,以便为以后的立宪变革扫清路障。

第四,反对派认为,立宪必须以地方自治为基础,但中国在当前的条件下发展地方自治有很大的困难。

四十三岁的军机大臣、陆军部尚书铁良认为,这种困难首先在于,地方上劣绅劣衿、土豪与讼棍,本是地方官府严加控制和管束的对象,而现今中国的情况是:此类人已盘根错节,"几无复与之争者"。如果推行地方自治,而这一类人公然握有地方命脉,这一矛盾又如何解决?

三、"危机论"与"条件论":激进与保守的两难选择

大体上,我们可以对廷臣会议上的立宪派与反对派之间的分歧概括如下。

预备立宪的反对派认为，一个国家立宪要取得实效，必须预先具备一定的条件。这些条件包括：国家权威对于社会具有相对有效的控制能力；国力要相对强盛，并拥有较为充沛的政治和经济资源作为变革的后盾；国民教育程度必须达到相应的水平；吏治要相对的清廉；中央政府对于地方和社会基层的土豪劣绅必须有足够的约束能力，等等。他们认为，由于中国不具备以上这些条件，立宪将可能事与愿违，甚至可能是缘木求鱼，变为一场灾难。

我们可以把这种以立宪政体实施所必须具备的条件作为中国是否应实行立宪政治的依据与出发点的观点，称之为"条件论"。由于这种观点的主张者认为中国在当时显然尚不具备适当的条件，因此，"条件论"者就成为当时的立宪缓行派或反对派。

而立宪派则从另一个视角来看同样的现实。他们承认中国陷入了深刻的内外交困的境地，他们也与其论敌一样，承认所有上述问题的存在。但他们针锋相对地认为：首先，中国已经陷入深重的民族危机，而立宪制度是使一个民族得以凝聚为一个团结整体的唯一途径。危机越是深重，立宪的必要性就越是迫切。其次，所有那些被反对派视为立宪的先决条件的问题，从国力的强盛到国民的程度，只有通过立宪的驱动和引导才能发生人们所希望的变化。因此，与其说它们是立宪的前提条件，不如说是立宪的结果。在他们看来，现存的政治格局和体制不发生立宪那样深刻的变动，而要在这一格局下去谋求国力的强盛和国民程度的提高，同样无异于缘木求鱼。

我们可以把这种以民族危机的深重程度作为中国应立即实行立宪政体的观点称之为"危机论"，"危机论"是当时立宪派的思想基础。"危机论"者认为,振奋国民精神的立宪制度一旦建立,各种条件可以在这种制度下"徐施诱导"而逐渐创造出来。

实际上,这一问题上的分歧涉及立宪制度与国民程度这两个因素之间的互为循环的因果链关系。反对的一方把国民程度作为立宪制度有效运作的条件,而主张立宪的一方则把立宪制度的建立作为国民程度提高的条件。

这次廷臣会议上出现的两种观点的交锋,反映了中国近代改革中的一个极为重要的问题,那就是中国面临的一种深刻的两难矛盾,即"危机论"与"条件论"的对立。我们可以把它称之为"重症效应"下的政治选择上的两难性。

这种政治选择上的两难性就在于,危机越是严重与紧迫,主张对国家旧体制"动大手术"的激进派与反对进行大变革的保守派之间的分歧就越是严重,并且越是难以弥合。

这种情况有如针对医院里的重症病人,医生们在治疗方案上必然会出现两极化的选择一样。"激进派"医生认为,由于病人的病情恶化,危在旦夕,为了挽救病人的生命,必须立即进行大手术,否则病人就没有生存可能;"保守派"医生则认为,正因为病情严重,生命垂危,病人根本不具备进行大手术的条件,任何大手术只能使病人加速死亡,因此只能进行小手术。即使必要,大手术也只能在以后体力稍有恢复的情况下才能进行。

在中国,近代民族危机越是深化,"重症效应"所引发的上述"治病方案"上的分歧也就更为尖锐而激烈,并趋向于两极化。

19世纪末叶尤其是自甲午战争以后,中国民族危机日益深化,在改革问题上,政治精英与知识精英中也同样存在着政治观念与政治选择上日益激烈的分化与对立。以中国面临严重的危机作为大幅度急剧变革的理由的人们构成激进的变革派,另一种人则成为变革中的保守派或渐进派。前者以"危机论"作为依据与立论基础,后者以"条件论"作为依据与立论基础。

在戊戌变法时期,"重症效应"引发的政治选择的两极化已经初见端倪。以康有为、梁启超为代表的变法派就是以"救火追亡,犹恐不及"的"危机论"作为"不变则亡,小变亦亡,大变则强"的立论根据的。而反对康梁变法的相当一部分人士并非反对变法本身,而是认为中国的现实条件并不能承受康有为所主张的激进的改革。

自1905年到1911年的筹备立宪过程中,在政治体制内部,在立宪派与反对派之间,以及在立宪派内部的激进派与缓进派之间,存在着相当激烈的论争和思想冲突,分歧双方所凭依的理由,已经不是列祖列宗的古训或传统的教义信仰,而是现实的危机所引起的政治选择上的两难性。这种两难性恰如医生对于重症病人所面临的两难性一样。

可以说,在中国民族生存环境急剧恶化的情况下,以"危机论"为基础的激进改革派与以"条件论"为基础的渐进派或守成派的分歧与政治冲突,自20世纪初期以后,一直是中国现代化过程中的政治冲突的核心问题。

与环绕意识形态的理念与价值信仰而形成的激进与保守的冲突相比,这种冲突具有更为普遍与广泛的意义。

这种两难选择中,哪一方将会取得优势地位?

可以从历史事实看出,在危机深重的条件下,"危机论"变革观较之"条件论"变革观,在非理性的情感层面对政治精英具有更大的控制能力与吸引力,这一点可以解释中国政治激进主义何以会压倒温和的保守主义而成为主流的价值趋向。危机环境所导致的共识两极化与政治分裂,始终是20世纪以来中国的变革过程中特别重要的因素。

四、清廷筹备立宪国策的正式宣布

尽管反对派从不同的角度提出了中国在现今条件下不适宜采取立宪政体的各种理由，但清廷的重大决策并不取决于这种廷臣会议而取决于高层官僚集团的权力格局及其对最高执政者慈禧太后的影响力。

事实上，在这次会议召开以前，朝中最重要的权贵官僚人物如庆亲王奕劻、直隶总督袁世凯与醇亲王载沣，各自出于不同的原因，均倾向于支持立宪，而前两人又结合成相当牢固的政治同盟关系。这三位官员在清廷中权位最高，且对慈禧本人影响最大，他们的态度无疑具有左右廷臣会议最终意见的力量。因此，尽管各位大员各自表达了自己的意见，但最终还是"诸王大臣之意见大略相同，遂于次日面奏两宫，请行宪政"。

当时的舆论可以说明这一点："说者谓此次宣布立宪，当以泽公为首功，而庆王、袁制军实左右之。"[1]

耐人寻味的是，即使是立宪问题上的反对派，他们之所以不再在廷臣会议上固执己见，也是基于同样的理由，似乎只要不是立即立宪而是预备立宪，那么，由于条件不足而立宪所产生的那种种危殆就不至于发生。只要假以时日，细水长流，国民的程度问题、政府的权威和效能问题等等，总可以日渐改善。

正因为辩论双方均有上述共识，因而也都折中地息事宁人，不再争辩。醇亲王最后表示："立宪之事，既如是之烦重，而程度

[1]《辛亥革命》第三册，第15页。

之能及与否,又在难必之数,则不能不多留时日,为预备之地矣。"①这一段话为众人所一致附和,也正基于此种共识。

他们恰恰忽视了一个至为关键的问题,当"预备立宪"这个潘多拉盒子一旦打开,预备时间的长短在不同的人那里可以有完全不同的见解。他们无法让别人顺从钦定的立宪时刻表。

几天以后,1906年9月1日,清廷发布具有历史意义的预备立宪诏书。

从预备立宪的诏书的内容来看,可以大体上归结为以下几点。

首先,中国推行立宪是由于"国势不振",由于"上下相暌,内外隔阂,官不知所以保民,民不知所以卫国"。而各国之所以富强,实由于实行宪法取决公论,君民一体,呼吸相通,博采众长,明定权限。"因此中国必须及时仿行立宪。"由此可以看出,制度决定论是使统治者决定仿行立宪的基本思路。

其次,由于认为中国目前规制未备,民智未开,不能操切从事,所以应先从改革官制入手,然后从法律、教育、财政、武备、巡警方面次第更张,以作为未来宪政的基础。诏书没有明确确定中国实行宪政的具体时间,而是准备在各项预备工作初具规模之后,再根据具体条件的成熟与否,决定实行宪政的具体时间。

第三,在中国未来的立宪政体中,君权与国会的权限如何确定?在这一关键问题上,清廷确定,中国应以日本的模式,那就是"大权归于朝廷";同时又允许在一般"庶政"方面,使社会各阶层有一定的参与权利,即"庶政公诸舆论"。

从表面上看,这两个命题是可以统一起来的,然而,实际上,这份预备立宪诏书却是把两个相互矛盾的命题折中主义地拼凑起

---

① 《辛亥革命》第三册,第16页。

来的结果。"大权归于朝廷"强调的是君主作为国家权威主体的至高与至尊性,"庶政公诸舆论"则承认了自下而上的政治参与在立宪以后的合法性。其结果是,保守的立宪派以前一句话作为集权的基础,而激进的立宪派则以后一句话作为不断提出激进主义的政治诉求的根据。在日本与德国,由于君主的权威在国民中还相当充沛,政府可以有足够的权威来限制民间的各种自由,使民间势力就范于一定的范围之内,而在中国则不同。

第十二章　立宪缓行派为什么主张"开明专制"

早在1906年8月的廷臣会议上，立宪派与保守的立宪缓行派的分歧已经大体上显示出来。但由于预备立宪尚未进行，与立宪改革有关的社会矛盾和问题尚未充分表现出来，这场有关立宪的论争还停留"条件论"与"危机论"之争这一相当关键然而却较为简单的层面上。自1906年9月宣布预备立宪方针后的几年中，随着立宪改革的推进，保守派找到了更多的机会和论据，来证明立宪对于中国不合时宜。

下面，让我们进一步来考察立宪缓行派的基本思想倾向以及他们的保守政治观的理论根据。在立宪运动发展过程中，这种保守的立宪观虽然并不占有主流地位，甚至可以说，在立宪运动浪潮日益高涨的情况下，这种非主流的声音几乎被淹没掉了，但是，这些反对派所提出的问题，却颇多发人深省之处。

大体上，我们可以把立宪论战中这些立宪缓行派的言论综合为八个方面。必须指出的是，保守人士在立宪问题上所提出的许多论点并不是以现代人所擅长的理论的形式表述出来的，这些论据大多体现在他们对一些具体问题的看法和论争之中。而且，这些观点并不是每一个反对派人士都持有的，也不是所有的反对派人士都赞同这些看法，但是，这些与立宪派的观点针锋相对的保守观点，仍然具有其内在的逻辑性与系统性。

一、中国需要立宪政治还是开明的专制政治？

立宪派认为，立宪在民众中所激发出来的政治热情以及对国家的向心力与凝聚力，乃是使中国摆脱危机的希望所寄。中国需要的是立宪政治，而不是已经失效的专制政治。

一些反对派人士则认为，从中国的现实条件来看，实行开明专制要比实行华而不实的立宪政治更为合适。西洋的民主立宪，适用于西洋专制过甚的病症；中国面对的实际问题并不是专制过甚，而是国家权威不足，无法应对民族面临的各种内外危机。对于中国这样一个千疮百孔的国家，立宪并不是对症良药。中国首先需要的是用一种振作的君权，来应对官僚体制的窳败、国防的脆弱和民间的困顿，中国需要的是加强君主的权威，来解决国家危机。

江西道监察御史刘汝骥可以作为主张这种观点的代表人物。他认为，从表面上看，专制政体不如立宪政体，这是人人皆知的道理。但这一点并不能成为中国实行立宪政治的理由。因为，"君子之谋国也，必先究其受病之根源，以为下药之秩序"。刘氏认为，中国面对的问题与西方当年实行立宪时所面临的问题根本上是不同的。他指出："欧洲百年前，其君暴戾恣睢，残民以逞，其病盖中于专制，以立宪医之当也。"而中国的情况则是："官骄吏窳，兵疲民困，百孔千疮。其病总由于君权之不振。何有于专，更何有于制？"既然中国与西方各自的"病脉"不同，"彼曰立宪，我亦张皇其说曰立宪立宪，是犹医者不寻其脉理，不察其症结，见萎弱之病夫，施以猛烈之剂，奚其可？"①

刘氏在这里实际上提出了这样一个问题，即在中国处于积贫积弱的情况下，是以西式的宪政民主制度，还是以开明专制主义的方式来主导中国的变革与经济进步？他认为，只有通过加强"专制"型的权威政治，通过集中的国家权威的主导与监护，才能得以解决中国长期以来存在的"官骄吏窳"的问题。正如西方当年的暴君政治只有通过立宪来解决一样，如果用立宪来解决中国的"骄、窳、疲、困"，则无疑是开错药方，南辕北辙。

刘氏还把一个国家的"君权之消长"作为判断一个国家是否兴盛的标尺。他甚至断言："入其国而法度修明，百废俱举，必其君之骏发严肃，神圣不可侵犯者也。"他的理由是，君权是民权的基础，君权是本位，民权是动位；如果君权一蹶不振，所谓民权者则由于没有了依托而失去意义。

这里，他还进而指出，如果他国立宪，中国也"张皇其说"而立宪，那无异于一个医生不问病者的脉理和症结，用猛药来治萎弱之病。刘氏的结论是："政无新旧，惟顺乎民情，学无中西，惟求诸实事。"②

立宪缓行派还认为，从中国国民的智识准备条件来看，当下中国需要的是开明权威政治，而不是民主立宪。

在反对派人士中，留学日本的陆宗舆是一个见解和眼界较为开阔的人物，在1905年8月发表于《晋报》的《立宪私议》中，他提出了一系列相当有代表性的见解。他认为，由于中国国民的智识程度离立宪太远，故主张现时期只宜推行开明专制，"使得一

---

①《刘汝骥奏请张君权折》，《清末筹备立宪档案资料》上册，第107页。
②《刘汝骥奏请张君权折》，《清末筹备立宪档案资料》上册，第107页。

二圣君贤相,专制一二十年后,徐议宪政以为幸"。但他认为这只能心照不宣,因为在中国这样一个文化滞塞的国家,少数先觉者不可能取得国民对其意图的完全理解和支持。这种先觉者既"不可畏难而易作辍,又不可激进而招失败"。他认为日本的成功正是这种"圣君贤相专制"的"守要不惑,行之以序"的好例子。在他看来,并非加速立宪就一定会导致富强,因为"西班牙之弱,埃及之衰,波兰之亡,皆有立宪之历史者也"。他还认为,世人所说的"日本明治维新是立宪改革"这一断言根本上是不能成立的。恰恰相反,明治维新推行的是"专制政治"而绝不是"民权政治"。因此,决不能把日本作为中国应实行立宪的例证。因为,明治维新以前,庶民只知有幕府而不知有王室。而明治的中兴正是以德氏奉还政权开始的,此后,大小政令自天子出,从而使治内治外之法权有条而不紊,而议院、国会是迟至十年二十年以后才召开的。正是在这个意义上,"虽谓明治为专制之君可也"。正因为如此,他还认为,普鲁士与日本的立宪并不是一般意义上的立宪,而是"乘战胜之余威,实非通行之定制"。

二、"立宪救国论"与"立宪危机论"

立宪缓行派与立宪派之间的另一个根本分歧是,中国能否承受立宪所带来的消极后果。

立宪派认为,在中国面临日益深重的外部危机的情况下,立宪可以争取人心和稳定人心,扩大社会各阶层的政治热情和对国家和现政权的效忠,从而形成君民一致的团结精神。他们认为,只有这样的群策群力,才能摆脱民族危机,并使中国日臻富强之境。

例如，考察宪政大臣达寿认为，处于一个国际竞争的时代，一国的国民是否有竞争力是至为关键的，立宪制度下的人民之所以有凝聚力与国际竞争力，乃是因为一方面他们对国家负有纳税、当兵的义务，另一方面又从国家获得参政的权利。这样，就会形成上下共谋，朝野一气，一休一戚，无不相关，在君主与民众之间，形成家人父子一般的相互关系。这样，一国的战斗、财富、文化教育问题均可迎刃而解。反之，如果不立宪，国民受拘束，不能自谋其发达；而国民之不发达，又使其没有竞争力，因而也无法立足于国际竞争之场。达寿以普鲁士、奥地利、日本为例来说明"非立宪而谋国民之发达，则不足以图自存"。

与此相反，立宪缓行派则认为，在当前的条件下实行立宪，不但不能使民众团结在君主与国家之下，反而会导致国家的分崩离析。

这里，我们特别要介绍于式枚这个代表人物，他是出使德国考察宪政大臣。由于早在李鸿章办理洋务时期，他就随同李氏历聘各国，后来又出国担任清政府的外交官，预备立宪时期，他又就任宪政馆官员。由于他熟悉西方政治制度和社会人情，作为反对立宪激进派的保守派人物，在当时的士林和官僚中独树一帜，并有广泛影响。于式枚特别以法国革命作为例子，来说明立宪对中国可能具有危险。他指出："法国则当屡世苛虐之后，民困已深。欲以立宪救亡，而不知适促其乱。"①在他看来，立宪实际上必将导致积怨甚深的民众自下而上的政治参与。而这种政治参与，反而将成为反对政府的激进革命的催化剂。

---

① 《于式枚奏立宪必先正名不须求之外国折》，《清末筹备立宪档案资料》上册，第336页。

为什么在这种危机条件下进行立宪是十分危险的呢？在于式枚看来，这是因为，危机的局势会使社会在如何解决危机的问题上，出现越来越尖锐的矛盾与冲突，立宪将使各种水火不相容的政治分歧表面化，这无疑是火上加油。他指出："各国立宪，多由群下要求，求而不得则争，争而不已则乱。""定于一则无非分之想，散于众则有竞进之心。其名至为公平，其势最为危险。行之而善，则为日本之维新。行之不善，则为法国之革命。"①

于式枚认为，中国立宪改革可能造成的最大危险是，政府与国家的权威将因立宪条件下的民众的干预而失落。"自辛丑始昌言变法，自丙午遂定议立宪，其初心本于望治之切，其流弊乃渐失权限之分。横议者自谓国民，聚众者辄云团体。数年之中，内治外交用人行政皆有干预之想。来日方长，坚冰可惧。"②于式枚的这种判断，还基于他对中国民智、知识能力和教育程度的认识以及由此产生的不信任。他认为："教育未能普及即予国民以参政权，最为危险。""人情易动，则靖之实难。民智易开，则愚之无术。"他还指出，即使像日本这样的国家实行立宪，也屡经乱民的扰动，最后，由于严治那些"故动躁急，煽变害安"的乱党，局势才得以平静。③至于中国在清廷的权威已经日益削弱的情况下，政府有没有这种对社会的控制能力，还是大有疑问的。如果没有这种权威，立宪就必然会导致社会动荡与失控。拣选知县举人褚

---

① 《于式枚奏立宪必先正名不须求之外国折》，《清末筹备立宪档案资料》上册，第336页。
② 《于式枚奏立宪必先正名不须求之外国折》，《清末筹备立宪档案资料》上册，第336页。
③ 《于式枚奏立宪必先正名不须求之外国折》，《清末筹备立宪档案资料》上册，第336页。

子临也发表了同样的看法：从西洋历史来看，英国的国会之叛、法国的改革党之变恰恰证明，"国以众强，尤以众败"。①

三、中国士大夫能否胜任于宪政？

1907年1月，《时报》的一篇不署名的文章提出了一个十分值得注意的问题：就算清政府鉴于世界各国的趋势，同意立宪，把议政选举的权利分给中国人民，其结果会是怎样？

当时，一般主张速行立宪的人士均以为，由于中国开明的士大夫不乏其人，一旦推行立宪，不怕没有胜任的议员。

然而，《时报》文章的这位作者却认为，中国士大夫根本上是否具有在立宪政体中担当议员的政治能力是大可怀疑的。因为宪政之可贵在于"在下之人能否接受其分与之政权而善用之"，而中国的一般士民显然并没有这方面的经验。这是因为，虽然中国的士绅是翘然秀于大众之上的知识阶级，但长期伏于专制政体之下，没有干预时政的机会和条件，除科举利禄之外，没有其他志向，他们所精通的只是辞章训诂之学，对于民生之利弊，国势之强弱，优胜劣败不可逃之公例几乎一无所知。这种无政治的阅历和训练的人一旦被付之以国家的重任，必然导致"愤蹶败事"的危险后果。而且，由于士大夫没有真实的阅历，往往容易"激于情感，一往而不知所返，则其所持政论必有偏宕，而不得其中。适以愤事者有之"。②

作者还认为，大凡一种学说从外邦输入，"必经其国之有经验

---

① 《拣选知县褚子临呈》，《清末筹备立宪档案资料》上册，第227页。
② 《东方杂志》丙午年第二期，第27页。

有学识者，熟察而同化之，使新理想与旧风俗有对病发药之效，而无扞格不入之忧，斯能应用之，而不至为害于社会"。"我国沈痼之疾，种之二千年……使立宪之知识不先输入于国民之脑中而深喻其利弊之所在，我恐政体变而国民之心理犹未能与之相应而俱变，未得利而害先见而未可知也。"因此，中国宪政成功的希望并不在于"区区数十百人考察学成返国之后以颁布宪法，组织新政体"，而在于使国民中一部分人有政治之思想、有政治之阅历和有政治之能力。而当前首要的事是组织各种学会对宪政进行切实的研究。

这位不署名的作者最早提到中国近代士绅是否有在立宪政体下参与政治的能力的问题。他认为，一种外来的制度要在中国取得成效，还需要进行一番"同化"的过程，从而使新制度与旧风俗得以融为一体。但这位作者仍然认为，建立各种研究宪政的学会和组织，切实考察和了解西方宪政的性质和特点就可以解决这种困难。

四、立宪是否应该以本国的习俗为基础？

在阐述中国立宪与传统文化的关系时，立宪缓进派认为，一个民族在长期历史中形成的教政习俗，是一个相互依存的有机整体。他们反对完全抛弃已有的旧法，而主张在旧法与新法之间寻找结合点。

于式枚认为，德国、日本这些立宪取得成功的国家，均十分重视以本国风俗习惯作为立宪制度的基础。他认为，只有以本国所有者为根据，采取他国所有以辅益之，立宪才能有补于实际。为了强调自己的观点，他还引用斯宾塞在讨论日本立宪何以成功的原因时所说过的话:"一国之宪法及附属法律,必须与本国之历史与国体有同一之性质,否则实行之际,困难不可思议,流弊不可胜防。"①

他还特别提及德国皇帝接见中国钦使孙宝琦等人时告诫中国人的话:"宪政纷繁,须详细推求,且虑未必能合中国之用。选举法犹未易仿行。在中国因革损益,自有权衡,合者行之,不合者置之。"

他认为,应力求从中国传统政体和文化中寻找宪政的根据,然而他在这一方面却过于牵强附会,他甚至认为,中国旧章本来就是立宪的。"周官言宪法,传称监于成宪,仲尼损益四代之制,以垂万世之宪",以此来牵强地证明宪法本是中国古代所有。

另一位立宪缓行派人士在论及中国的传统政教的作用时也指出:"我国家以专制之教行专制之政三千余年,教政相持,极为周密,其事非常识所能窥,若不统计全体如何,漫改其一二,以为文明之形象……此如一大机器厂,其诸机彼此相维,以成所制成之一物,若有不知此学之人,漫然改其一二,而又强迫以行,非停止即炸裂而已。"因此,日俄之战虽然使中国人普遍都认识到非改制不可,深望当政者改革时不但应求教于法学家,而且应求教于哲学家才行。②

《时报》文章作者显然已经朴素地认识到中国文化与西方文化各自都是在不同的历史条件下发展起来的社会有机整体的事实。尤其值得注意的是,他还认识到,这种社会有机整体内部各种政

---

① 《于式枚奏立宪不可躁进不可预立年限折》,《清末筹备立宪档案资料》上册,第305页。

② 《东方杂志》第六期,第117页。

教因素的相互配合的周密是常人的知识难以认识清楚的。简单地漫不经心地仿效一两种西方制度，将会导致如同停止机器运转甚至炸裂机器一样的严重后果。虽然作者并没有能进一步指出如何解决这种基本的难题，但他却指出只有从哲学上才能认识问题。

正是基于这种认识，他们反对完全抛弃已有的旧法。他们认为，自海禁大开以后，中国与外国交涉总是失败，因此，人们常常会因愤国权之坠，而欲将过去所有固有的禁令投之于烈火而后快。因为，"一国之法制虽有极横暴无理，必与其民俗有密切之关系"。正因为如此，"应以本国向有之律例，择其日用所不可废，人与人交际所不可缺，而官与民又两皆平允者，辑成浅易之文，使初级小学生徒诵而习之"。这样，几年以后，"人人熟知其理，官府也不敢以非理相难"，"教国民以读律者，人人予以器械之谓也"，只有到了这时，地方自治才算真正有了基础。因为这样一来，"人我皆有秩序，官民本有界划，是故立宪之阶梯，而社会进化之基础也。""它日宪法既立，公例大明，即以此为茎蒂，弃之可也。"[1]

在他们看来，中国目前的国民教育程度和知识水平均没有达到立宪的程度。其次，旧法虽然有许多不合理的地方，但它们毕竟是一国民俗进化的自然结果，不可能也不应该完全抛弃。然而，旧法中确实有着许多不合理的地方。如何解决这一个矛盾？他们认为，最为恰当的做法是，取旧法中合用者，使之为大众所通晓。这样就可以培养国民的政治能力，学会以法律来规范人与人的关系，并以法律来实现地方自治，而这正是未来实行立宪的基础。

---

[1]《中国未立宪以前当以法律遍教国民论》，《东方杂志》乙巳年第十一期，第225页。

另一方面，他们还具体地论及，要使立宪在中国取得成功，还必须借助于旧有的制度与权威形式对社会人心的约束作用。我们可以通过御史赵炳麟在1906年9月的一份奏折中看到这种论点，他认为立宪势必扩大地方的权限，并裁撤中央对地方行使监督的台谏和监司。而在"郡县贪暴，民受其虐，今已甚矣"的情况下，"台谏之职罢，疾苦无由上闻，监司之官裁，冤抑又无从上诉，虽有高等裁判，然郡县离省城数千里，离京城数万里，铁轨不通，轮舟不到……民虽欲赴京门而诉之，何从上达耶？是流弊必至虐民"。正因为如此，赵炳麟认为，立宪的目的本在于尊君保民，而其推行的后果却变为凌君虐民，海外革命派必将利用这种情况"阴行其革命之术者"。①

赵炳麟提出的核心问题是，旧的专制政体下的约束机制由于宪政改革而人为地予以取消，而立宪政体下的约束机制又一时无从建立起来，其结果将会导致君权与民权均无法实现，立宪专制变为大臣专制。实际上，赵氏已经涉及新旧政治体制转变过程中出现的脱序问题。赵氏认为，要避免这种后果，一方面，应采取"使地方组织完密，逐渐组织下议院"的方式，通过这种逐渐培植地方自治组织的方式，来形成对郡县权力的约束能力。另一方面，应借助于传统体制下原有的约束机制，作为预备立宪的基础。他把这种传统的"因名核实"的约束机制分为以下方面：通过"正纪纲"来驭大臣，信赏必罚，使大臣不敢为私，养成人民公德；通过"重法令"来"综核名实"，养成国人之守法心；通过"养廉耻"来培育"臣民高尚特立之志"和立宪国民的"笃实"、"廉静"

---

① 《赵炳麟奏立宪有大臣凌君之弊折》，《清末筹备立宪档案资料》上册，第123页。

人格精神，以此来杜绝"泄沓"、"苞苴"的习性；通过"抑幸进"、"惩贪墨"、"设乡职"来约束官吏和国民的行为。只有在此基础上，立宪才可能正常的实行。①

五、中国是否具有西方立宪的原动力？

立宪缓行派之所以认为中国的立宪必须采取长期渐进的方式，其主要原因是中国与西方国家立宪的一个重要区别，那就是缺乏立宪原动力。

光绪三十二年（1906年）八月，即清廷发布预备立宪诏旨以后一个月，一位化名蛤笑的作者在《东方杂志》上发表《论立宪预备之最要》的文章。②该文在比较了中西立宪的不同以后，提出一个颇值得注意的观点，即中国的立宪并没有西方历史上的立宪有远因作为自己的基础。西方各国的立宪，均先有某种"主动于立宪之始者"作为立宪运动的原动力，这种原动力"磅礴郁积，蓄之数十年，而宪政始立"。作者指出，西方宪政的建立，实际上只不过是这种"数十年所造之因，结其果而已"。无论法、美、德、日，均是如此，而这种情况在英国尤其典型。英国的宪章源于古老的习俗，千百年来，盎格鲁撒克逊民族正是依靠这种习俗休养生息。在他们看来，立宪的动力是"因"，立宪只是基于这种"因"的"果"。此外，另一位作者也以同样的方式指出："夫立宪者一种方法之谓也。东西各大国之所以优胜者，先有优胜之程度，有优胜之精神，根本既立，而后采用立宪制度。是则立宪者不过

---

① 《赵炳麟奏立宪有大臣凌君之弊折》，《清末筹备立宪档案资料》上册，第123页。

② 《东方杂志》丙午年第九期，第179页。

达其目的之手段而已,见诸措施之方法而已。"①

蛤笑从上述分析出发,进而认为,中国立宪并没有其他各国所具有的基础。两千年来国民渺然不知立宪是怎么一回事。"各国之所谓果者,在我国则反为因矣"。

一个没有立宪的原动力或"远因"的国家,却把西方的立宪政体,也即西方的"远因"所结成的"果"拿来作为实现国家"富强"的原因。这种"以果为因"对中国立宪政体的建立和运行将会产生人们意料之外的不利结果。这是因为,有原动力的立宪,由于国民政治能力已发展成熟,从而形成对专制政权的"正当之要求",然而中国的立宪运动没有社会内部经济上的原动力,中国人则是由于外界的刺激,而并非由于"民力之膨胀"。②换言之,中国的立宪并不具有内部的动因,"是固震惊于宪政之虚名,而非洞澈宪政之精髓也"。

因此,对于中国人来说,针对中国内部动因不足这一实际情况,"目前须臾不可缓者,非所谓立宪之预备乎?"

如果一个国家并不具备某种特定的条件,而仅仅想当然地以"立宪"作为强国的方法,立宪就未必能达到人们所希望达到的目的。"若云一用立宪之法,立成富强之国,吾未敢信。"

作者比喻说,这正如庖丁解牛,牛刀固然是解牛必需的工具,但以为只要有了牛刀就必能剖解牛,这完全是荒谬的。"今纷纷言立宪为图强良法,其说未误;以为立宪而即可强国,而不求其所发能立宪之故,仅责之以立宪两字,则大误者也。"③

---

① 《国会预备议》,《东方杂志》丁未年第二期,第59页。
② 《论立宪当有预备》,《东方杂志》乙巳年第二期,第45页。
③ 《论立宪当有预备》,《东方杂志》乙巳年第二期,第45页。

正是基于这种理由，这位作者特别强调立宪以前应有国民程度上的和议员资格上的种种准备。这篇文章认为，由于中国社会的窳败与民智的幼稚，中国国民与立宪各国国民的政治程度相距甚远，中国立宪的预备应从两个方面入手：普及教育以期养成国民资格；先立地方议会以培育国民的政治经验。

缓行派一般都主张通过建立某种中介性的制度——如地方自治、发展教育、教国民读律等等——来造就国民的新的风俗和习惯，发展国民的政治能力，以此"由卑达高"地构成宪政的必要条件和实行宪政的基础。而用这些中介性制度来改变国民素质和提高国民知识水平却是缓慢的、长期的，就决定了推行立宪政治的渐进性。

缓行派特别强调地方自治对于培养国民议政与参政能力的重要性。陆宗舆认为："由于中国国民之程度甚低，不能不讲施行之秩序，考德国当十八世纪初，其列邦皆先立省会，以开国会之先声，而地方自治制度者，尤为使民练习政事，与闻治道之法。"他以山东的绅董会和山西的乡社为例来说明中国已经有了良好的开端，"凡一切地方之乡团保卫、小学教育、清查保甲、征兵准备以及道路水利卫生等政，无不可一任绅士办理，因地制宜，费省情熟，而事易举"。在这种地方自治通行的情况下，"乡政风行，民智大开，然后有立宪国国民资格而可与议，国家大政，此为之序也"。[①]

应该说，缓行派对于立宪原动力的认识是一种较为深刻的认识，这一认识比单纯地讲中国缺乏立宪条件要更为具体。立宪保守派从中得出一个重要的结论，那就是，由于中国立宪原动力不

[①] 陆宗舆：《立宪私议》，《东方杂志》乙巳年第十期，第169页。

足,这就影响到了立宪所需要的基础。他们不能想象,立宪可以在民智不足的情况下得以成功。他们反对激进派那种观点,即民智可以而且只有通过宪政的建立才能得到提高。认为那是"倒因为果"。

另一方面,他们并没有意识到,教育和通晓若干法律知识绝非立宪的充分条件。事实上,西方宪政制度所要求的民智具有远为广泛的内容。其中包括契约性的人际关系的长期浸淫下所形成的民主政治文化和价值共识。正因为温和派士绅缺乏这种对立宪条件的复杂性的认识,他们往往简单地认为只需几年时间用来普及教育,加上若干兴革措施,立宪的时机也就自然水到渠成。在某种意义上,相当一部分立宪缓行派人士与激进派相比,只是对立宪条件的简单化的理解程度有所不同而已。这一点可以解释,何以他们中的相当一部分人在政府与士绅的政治共识破裂以后,纷纷转向激进。

六、只有保守渐进才能使中国立宪取得成功

于式枚从普鲁士与日本立宪的成功经验来说明,只有采取"保守渐进为主"才能取得成功。他指出:"查日本维新之初,最先整理行政与司法制度,其次整理地方行政制度,后八年乃设元老院及大审院。后十四年乃发布开设国会之敕谕。……越二十年而后颁行宪法。盖准备如此其精详,而宪行如此其迟迴。""以为立宪即可实行,并不审东洋之近事,冥行躁进,尤有害于治安"。

他批评立宪激进派对西方立宪的由来不求甚解,"今之言事者,醉心西法,但知立宪为美名,以为惠而不费,又不劳而永逸者也,言之易而行之实难。此于西事或未深求,于近事固应目睹矣"。

然而，于氏并不反对中国在适当的条件下实行立宪政治。他对立宪的基本方针可以概括为"朝廷有一定之指归，齐万众之心志"。一方面，朝廷"固不可因群言淆乱遂有急就之思，亦不可因民气喧嚣，致有疑阻之意。但当预为筹备，循序渐进"。他认为，设京师议院，举办地方自治，广兴教育和储备人才均是实行立宪的先决条件，为了使立宪得以取得实效，"凡与宪政相辅而行者，均当先事绸缪而不容迟缓也"，良好的做法一方面将"不使泥于守旧者有变夏之疑"；另一方面，又不会"使急于趋新者有蔑古之虑"。①

七、立宪缓行派的基本思想：启蒙专制主义

大体上，我们可以根据前文对立宪反对派思想的综述，把他们的基本思想概括如下。

首先，他们是从中国实行新政的历史条件与西方不同，来认定中国当前不宜采用立宪政体。

关于这一点，他们提出两点理由。第一，对于中国这样一个千疮百孔的国家，需要的是用一种振作的君权来应对官僚体制的窳败、国防的脆弱和民间的困顿。这就决定了中国首先需要的是开明专制，而不是"华而不实"的仿效西方的立宪。西洋的民主立宪，适用于西洋专制过甚的病症。中国面对的实际问题则是需要运用君主的权威来解决国家危机。中国面对的问题与西方当年实行立宪时所面临的问题根本上是不同的。第二，他们从中国国

---

① 《清朝续文献通考》卷三九三"宪政五"，第1182页，商务印书馆版。

民的智识准备条件来说明，当下中国实行立宪尚非其时。中国只有在未来时机成熟时才可以推行立宪。

其次，他们从立宪对于中国可能产生的消极后果来认定立宪应该缓行。理由是如下两个方面。

第一，中国正处于内忧外患交织的危机时期，由于中国所面临的危机的局势会使社会在如何解决危机的问题上，出现越来越尖锐的分歧、矛盾与冲突，立宪将反而使各种水火不相容的政治分歧表面化，立宪不但不能使民众团结在君主与国家之下，反而会导致国家的分崩离析，而政府与国家的权威将因立宪条件下的民众的干预而失落。中国可能在没有权威驾驭的情况下变得群龙无首。

第二，他们认为，长期伏于专制政体之下的知识分子与民众，在政治阅历、知识文化修养与训练方面，无法承负立宪国家的重任，必然导致"愤蹶败事"的危险后果。而立宪体制的超前建立，可能使中国民众与知识分子在善用这一体制之前，就会未得其利而先见其害。

他们认为，立宪派为仿效日本而立宪，往往是出于对日本政体的实质的根本误解。他们比立宪派更清楚地认识到一个颇为重要的事实，那就是，日本立宪本质上仍然是一种特殊的开明专制，而绝非真正意义上的立宪政治。

他们认为，即使将来中国实行立宪，这种宪政制度一方面必须与本国的风俗政教相结合，而不是抛弃这些传统，另一方面，必须采取长期缓进的方式。他们提出的理由是：

第一，他们在阐述中国立宪与传统文化的关系时认为，一个民族在长期历史中形成的教政习俗，是一个相互依存的有机整体。简单地漫不经心地仿效一两种西方制度，将会导致新旧制度与文化之间的契合困难。他们反对尽弃旧法，而主张在旧法与新法之间寻找结合点，并认为这种本国的风俗不但是一个国家立宪成功的基础，而且也是社会进化之基础。不过，他们往往过于牵强附会地把国粹与西方宪政混为一谈。在这一点上，他们与文化守旧派在观念上往往有共通之处，其结果也削弱了他们思想的影响力。

第二，立宪成功必须借助于社会内部是否存在一种支持宪政制度的"社会原动力"。他们注意到西方立宪政治是西方文化中的"原动力"长期发展的产物。由于中国缺乏这种"原动力"，仿效立宪，乃是"倒果为因"，而要使中国形成立宪的原动力，就必须进行长期的准备。例如，发展教育与开展地方自治，使立宪具有社会基础，则是十分必要的条件准备。基于对立宪条件成长的渐进性与长期性的认识，他们以为立宪只能通过渐进保守的方式才能在中国取得成功。

正是在这一意义上，可以说，立宪缓行派已经认识到立宪派思维方式上的"制度决定论"问题。他们用自己的语言来表述了这样一个思想：内生条件的长期准备，乃是中国实行立宪制度的必要前提。

如何评价他们的思想？显然，他们不是顽固保守派。他们并不一般地反对立宪政体，而仅仅认为中国在当时尚不具备立宪的条件，要为中国将来实行立宪创造条件，中国现阶段所应采取的政治模式，应该是一种开明的专制主义政体，即通过一种有改革方向的专制政体，来进行一系列的启蒙（包括地方自治、兴办现代教育，并发展实业）。

立宪缓行派的保守思想与政治主张，与日本明治维新初期的"启蒙绝对主义"，或"启蒙专制主义"十分近似。这里指的启蒙专制主义，是日本实行立宪之前的一个先行阶段。启蒙专制主义是日本学者信夫清三郎在《日本政治史》中用来表述明治维新初期的政治体制所使用的概念。这种政体曾出现于普鲁士、俄罗斯等后进国家的政治舞台上。在这种政体下，开明的专制君主自上而下地对社会各阶层进行现代性的启蒙，在保障经济上的自由的同时，根绝政治上的自由，实行高度的中央集权化来避免市民革命，并在旧体制范围内，逐步走上资本主义化的道路。普鲁士的弗里德里希二世，俄国的彼得大帝，均可视为这种现代化模式的代表人物。这种主张并不排斥在他们认为条件成熟时实行宪政。

日本政治思想家加藤弘之在1870年所著的《真政大意》中明确地表达了日本式的启蒙专制主义思想。他一方面认为，立宪政体是理想的国家统治方式；另一方面又认为，在开化文明还不发达的国家，要求一举实行立宪政体，乃是危险的书生之见。他主张，在这种国家，宜先采取专制政体，臣民之权利亦自须限制。这是因为，"若骤变政体，赐臣民以十分自由之权利，反将大害于治安，故决不做此迂阔之事。唯以逐渐启迪人民知识，渐变政体宪法为其方策"。①

我们从前面对清末立宪缓行派思想的分析中可以看到，他们对立宪的态度与加藤弘之的看法是十分接近的。

八、立宪政争的发展趋势

大体上，可以根据当时中国人在立宪问题上从保守到激进的程度，分为以下几种类型。

第一类是守旧的原教旨的保守派，以柯劭忞作为代表。这种

---

① [日]信夫清三郎:《日本政治史》第二卷，第四章。

人反对一切变革，主张通过返诸内心，通过回到儒家"正心，诚意，修身，齐家，治国，平天下"的方式，来解决中国的人心不正的问题，并以此作为解决中国危机的基本出路。

第二类是立宪缓行派，以于式枚为代表。他们把中国的民众看作是在政治上尚不成熟的群体，主张中国在现阶段采取日本明治维新初期的"启蒙专制主义"，通过强化清政权的政治权威，综名核实，整饬纲纪，发展教育，扶植工商业与其他现代实业，使政府在变革与实业发展过程中，形成一种类似于日本明治初期的"监护性的国家"。

第三类是"钦定宪政派"，以载泽、端方、戴鸿慈、达寿等人为代表。他们主张通过清廷颁布的限制民众与社会团体的自由的宪法，来实行日本式的立宪政体。"大权归于朝廷，庶政公诸舆论"这一自相矛盾的命题，便成为他们自以为可以既总揽大权，又可调动社会民众政治积极性的两全方针。

第四类是"协定立宪派"，以梁启超、杨度、熊范舆、张謇为代表。他们主张实行英国式的国会，由国会与君主共同制定一种协定宪法，通过自下而上的权力制约，来防制君主的权力。他们认为，在专制政治的条件下，自下而上的政治参与与动员，是实现中国的开明专制所必需的条件。

第五类是"民主立宪派"，以孙中山、陈天华、汪精卫等为代表。他们认为只有通过"排满革命"，推翻满族专制政权，才能实行真正的民主立宪。

从以上几种政治主张的比较来看，除了第一类属于极端保守派以及最后一类属于体制外的革命派外，其他三类均属于清末新政体制内的政治变革派。他们的共同特点是都主张中国应实行开明专制，但他们的开明专制主张在内涵上有着相当大的区别。

立宪缓行派的开明专制主义，相当于明治维新初期的启蒙专制主义阶段。他们主张最低限度地动员社会势力进入政治领域，并主张尽可能地运用君主支配性权威，来实行自上而下的资源分配。钦定立宪派的开明专制主义，相当于日本明治维新的后期，即立宪专制主义阶段。而协定立宪派的开明专制主义，则相当于英国资产阶级的光荣革命以后的君主立宪制。

　　如果说，以上我们是从政治主张的激进程度来划分的话，那么，历史后来表明，立宪缓行派完全成为社会上的孤立者，他们在廷臣会议上初次与钦定立宪派交锋就受挫下阵，此后再也没有力量在社会上发挥其影响力。在预备立宪诏书公布之后，政治舞台上的较量主要是在钦定派与协定派之间进行。这两者中更为激进的协定立宪派成为主流思潮。协定立宪派组织三次速开国会的请愿运动，一次又一次地向当政者发起冲击，并表现出越来越大的主动性。钦定宪政派则在激进的协定立宪派的冲击下束手无策。对于这一发展趋势，我们将在以后几章里进而分析其中的原因。

第十三章　科举制的废除与清末游离态的社会动员

在新政过程中，清政府在推行筹备立宪的同时，也进一步推行涉及行政、教育、法制、巡警、禁烟和实业等政策和制度方面的大规模的改革。随着新政各项政策和措施的推行，由现代化而引发的社会动员过程也渗透到社会各个阶层。

大体上我们可以把新政中的制度改革分为两种类型。一种是与社会整合没有密切关联的改革措施，例如禁烟、城市管理、禁缠足、推广新型技术与发展实业等等，这种改革由于与原有制度之间不存在严重的张力，对社会整合影响不大，也较容易产生一定的积极效果。另一种是幅度较大的、与社会整合有着较为直接的关系的制度改革，废止科举就是属于此种类型。这种类型的制度创新是以取消原有的传统制度为前提的，这样就往往牵一发而动全身，其影响与后果远较前一种类型更为复杂。

在新政所推行的后一类各项制度改革中，存在着这样一个特别值得重视的问题：旧有的各种制度往往是由于中国民族危机感的巨大压力，由于西方资本主义文明强大的示范作用的影响，而被人为地迅速取消的。而另一方面，新制度的有效运作需要一系列相应的条件的支撑，而在中国社会内部，原先并不存在这样一些支持新制度的文化与社会条件，或者这些社会条件的生长速度来不及达到对新制度进行支持的程度。这就使得新制度的推行难以形成人们原先所期盼的效果。其结果就会出现严复所说的"旧者已亡，新者未立，伥伥无归"的局面。当新旧制度与规则均无法对社会生活进行整合时，社会就会陷入深刻的失范状态或无序状态。

关于这一点，新政时期的中国与近代日本可以说形成鲜明的对比。

一般而言，与中国相比，日本在国际关系中并没有经历过不时出现的严重的危机，因此，它也就不需要进行突然的和彻底的革新。日本的政治制度是逐步发展的，正因为如此，自明治以来，日本的制度没有急剧的整体性的突变。在日本，新的重大的改革往往在地方试验了多年之后才在全国范围内从容地进行。与此同时，旧的制度往往也并不抛弃，旧制度的外壳往往与新的精神有机地融合为一体。例如，日本的宫廷制度与等级虽然早已失去了原有的特权位置，但仍然保存了下来，并成为日本民族在新的时代的凝聚力的源头之一。正如一位研究日本现代化的美国学者布莱克在《日本与俄国的现代化》一书中所指的那样，在日本，历史变迁的连续性和渐进性是一个相当显著的特点。

与近代日本相比，清末中国的情况恰恰相反，自19世纪中后期以来，中国在连续不断地遭受列强侵凌的过程中，日益陷入严重的民族生存危机，这种情况到庚子事变时，几乎又达到了一个新的顶点。正是这种严重的危机压力，才迫使清廷统治者在多年拒绝变革之后，在社会各阶层的巨大压力下进行突然而大幅度的制度变革。他们似乎是一觉醒来才突然发现，旧制度不足以维护本民族的生存，也同样不能维护这一统治集团自身的生存，这种强大的生存危机的压力，使中国的统治者与知识分子精英都同样选择彻底抛弃旧制度的方式，以此来实现本民族自身的改革与社会更新。

问题在于，在中国，新制度却并没有来得及在地方上有试验的机会，就囫囵吞枣地加以在全国推行。在人们看来，危机是如此的严重，要先作出地方性的试验再向全国推行，无疑是远水不救近火。可以这样认为，从抽象的标准来看，清末新政过程中提出的各项改革措施与过去的旧制度相比，都更具有"现代性"，但清帝国内部却并不具有使这些制度得以在中国生长和产生预期效果的条件。

与日本相比，清末新政时期的制度变革更具有为补偿滞误而产生的急剧性、突发性，以及与既存传统"脱钩"的断裂性。正如本书在戊戌变法的研究中所指出的，这一特点在戊戌变法时已初露端倪。康有为在给光绪皇帝的第四份奏折中已经为中国近代变革方式提供了"不变则亡，小变亦亡，大变则强"的基调。在清末新政中这种"调性"则有了进一步的表现，自20世纪20年代以后，这种激进的变革风格与心态，几乎成为中国变革思维的基本定势和革命性的文化价值观的基础。

在新政所推行的各项制度变革中，科举制度改革具有极为重要的意义。众所周知，科举制度在中国历史上承负着整合传统社会生活并维系社会内部的文化生态平衡的功能。它对传统中国的政治、文化、思想、教育、经济与社会生活的运行均起到枢纽与调节作用。

本章通过对清末新政中的科举制度改革的考察，来进一步透视清末"危机驱动型"的变革思路如何支配了人们在变革过程中的激进化的政治选择。通过这一研究，人们将会发现，激进主义的改革观所造成的短期后果，是导致游离态的社会动员的急剧膨胀；而这种社会动员所造成的社会张力，是导致清末改革失败的重要原因。科举制度的取消，从长远来说，则导致一个古老民族现代化过程中的文化断裂。这种文化断裂对20世纪中国的后续现代化具有长远而深刻的影响。

在一个民族的现代化过程中，是否有可能调动其原有的传统制度文化资源，来缓解社会转型过程的整合困难，并尽可能减轻现代化转型所引发的社会震荡？对科举改革的研究或许可以提供若干有益的启示。

一、科举制度与传统中国的社会流动性

中国传统官僚集权社会的社会精英，主要是由地主、士绅与官僚这三个阶层角色构成的。这些社会阶层各自在经济、文化与政治上承担着维系社会生命体的组织功能。

自隋唐以来至近代，传统中国与其他国家相比，一个显著的特点是，上述这三个社会阶层之间存在着相对频繁的横向流动。而这种阶层之间的社会流动，主要是由科举制度来实现的。例如，地主与庶民子弟可以通过科举考试，取得秀才、举人这样的士绅身份；士绅则又可以进一步通过更高层次的科举考试而成为官僚政治精英；而官僚精英则可以利用自己的权势与影响，通过所授予的职份田以及通过购置田产，进而在经济上成为士绅地主。在传统社会里，由于官僚的身份不是世袭的，而一个官僚在退出仕途之后，在传统中国约定俗成的财产继承方式的制约下，他的田产又在数个儿子中均分。这样，其后人则很容易在二三代以后又下降为平民，而平民又可以通过科举考试进而取得功名，从而再次进入上述地主、士绅与官僚之间的精英循环过程。

在中国历史上,"君子之泽,五世而斩"表明社会内部的稀缺资源(财富、地位、权力与名望等等)分配过程存在着相对频繁的流动。由于科举制已经相当制度化,中国社会很少能看到其他文明社会中存在的数百年乃至数十代延绵不绝的世家贵族。根据统计,宋代一半以上的进士,前三代没有人任过官。明代两千多名进士与两万多名举人的家世资料表明,明清两代有43%的士绅出身于贫寒家庭。"世家无百年之运",作为社会精英的"君子"所享有的稀缺资源的非连续性与"五世而斩"的代际更迭,正是中国传统社会中的较高频度的社会流动性的具体写照。

可以说,中国传统社会正是以科举制度为枢纽,在平民与精英之间,以及在社会精英的三大主要阶层之间,形成周而复始的循环与对流。就传统官僚专制社会所具有的社会流动程度而言,中国可以说是人类前资本主义社会中最具阶层开放性结构的社会。无论是西欧的领主封建社会,日本的藩封制社会,还是印度的种姓社会,均不同程度地存在着封闭性的阶级等级制度,从而都不具有中国传统社会如此高度的社会流动性。

二、"科举文化"的社会整合功能与消极性

这种社会流动性究竟对中国文化生命体的特点、延续与发展有什么意义?

首先,这种体制使历代统治者可以不断从平民阶层中补充新鲜血液,吸纳在智识能力上更具有竞争力的优异分子。除了娼优等少数"贱民"之外,在中国传统社会里,个人都可以通过自己的攻读生活,通过科举制度提供的"金榜题名"的相对平等机会,进入统治精英阶级。而统治阶级中的部分成员则在同一社会循环

中又不断流出政治领域。由于这种在结构上类似于近代"科层制"的开放性与自我更新，中国传统社会的精英层始终处于不断吐故纳新的过程之中，科举制至少是形成这种社会新陈代谢过程的一个重要因素。

其次，在科举制度下，精英层之间的流动与上下层级之间的流动性，使文化知识与教育的覆盖面，高于以身份等级为基础的结构封闭性的社会。这一点可以通过历史比较看出来。隋唐以前，在九品中正制这种封闭性的人才选拔制度下，功名的获取所依据的条件是世袭的身份而不是个人的努力与知识积聚的水平。文化知识的传播范围，往往局限在少数具有贵族血统或较高的世袭身份等级的阶层中，整个社会缺乏强大的获取文化知识的利益激励机制。而在隋唐以后建立的科举制度下，功名、地位与权力这些社会稀缺资源的获取，是需要社会成员以这个社会的主流知识文化的积聚为基础的，这就使社会的文化教育覆盖面，在科举制度下达到近代以前最为广泛的普及与提高。而国家与政府却可以不必为实现文化教育的这种相对普及支出巨额的教育经费。正如一位清末人士所指出的："科举办法，士子自少至壮，一切学费，皆量力自为。亦无一定成格。各官所经营，仅书院数十区（费用），率多地方自筹，少而易集，集即可以持久，无劳岁岁经营。"[1]

第三，是社会价值的高度一体化。造成这种价值一体化的原因是：一方面，只有按照统治阶级钦定的儒家经典所主导的价值规范来应试的人，才能获得功名地位，这就使得士人为应试而熟读儒家经典的过程，自然成为中国知识分子学习以儒学为立身行事的标准的社会化（Socialization）过程。另一方面，由于在士绅、

---

[1] 黄运藩：《请变通学会造呈》，《清末筹备立宪档案史料》下册，第982页。

官僚与地主这三大社会精英层之间存在着相对频繁的社会流动，这就使儒家价值规范在各精英阶层的对流中得到广泛的认同与普及，于是中国也就成为以儒家文化为主流文化的一统天下。

第四，在追逐社会稀缺资源的过程中，失败者自然会有一种挫折感，而科举制度却有着一种可以称之为"自我消解挫折感"的功能。这是因为，每次科举取士虽然只有少数幸运者获得功名，但由于科举取士没有年龄限制，这样，它就为每一个失败者始终保留着下一次成功的机会与希望，而只要存在着这种机会与希望，个别的科场失意人固然可能成为现存秩序的反叛者，但社会群体性的不满就不会在知识阶层中凝结起来，就不会形成反叛现存秩序的强大政治冲击力。这一点与近代学堂教育制度颇有不同。

这样，一千多年以来，科举制度也就成为一种特殊的社会整合与社会凝聚机制。它也在长期历史中，造就并形成中华民族特定的政治文化心理与价值，它使传统中国人重视儒家知识与重视以儒学为基础的教育与风俗成为天经地义。以科举为核心的教育制度与精英选拔制度，既是维系社会精英与政治精英相互依存关系的纽带，也是维系社会各阶层对君主、儒家意识形态和国家权威效忠的基础。

自隋唐以来，中国文化之所以经过多次的朝代更迭与"以马上平天下"的非汉族统治，而始终能保持大一统的文化价值体系，乃是因为任何朝代的统治者必须依靠士绅官僚来实施其对社会的治理。而在科举制的铸模中，士绅阶级则已经是被儒学规范定型化了的阶级。他们在文化价值上有着同样的"基因"，他们可以在为任何统治者效忠的过程中，像春蚕吐丝那样，不断复制出同样的文化价值。中国在近代以前之所以没有出现春秋战国时代那种文化上的多元化，中国传统主流文化即儒学之所以具有如此悠长的历史连续性与顽强的生命力,从制度层面上来说,可以从科举制这一简单的事实中得到解释。

然而,众所周知,社会文化价值的高度一统化,又导致社会文化缺乏活力与生气。这种"科举文化"不需要原创性,背诵经典条文的求同思维,对于科举考生来说,远比探索未知的精神与物质世界所需要的求异思维更为重要。久而久之,中国士大夫知识分子的思维方式、群体心理也就蜕变为拘文牵义、循规蹈矩、重守成而轻创新。在以制艺为人生追求目标的士人们看来,丰富的历史文化就被简单地解读为"十六字心传,五百年道统,圣人之学不外乎是"的僵化教条。清末保守派士大夫的代表人物叶德辉之所以反对任何变革,乃是因为在他看来,孔孟之道,"乃大经大法,凡吾人所欲言,无不于数千百年前言之"。这种陈腐保守的思想观念,可以说正是科举制所造成的文化思维定式的必然结果。

于是,在前现代时期的中国,一种最具阶层开放性的制度,又恰恰与最为封闭的思想模式有机地结合为一体,并世代相传。开放性的阶层流动与精英新陈代谢,是这一制度的优点,但它们却被充分利用来巩固大一统的意识形态信条与士大夫官僚的定型化的思想行为模式。

近代以来的历史表明,这种社会整合机制支配下的国家和社会建制,以及这种建制下的中国士绅官僚精英阶级,是无法应付民族危机和现代化挑战的。大多数科举出身的中国近代士大夫对外部世界不感兴趣,他们对西方文明的客观认识水平,远远低于同时代日本人的认识水平,例如在甲午战争前后,梁启超花了两个月的时间居然无法在堂堂北京书铺求购到一张世界地图。[①]在日

[①] 梁启超:《莅北京大学校欢迎会演说辞》,《梁启超年谱长编》,第43页。

本，福泽谕吉在1866年出版的一本介绍西方文化的书，立刻在日本销售了二十五万册之多。而在中国，正如梁启超所指出的，江南制造局从1865年开始译印有关西学的书籍，此后三十年中，全部销售量合在一起，总计不过为一万三千册。如果我们再考虑到日本同时期人口仅为中国十二分之一，其土地面积仅为中国的二十五分之一，这一对比就更加发人深思了。一代又一代的新型知识分子对科举制度的消极面的批判乃至愤怒声讨，可以说是人们耳熟能详的。对作为这种整合机制的基础的各项制度进行改革，便成为清末新政的当务之急。

三、变通科举与废除科举：两种不同的改革选择

在改革科举制度的问题已经成为社会共识之后，在如何改革、通过什么方式来进行改革的问题上存在着不同的选择。

第一种选择是渐进的变通的方式。新政初期，湖广总督张之洞与两江总督刘坤一在1901年和1902年初向清廷呈交的"江汉三奏"的改革建议中，就主张通过"变通"的方式来改革科举制度。他们主张在科举考试中增加考试"各国政治地理武备农工算法"的内容。并建议留学学成归国者经清政府复试可以取得进士、贡士的资格。清政府接受了这种改革思路，在新政初期，改革科举制度的办法也是渐进式的。例如辛丑年（1901年）七月，清廷命从此为始，乡会试等均试策论；不准用八股文程式；并停止武科考试，等等。此后，取消科举的呼声日益高涨，但清廷的主政者在具体措施上还是渐进的。1902年张之洞首先提出十年内逐步废止科举制度，这一建议受到清廷采纳。办法是每科取士名额递减，分三科减尽，十年之后，一律从学堂取士。

1903年,袁世凯(中)视察京师大学堂译学馆,与该馆监督朱启钤(右)、管学大臣张百熙(左)合影。在推行新政的过程中,时任直隶总督的袁世凯与管学大臣张百熙积极扶持新学,主张废除八股。

第二种选择则是立即彻底废除科举。其代表人物有袁世凯、端方等人。清廷认为他们的奏议"不为无见"。此后不久,端方与袁世凯的废科举的建议被清廷采纳。清廷于1905年采取更为激进的彻底废止科举的措施,其理由可以从袁世凯、端方的奏议中看到。该奏折的大意是:

1. 根据现在危迫情形,实同一刻千金,科举一日不停,士人皆有侥幸得第之心,不能专心一志砥砺新学,民间更是相率观望。而且,私立学堂极少,公家财力有限,不可能普及学堂。因此,如继续采取渐进方式,新式学堂就没有大兴的希望。

2. 即使现在立即废止科举,遍设学堂,也要等十多年之后,才能培养出足够数量的各类人才。如以渐进的方式废止科举,那么要培养出所需人才则要到二十年以后,而在强邻相逼的窘迫环境下,中国大局必然危殆。

3.学堂最为新政大端,学堂对开通民智、普及教育、培养合格国民有根本的作用。因此,科举不停,学校不广,士心不能坚定,民智不能大开,故欲推广学校,必自先停科举始。[1]

从以上奏折内容来看,端方与袁世凯等人之所以要求迅速废除科举,其理由是,由于人心恋旧而妨碍新制度的建立与开展,他们认为:在危机深重的情况下,只有迅速地取消科举制,才能釜底抽薪地消除人们对旧制的依恋,迫使士绅知识分子接受新的教育制度。

这种"先破后立"的观点,反映了当时主流精英中普遍存在着的一种思想方法。他们只注意到科举制度的固有惰性对变革的阻力,并且以此作为彻底废除科举的理由,而又以中国所面临的危机压力作为迅速废除这种制度的根据。但是,他们较少考虑到这种作为现存社会有机体的组成部分的制度一旦突然取消将会引发的问题。此外,他们也很少考虑到,一种新制度的建立与发挥成效,并非简单地"破旧立新"就能达到。新制度的发挥效能尚需要一系列的复杂条件的配合。

激进的废除科举派实际上忽视了改革所必须注意的一个重要原则,那就是严复所指出的"非新无以为进,非旧无以为守"。一种富有成效的改革必须尽可能避免整合危机所引起的社会震荡。这就必须在新旧规则之间形成一种过渡的连续性。对科举制度不是采取变通,而是采取迅速取消科举制度的办法,其结果是:一方面,变革旧制而导致传统的社会整合方式的丧失;另一方面,

---

[1] 端方:《请停科举折》,《端忠敏公奏稿》卷六。

新的社会整合方式（例如学堂教育体制）又无法单凭体制改变而及时形成，由此产生严重的社会脱序和社会整合危机。

四、科举制的废除与社会凝聚机制的瓦解

这种取消科举的"休克疗法"至少导致以下几方面的消极后果。

第一，由于原有社会凝聚机制的急剧瓦解，社会成员从原有的生存结构中脱离出来，又无法被新的生存结构所吸纳，从而迅速"游离化"。这种"游离化"社会群体，对清末民国初年的社会转型过程构成巨大的政治参与压力，并进而引发急剧的社会震荡。

造成这种"游离态社会动员"的原因是：一方面，大批士绅知识分子失去了通过原有的儒学知识资源获取仕途的指望，而又由于年龄、知识结构、经济能力等种种原因而无法进入新学堂，因而产生群体性的对现实的疏离与不满。这一点正如当时人已经指出的："科举初停，学堂未广，各省举贡人数不下数万人，生员不下数十万人，中年以上不能再入学堂，保送优拔人数定额无多……不免穷途之叹。"[①]

另一方面，旧的人才选拔制度虽然可以一夜里取消，然而新的制度却又无法在短时间里相应建立，办理学堂的条件远远不会因为单独废除科举考试制度而相应地自然成熟。师资、教材、经费、毕业出路、校舍等问题均难以在短期内解决。当时有人指出，"各省学堂经费匮乏，无米何炊，力不能支，提学纷纷请款，而官力民力罗掘俱穷"，以致出现学堂因缺乏经费而停办。当时许多士

[①]《光绪朝续东华录》第五册，第5488页，中华书局版。

绅知识分子认为，科举制度的取消乃是"竭全国之精华，成现形之恶果，此诚可长太息也"。①在新政时期，新式学堂的创办绝非像一举废除科举那样容易。当时的现实是，由于"地方贫困搜刮已穷，以致一县之中延至一二年，不能有一完全之学堂，以资教育，官司苟为敷衍，人才坐见消亡"，出现"（书）院（学）堂两无，中西并失"的情况。②这样就出现大批既无法进入新式学堂，又无法通过科举取得功名的"无根人"。民国初年的名记者黄远庸把这些游离分子称为对社会稳定具有破坏力的"游民阶级"。原来效忠旧王朝的士人阶层成为不安现状的游离分子，这不但使现政权陡然失去原有的社会支持基础，而且也使传统的联结社会各阶层的聚合力急剧削弱。

第二，由于科举制度的废止，进入新式学堂与出国留学便成为士民获取功名和社会地位的主要途径。据统计，到1907年，中国到日本的各类留学生的总数已达七千余人。

然而，晚清的中国作为一个后进现代化的国家，其社会经济发展水平和文化发展程度，还远远无法提供足够的位置与就业机会，来吸纳纷至沓来的从新式学堂中毕业和留学归国的青年知识分子。这样，在科举废除之后，清末民初的各省都充满了大批因无法就业而对前途深感失望的青年知识分子。

这些处于游离状态的人们，由于社会地位的不稳定，前途的渺茫与心理失落感，就以异乎寻常的速度急剧地涌入政治领域，纷纷竞奔官场以争取权力、地位与财富资源，成为新政时期与民

---

① 李灼华：《学堂难恃拟请兼行科举折》，《清末筹备立宪档案史料》下册，第993页。

② 黄运藩：《请变通学务造呈》，《清末筹备立宪档案史料》下册，第982页。

国初年的"政治参与膨胀"的巨大力量。革命的情绪是最容易在这些富有理想而又在现实生活中倍感绝望的处于"游离态"的青年知识分子中发展起来的。

群体性的社会心理挫折不断聚结为反体制的力量。两千年以来，中国士绅知识分子以当官为人生基本追求目标。在官本位社会心态没有发生根本变化的情况下，科举制度却突然取消并被学堂教育取代。然而，学堂毕业是一次性的，它不像科举制度那样，可以无限期地对所有的落第者"许诺"下一次机会，因为如此，清末的学堂制度不存在对功名追求者的挫折感的自我消解机制。每年将有大批学生从学堂毕业，并理所当然地要求清政府满足其进入仕途的要求，而由于客观条件所限，这种要求注定得不到满足，这种挫折感便形成群体性的对社会不满，这是20世纪初期以来政治参与膨胀的重要原因之一。

换言之，清末新政推行的社会变革所实现的新的社会整合机制的发育程度，远远不足以制衡和吸附旧体制瓦解后大量出现的社会游离分子和新型人才。正是这些在新政改革中产生的社会势力和青年团体，成为这场变革运动的主要掘墓人。也正是在这个意义上，新政这场在传统集权体制下的社会改革运动，几乎就成了不断"搬起石头砸自己的脚"的社会动员过程。

第三，由于科举制度是以儒家的政治标准和价值来选拔人才，凝聚人心和构成获取地位、名望和权力的基本途径的，从长远来看，科举制度的废止使国家丧失了维系儒家意识形态和儒家价值体系的正统地位的根本手段。这就导致中国历史上传统文化资源与新时代的价值之间的最重大的一次文化断裂。正是在这个意义上，废止科举制度的1905年成为新旧中国的分水岭，它标志着一个时代的结束与另一个时代的开始。其划时代的重要性甚至超过辛亥革命。

正如历史所表明的那样，废除科举制度这一激进改革，起到了与新政的改革推行者意愿相悖的、意想不到的"釜底抽薪"的结果。美国学者罗兹曼在《中国的现代化》一书中指出："（新政的）舵手在获得一个新的罗盘以前就抛弃了旧的，遂使社会之船驶入一个盲目漂流的时代。"这位作者还认为，中国的困难的实质在于，这种过渡阶段破坏了久经考验的选拔精英的程序，科举制度的废除，破坏了经典教育，严重地削弱了传统价值的影响，代之以毫无章法可循的局面。①

第四，在科举制度废止后，由于士绅阶级的消失，宗族制度与义田制、学田制的崩解以及由此造成的宗族学堂的衰落，在中国相当一部分地区的农村，文盲率反而较之传统社会更为上升。中国近代与现代之间在文化上的断层，至少可以由此得到部分的解释。

综上所述，科举制度的取消对中国现代化造成的困难在于，原有的形成社会精英的方式发生突然的断裂，曾经由科举制度为社会提供的内聚力量，在其后几十年中都一直没有恢复过来。

科举制度的取消既然产生如此多的消极后果，是不是可以得出这样一个结论，即中国根本不应该进行以改革科举制为核心的教育体制改革？显然不应得出这样的结论。变革不适应于时代要求的旧制度，毕竟是历史的大趋势。但采取什么方法，使制度改革可以取得真正的效果，则应是改革者考虑的最为关键的问题。

这里，杜亚泉对科举制改革的反思值得重视，这位民国初年的政论家认为，如果在最初考虑改革科举制度的具体办法时，不是简单地废止科举制度，而是"稍稍改其课士之程式，简（选）稍通

---

① [美]罗兹曼:《中国的现代化》,第336页,江苏人民出版社1988年版。

时事之儒臣,典试各省,依今日之教科门类,列为试题,以定取弃",那么,这种科举改革所产生的效果,会比单单废除科举而建学堂的效果更好。①

科举制度本身无疑是一个民族长期历史演进中凝聚起来的制度文化资源,它在中国人的心理积淀中源远流长。如果保留科举制的形式,使之稳定广大士绅知识分子的竞争心,并使这种竞争心纳入现存秩序的基本框架之内,进而改革科举考试内容,使考试科目更具现代性,那就可以在保持士绅知识分子的竞争心的同时,进而引导、激励社会人心趋向新的目标与方向。以这种"旧瓶装新酒"式的变通方式来改革科举制度,可以最大限度地调动传统制度资源,为实现新旧制度的更替与文化的转型提供缓冲与衔接。

五、士绅阶级的消失对中国社会的影响

在这里,让我们进一步来分析科举制度废除所产生的更为长远的影响。

自20世纪初期以来,一个严重的事实是,中国农村社会的文化生态开始出现严重的断层,农村文化生态平衡不断失调与退化,农村对城市过度依附并失去其自主性,这些关系到中国现代化的重大问题,均与科举制度的取消有着密切的关联。

在传统中国农村社会,存在着一个以士绅为主体的精英阶级。科举制所造成的社会流动性,使中国的农村社会存在着独立于城市以外的文化系统,这一文化系统是由士绅地主、宗族组织与相

---

① 杜亚泉:《论今日之教育行政》,《杜亚泉文选》,第21页,华东师大出版社1993年版。

应的宗族学校私塾构成的。根据潘光旦与费孝通对近九百名进士的一项研究,明清时代的一半进士家庭来自农村,①而有功名的中下层农村士绅在士绅中所占比例则更多。他们是中国传统农村文化系统的主体。

在传统科举制度下,农村士绅通过科举所拥有的士绅身份,是保持其在农村中的精英地位的基础。他们正是借助这一身份与地位获得社会的尊重,并成为农村社会与文化生活的主导者与组织者。正如张仲礼先生的研究所指出的:"绅士作为一个居于领袖地位和享有各种特权的社会集团,也承担了若干社会职责。他们视自己的家乡福利增进与利益保护为己任。在政府官员面前,他们代表了本地的利益,他们承担了诸如公益活动、排解纠纷、组织修路筑桥、开河建堤等公共工程,此外,还组织地方治安、征税,弘扬儒学,兴建学校等农村社会生活的各项工作。"②

在这一文化系统中,由于宗族所拥有的相当数量的学田、义田、义学的存在,相当一部分同族子弟不分贫富均可以通过就读于本族的宗族学校,获得一定的文化知识,并成为农村的准文化人。据一位国外学者统计,19世纪80年代,清代识字率男性为30%~45%。③近代以前,中国南方农村不少地区的识字率比20世

---

①转引自[美]施坚雅:《中国封建社会晚期城市研究》,第138页,吉林教育出版社1991年版。

②张仲礼:《中国的绅士》,第一章第七节,上海社会科学院出版社1991年版。

③参见E.S.Rawski:《清代中国的教育与民间文学》,密西根大学出版社1979版,转引自金观涛、刘青峰:《开放中的变迁》,第155页,香港中文大学出版社1993年版。

纪二三十年代更高。①这一点很大程度上可以从这种农村精英文化系统所维持的文化生态平衡得到解释。

由于这一农村文化系统的存在，中国农村社会存在着一定程度的自主性（Autonomy）。这是因为，传统农村士绅起到了国家与农村社会的中介作用。他们一方面代表官府向农民征税，另一方面又利用他们的特殊身份地位，对官府保持自己的影响力。这就使他们在一定程度上成为代表农村地方利益的代言人。

科举的废止，对于农村士绅来说无异于釜底抽薪。此后中国农村中不再存在一个稳定的士绅阶级来充任农村文化生活与社会生态环境的组织者与调节者。

另一方面，学堂则成为跻身政界的唯一出路。学堂均在省城和京城，又由于城市集中着财富、名位、权力这些社会稀缺资源的巨大优势，这样，自民国以来，就出现了大批农村知识青年源源不断地被城市吸纳并脱离农村的"无根化"过程。农村知识分子大量地单向地向城市流动，并在城市中去寻求自己的生存与发展的机会与空间，是清末民国以来社会变动的一个基本趋势。与此同时，由于农村文化人缺乏再生机制，农村文化生态从而持续退化与空洞化。

在这种背景下，农村基层的权力结构发生了什么变化？一位美国学者杜赞奇（Prasenjit Duara）指出："到了本世纪二三十年代，村政权落入另一类型的人物之手。他们大多希望从政治和村公职中捞到物质利益，村公职不再是赢得公众尊敬的场所而为人

---

① 参见 E.S.Rawski：《清代中国的教育与民间文学》，密西根大学出版社1979版，转引自金观涛、刘青峰：《开放中的变迁》，第155页，香港中文大学出版社1993年版。

所追求。"① "传统村庄领袖不断被赢利型经纪人所取代,村民们称其为'土豪'、'无赖'或'恶霸'。这些人无所不在,影响极坏。……进入民国之后,随着国家政权的内卷化,土豪劣绅乘机窃取各种公职,成为乡村政权的主流。"② 可以说,民国初年以后,主宰农村命运的,正是这样一些没有文化,甚至只有反文化的社会阶层。

在传统中国农村社会,士绅地主是在经济与政治上对广大农民进行剥削与压迫的食利阶级,这是毋庸置疑的事实。但他们毕竟在相当程度上承担着由儒家思想所规定的社会伦理责任,并承担着农村文化生态平衡的组织以及农村文化传统的延续的功能。面对官府,这些士绅还在一定程度上代表着农村社会自主体的利益。而民国以来的土豪、恶霸地主、地痞流氓与"刁民"以国家在农村的代理人与收税人自居,成为国家专制主义对农民进行巧取豪夺的最直接的帮凶。由于传统农村文化生态的彻底崩坏,20世纪初以来,农村的自主性与自治性,随着农村士绅阶级的消失而不复存在。而土豪地主、恶霸则更是肆无忌惮,这几乎是民国初年以后不断恶性循环的历史过程。③

---

①[美]杜赞奇:《文化、权力与国家》,第149页,江苏人民出版社1994年版。
②[美]杜赞奇:《文化、权力与国家》,第238页,江苏人民出版社1994年版。
③人们应充分意识到这一变化对中国后续现代化的意义。科举制度的取消实际上只是中国农村文化生态失衡的开始;农村智力资源向城市的单向流动,此后数十年从来没有中止过。除了那些心存田园浪漫情怀而下乡过几天"悠然见南山"悠闲日子的城市文人雅士外,农村不再是吸引人们的去处,农村所拥有的稀缺资源的相对贫困化只能是变本加厉;城市与农村的差距不断扩大,它所造成的历史后果,已经成为20世纪中国现代化不容忽视的严重问题。

第十四章　慈禧、光绪之死与清末权力真空的形成

在传统王朝推行的现代化过程中，有两个因素一旦相互结合，将可能导致这个专制王朝的新政变革过程迅速走向改革危机。

第一个因素是民众与知识分子自下而上的政治参与压力的急剧膨胀并超越了现存专制政治体制的承受限度，从而形成对现存专制权力集团的巨大冲击力；第二个因素是传统政治中心的权威与治理能力由于某种原因而急剧流失，从而使中央政权丧失对时局与社会矛盾的控制能力。

以上这两个因素中的任何单一因素，都不足以导致王朝危机的出现。如果政府有足够权威与控制能力，它就可以有效地抑制政治参与膨胀；反之，软弱无力的政权在不存在强大参与压力的情况下，仍然可以继续存在下去。然而，如果在传统王朝新政过程中，原先已经存在着以上这两方面因素，一旦由于某种历史事件而形成相互结合的趋势，就会形成这两个危机因素之间的互动，最后导致改革危机在纵深方面进一步加剧。

到了1908年末，以辛丑变法为开端的新政进行了七年之后，整个运动出现了大的转折，由于两方面因素的结合，一个新的危机阶段正在来临：一方面，立宪派由于其思想选择的内在逻辑而

走向激进化,并形成对政治中心的强大政治参与压力。另一方面,由于慈禧与光绪皇帝相继逝世,平庸而缺乏政治经验的摄政王载沣执掌大权,从而形成一种由于弱势政治人物取代强势政治人物而出现的权力真空。这种权力真空化,又恰恰发生在新政进入最为困难的阶段。于是,风起云涌的激进立宪抗争运动与新当政的清朝统治者的软弱无能两相结合,使新政迅速地进入了最后阶段,即危机阶段。

在这一章里,我们将分析慈禧与光绪逝世之后形成的清末权力真空化问题。

一、慈禧与光绪之死

1908年11月14日,三十七岁的光绪皇帝久病之后,在孤寂之中含恨死于瀛台。第二天,慈禧太后在过了她的七十四岁生日之后的第十二天,也随之去世。这也就意味着由慈禧统治长达半个世纪的时代的结束。

光绪皇帝之死,引起一些重臣的悲痛之情,[①]但民间对此的反应则并不强烈。百姓与官僚对慈禧太后之死的反应也相当冷淡。据《宣统政纪》记载,"两圣"入葬这样肃穆庄重的场合,送终的达官贵人们的列队中居然还人声嘈杂、打打闹闹,有哭声也有开玩笑而发出的笑声,以致使摄政王极为不满。

清廷规定:"国有大丧,一月之内禁婚嫁,百日之内不准奏乐,并不准剃头,各府州县门联均令洗刷。"然而,民间则不愿因传统的国丧禁令而影响婚娶的延后,纷纷在清廷下达正式丧期禁

[①]《荣庆日记》,第141页,西北大学出版社1986年版。

婚的政令以前，大兴婚嫁之风。①人们可以从曾经不可一世的大清最高统治者慈禧逝世的社会反应中，预感到这个王朝政治神话最终破灭的征兆。

一位研究中国现代化问题的学者曾对慈禧太后作出这样的评价："虽然她决不是一个无能的人，但即使她在一个男人作主的世界里获得（权力上的）成功而应当得到一千次的原谅，也不能掩盖如下事实：即不论从王朝利益还是从国家利益来看，她都不是一个政治上谨慎持重的人，也不是一个目光远大的统治者。单是她幕后操掌大权期间所表现出的刚愎自用、恣睢暴戾和腐化堕落这些罪恶现象，就进一步削弱了本来已处于风雨飘摇中的清王朝。"②

慈禧是一个传统君主时代的女强人，然而却是一个不称职的、具有很大的消极性的女强人。但是，有必要指出的是，到了庚子事变之后的新政时期，慈禧的晚年心态和政治态度与过去相比，已经出现一系列重要的变化。

一方面，她在1900年以后确实有了比过去更强的改革意愿，并作了若干的努力来改变现状。另一方面，她的年龄、知识与经验已无力应付新政改革中出现的、她原先不曾意料到的种种新的矛盾、困难与严重问题，中国问题的积重难返，使她陷入悲观与苟且的心境中。

我们可以从一些史料中发现，慈禧太后晚年内心充满着复杂矛盾，她由于对时局束手无策而感到极度焦虑不安。

张謇回忆，自1907年春以来，他就受慈禧太后召见，入对了四次，召见时，慈禧太后总是"语及时局之非，不觉泪下"。张謇

---

① 刘大鹏：《退想斋日记》，第173页，山西人民出版社1990年版。
② [美]罗兹曼：《中国的现代化》，第77页，江苏人民出版社1988年版。

慈禧太后出殡

曾问慈禧太后,改革是真还是假?太后说,"因不好才改良,改革还有假的不成,此是何说?"

在召对中,张謇谈及史治之乱,以及由于新政须筹措资金,而小民则苦于官府搜刮,以致各地民怨载道,而各级官府也正好趁此机会获取比新政以前时期更多的钱财。他还提及,从前政府卖官,只卖小官职,而现在,内而侍郎,外而总督、巡抚,皆可用钱买得。张氏又对太后说,海外留学生由于对国内腐败的不满,纷纷趋向于革命,人心散乱以至于此。当张謇谈及此处,便在太后面前不禁失声痛哭,这位老太后因百感交集也随之而哭。

在这次对话中,慈禧太后说,"我久不闻汝言,政事败坏如此。你可以问问皇上,现在召见臣工,不论大小,甚至连县官也时常召见,哪一次我不是用言语以求激发天良,要求他们认真办事?万不料全无感动!"

这确实可以反映慈禧晚年颇思改革而又处于无能为力的困境的实情。据岑春煊回忆:"太后晚年,锐气尽消,专以敷衍为事,甚且仅求目前之安。期以及身不变而已。不遑虑远留矣。"①

新政进行了七八年之后,各种新旧问题堆积如山。如果说,慈禧本人已经无力应付复杂的现实问题,那么,人们可以想象一下,一旦权力落到了摄政王这样一个既没有足够的权威,又没有经验与能力的人的手中,王朝的命运又将如何?

二、摄政王载沣:大清王朝最后的执政者

慈禧之死对清末权力结构产生的影响是巨大的,但她的退出历史舞台并没有引起最高权力的继承危机。因为慈禧本人生前尚有足够的权威,在事先已经确定了自己的继承人。年仅三岁的溥仪被慈禧选定为皇位继承人,而溥仪的父亲醇亲王载沣则被确定为摄政王。

摄政王载沣生于1883年,是道光帝的第七子奕譞之子,八岁时承袭醇亲王爵位。慈禧起用载沣开始于1900年,命他为内廷行走,从此这位亲王就进入清朝政治中心的核心圈中。

1901年春,载沣被任命为阅兵大臣。同年6月4日,下诏授载沣为头等专使大臣,前往德国呈谢罪国书。当时的载沣年仅十八岁。据记载,当载沣乘坐的安平轮从塘沽抵达上海杨树浦码头时,他受到了数以万计的民众、文武官员与中外人士的热烈欢迎,江上各国兵舰均鸣炮升旗以示敬意。

这次出使西洋使这位年轻的亲王大长见识,他第一次从亲身

①岑春煊:《乐斋漫笔》,《近代稗海》第一册,第106页。

醇亲王载沣

体验中认识到西方的富强和中国的落后。这次出使经历对他的改革思想的形成显然也有着积极影响。日俄战争之后,在立宪政争浪潮中,这位亲王兼军机大臣大体上是一个倾向于立宪救国论的政治人物。

载沣有相当的改革倾向,他与庚子事变后在政治地位上迅速上升的亲贵子弟一样,同属于在价值观上求新求变的少壮一代,他们大多渴求通过仿效西洋政教来实现大清王朝的富强与国运长久。然而,这并不意味着载沣就是一个理想的掌权者。载沣缺乏执掌大权者所需要的一些主要特质,这位深居王府的亲王谦抑退让、疏懒自乐的个性,恰与慈禧形成鲜明对比。慈禧太后尽管暴虐,然而为人精明泼辣,并且精于权术和善于驾驭臣僚,而载沣却忠厚平庸而缺乏才能。

事实上,这位养尊处优的世家贵族子弟私下也可能深知,自己天性上并不适合于政治,即便1908年11月被委以监国重任,他也从来不曾从权力中享受到多少乐趣。后来,辛亥革命爆发,迫使他退让,由于三年"如临深渊,如履薄冰"的监国生活将从此结束,他曾说出过一句令人印象深刻的真心话:"这回总算可以回去抱孩子了。"①载沣的"才具平庸"与好逸畏事,由此可见一斑。

---

① 《晚清宫廷生活见闻》,第217页,文史资料出版社1982年版。

据其弟弟载涛后来的评述，像他哥哥这样的人，在承平时代做一王爵尚可。然而，处于大清帝国面临危急存亡之秋的非常时期，在慈禧太后与光绪逝世后，由他这样的人来主持国政，实在难以胜任。

为什么慈禧居然会选择这样一个人物来执掌大清王朝的命运？慈禧太后本人并不是不知道载沣的平庸无能。早在慈禧逝世两年以前，当最高决策圈内正在为中国是否应采取立宪作为改革的基本国策而进行激烈的争论时期，犹豫不决的太后曾几次询问这位醇亲王的意见。而作为军机大臣的载沣却总是磕头奏称"奴才实在年幼无知，不敢妄陈"，以至于慈禧长叹着说："如何汝亦至如此？汝既不知可问大众。"慈禧显然认为，连载沣都如此无用，亲贵实在是无人可托以大事了。而载沣对慈禧的责备只是"惶恐叩头"而已。①

以慈禧太后四十年的政治经验以及对人情世故的判断力，以她自同治以来"知人善任"的历史来看，她也绝不是不会选拔合适的人选。而且，在皇室近支中也绝不是找不到在能力、见识、经验与资格方面比载沣更为合适的人才执掌大权。例如，溥伟曾被认为是更为合适的继位人选。论资格，他是奕䜣之子，属皇族近支，且更为年长，又如当时溥伦无论从资格才能方面均优于载沣，但他们却没有成为皇位继承人。事实上，从清王朝本身的利益来说，后两人无疑是更为合适的人选。

关于慈禧选择载沣，载涛曾作过这样的解释，那就是，慈禧太后自以为身体尚好，预期的高寿会使她足以继续第三轮的垂帘

---

①《盛宣怀档案资料》，第28页。

听政。①为了达到这一目的，她当然只有册立幼君，而这位幼君的父亲又必须易于驾驭，并且要绝对地对她本人忠实可靠（否则她有可能被她所册立的用来辅佐幼君的摄政王所架空）。而当时皇族近亲中同时符合这两个条件的只有溥仪和他的父亲。

换言之，恰恰正是由于载沣平庸而没有野心，由于在未来他并不对慈禧构成政治上的威胁，因而使慈禧选择了他作为摄政王，作为在她死后中国实际上的统治者。

通过慈禧太后选择溥仪与载沣这一重大决定，人们可以看到专制政体通过自我更新的方式进行变革的复杂性与困难。

一方面，传统体制条件下的变革需要强有力的权威人物来控制改革的进程，压制各种保守与激进的势力对既定变革进程的反抗与抵制，并保持既存秩序的连续性。然而另一方面，在专制政体下，强势权威统治者往往总是选择能够驾驭、性格温懦的弱势政治人物作为自己的继承者，以求继续保持自己的权势与影响，并避免其权威在其身后受到挑战。可以说，慈禧选择载沣与年仅三岁的溥仪作为大清皇权的继承者与监国者这一件事，是这位执掌中国大权达四十余年之久的最高执政者所犯的许多过错中，最后的也可以说是最为致命的错误之一。因为，当中国最需要一个有经验、能力和意志力的决策权威人物的关键时期，慈禧竟然为了一己的私欲，而选择了最不适于作为最高执政者的人物来充当此任。

载沣成为摄政王这一点，与俄国最后一个专制君主尼古拉二世的情况惊人地相似。1894年继承亚历山大三世皇位的尼古拉二

---

① 载涛：《载沣与袁世凯的矛盾》，《晚清宫廷生活见闻》，第79页，文史资料出版社1982年版。

世，具有某些吸引人的个性，如简朴、谦和与对家庭充满友爱，他是一个颇有教养的俄国沙皇，但这些积极的个性在当时危机深重的国内国际形势下并无多少裨益。危机时代需要的是顽强、果断、灵活、眼界开阔与富于政治魅力的治世之才。可以肯定的是，在19世纪与20世纪之交的俄国，只有另外一个像彼得大帝那样的俄国沙皇，才能拯救罗曼诺夫皇朝和帝制俄国，而尼古拉绝不是这样的君主。同样，清王朝的监国摄政王载沣也是如此。

三、"弱者逐强者"之后的清末权力格局

问题的严重性还在于，正如专制王朝历史上经常出现的那样，弱势政治人物一旦掌握政权，为了巩固自己脆弱的政治地位，又往往会进一步任人唯亲，排挤较有能力和政治资源较为雄厚的其他权力精英，以此来求得自身政治地位的巩固与安宁。这种政治角斗场上的"弱者逐强者"现象所造成的结果是，弱者固然可以一时保住自己的权力地位，而在相当一个时期内不再在体制内面临来自其他政敌的挑战，然而，却损害了专制国家原先的统治效能，并进一步导致权力中心对国家的控制与整合能力的极大削弱。于是就形成了权力角逐上"强者选弱者，弱者挤强者"的恶性循环。

摄政王当政后不到两个月，首先做的一件事是罢黜袁世凯。

对袁世凯的罢黜，固然有种种历史原因，一个众所周知的原因是，袁世凯在戊戌变法时期的告变，致使光绪皇帝失去权力，并被囚禁于瀛台。正因为如此，摄政王作为光绪皇帝的亲弟弟，为了报戊戌之变的前怨，自然要罢黜袁世凯。

然而，以摄政王载沣为首的亲贵集团之所以罢斥袁世凯，还

有更为重要的原因。袁世凯在长期政治军事生涯中所建立的军事实力，袁本人在当时的"开明形象"所具有的政治能量和号召力，显然已经构成对摄政王和其他亲贵的巨大的潜在威胁。如果说，慈禧在世时，慈禧本人的权威与影响力，使袁世凯会有一定的顾忌的话，那么，在慈禧太后故世以后，老谋深算的袁世凯的存在本身，对于阅历较浅的少壮派亲贵来说，就是一个难以预测的、使他们朝夕不安的因素。为了巩固亲贵少壮集团在当时脆弱的权力地位，排除袁世凯这样的潜在的强势人物，乃是摄政王载沣自然的选择。①更何况，收回袁世凯的兵权归满人所有，这本来就是一般满族权贵的宿愿。

载沣没有诛杀袁世凯，一方面是由于庆亲王奕劻的激烈反对，另一方面则是担心北洋新军会因此而不服指挥甚至起而造反。②袁氏总算避免了杀身之祸，然而却被迫退休。这就使载沣以为，他们长期担忧的隐患终于被清除了。

当时就有不少外国观察家们指出，慈禧之死与袁世凯的退出政治舞台，使中国出现了政治权力上的真空状态。当时英国驻中国公使认为袁世凯是中国"唯一的强有力的人"。③伊藤博文也在袁世凯去位以后评论道："随着袁世凯退休，北京政府中再也没有一个性格坚强，并有知识和才能的人。"

摄政王为了取代袁世凯的势力，大批提拔北洋系的在日本学习军事的留学生作为新军领导人。他以留德的荫昌为陆军部尚书，

---

①载涛：《载沣与袁世凯的矛盾》，《晚清宫廷生活见闻》，第65页，文史资料出版社1982年版。

②溥仪：《我的前半生》，第23页。

③《朱尔典给葛雷的信》，载英国议会文件，ed,7054,83号，第67页，转引自[美]李约翰：《清帝逊位与列强》，第386页，中华书局1982年版。

以留日士官生良弼为禁卫军协统。在各省则主要以汉族留日归国的青年士官生充当新军指挥。例如，北方的吴禄贞、蓝天蔚、阎锡山和南方的蔡锷、许崇智等人都做到了标统；最后，张绍曾、吴禄贞还做到了镇统。

而这样做的结果却产生了另外一个问题，使那些受新思潮影响，又具有潜在的排满倾向的汉族少壮派军人由于袁世凯退出而迅速地崛起，其结果导致清末军权实际上旁落到袁世凯以外的另一些具有更强排满倾向的新式军人手中。

载沣在罢斥袁世凯之后，又进而排斥铁良，这样做也同样是为了巩固自己原先十分脆弱的权力地位。铁良在旗人中是比较干练而有见地的人，他对于陆军问题也曾埋头进行过研究。据说，他在军事知识方面并不亚于袁世凯。除了袁世凯，只有铁良尚能调度北洋新军，他在满族权贵中也是比较有头脑的人物。然而亲贵中的反奕劻派一致认为，铁良是奕劻的主要心腹，只有除去铁良，才能避免奕劻继续把持朝政大权。①满族权贵内部出现的这种权力倾轧，使慈禧以后的清末统治集团，以牺牲满人统治集团自身的统治能力为代价，来求得弱势集团地位的进一步稳固。

慈禧逝世以后权力格局的另一个重要特点是，从庚子事变到1909年这一段时期，上层统治阶层内部出现新老交替的断层，从而严重地影响了清末政权的权威运作的效能。

这种政治断层现象早在庚子事变以后不久就开始出现：李鸿章死于1901年，刘坤一死于1902年，荣禄死于1903年，王文韶于1903年退休以后也于1908年逝世，继光绪和慈禧死于1908年以后，张之洞死于1909年。

---

①刘厚生：《张謇传记》，第169页。

李鸿章、刘坤一、张之洞都是在同治中兴时代进入统治阶级上层的中兴重臣，他们为清王朝效忠的数十年中，积聚了雄厚的政治权威资源。他们对这一王朝的价值在于：一方面，他们深得最高统治者慈禧太后的充分信任，忠心耿耿，久经历练，与满族统治者建立了相当牢固的政治合作关系；另一方面，他们又在汉族士绅中享有很高的威信，由于他们的存在，这个以满族为统治民族的王朝至少在汉族地主士绅阶级中尚享有相当的权威合法性。

另外，像荣禄、端方这样一些满族官僚，长期以来与汉族士绅阶级也具有相当密切的关系，他们与刘、李、张同样是维系汉族士绅与满族统治者之间关系的重要纽带。

随着同治时期末建立了较为牢固的汉满合作关系的老一代官僚的相继去世，调和这两者之间矛盾的人物越来越少。这批人物离开政治舞台以后，清王朝统治阶层中失去了一批可以对各种社会势力进行平衡的，并可以在日益尖锐的满汉矛盾方面起缓冲作用的核心人物。

继张之洞于1909年逝世之后，甚至连孙家鼐、鹿传霖、戴鸿慈这样一些稍有经验的慈禧旧臣也在短时期内相继去世。不久以后，就连端方这样的相对开明的改革派满族官僚也以"微罪"去职，正如当时的外国观察家所指出的："这一切都表明，中国在充满危机和困顿的时期，却没有突出的中国领袖人物足以应付随时可能发生的困难。"[1]

构成载沣当政时期的权力核心的，是一些少壮派的满族权贵，例如载振、载涛、载洵等等。这些人虽然有相当程度的改革意愿，然而，他们在政治方面的致命缺陷却使之难以担当大任。

---

[1] [美]李约翰：《清帝逊位与列强》，第29页，中华书局1982年版。

首先，他们长期生活于王府之中，社会接触面不广，生活经历贫乏而简单，与汉族士绅接触机会不多，难以建立更为密切的关系。

其次，一般而言，这些亲贵立宪派政治能力十分低下。他们对于立宪政治可以说是一知半解，政治经验方面又极为不足。亲贵少壮派的这种政治能力低下，可以说是清王朝满族特权等级统治造成的必然结果。恽毓鼎指出，自光绪中期以来，那些十五六岁的近支王公们，就轻裘翠羽，沉湎于臂鹰驰马之乐。徐致靖早在清亡以前二十年前就从中看到清王朝必然败亡的命运。他根据自己在朝廷中任职达四十年"识近属亲贵殆遍"的经验，认识到由于中国未来执掌大权者均属于这一类人，而"察其器识，无一足当军国之重者。吾是以知皇灵之不永也"。①

清王朝是一个由少数族统治多数族的基础上建立起来的专制政权，而这种统治之所以得以实现，必须以封闭性的特权等级结构为基础。正因为如此，统治阶级子孙后代治国能力的递减，则成为这种特权结构的历史结果。

四、摄政王的新政政策倾向

摄政王载沣虽然迫使袁世凯下野，但他并没有在推进立宪改革方面走回头路。清廷以加速立宪改革来向列强证明，袁世凯的"退休"并不意味着"进步措施的中断"，连外人也估计到，这一点很可能是1909年1月底清政府颁布的立宪政治改革纲领很快得

---

① 转引自李剑农：《戊戌以后三十年中国政治史》，第90页。

到批准的原因之一。①

载沣之所以加快预备立宪的步伐，出于两方面的原因。

首先，他本人与端方等少壮亲贵派一样，迷恋于日本式的"集权立宪"，立宪与集权是他们所认为的两个相辅相成的基本政治目标。他们的基本思路是：一方面，立宪可以使统治者与被统治者上下相通，从而起到固结人心的作用。而人心的凝结，民众的拥护和支持，又可以进而增加清王朝在列强心目中的威信。另一方面，清政府集权，则可以增加政府行政控制的效能。而在他们看来，日本也正是这样做并取得了成功的。因此，他认为，只要中国实行君主立宪，就可以解决日益深重的内忧外患。而这些危机的解决，也可以使清政权摆脱它所陷入的权威合法性的危机。

其次，这位摄政王之所以在立宪改革方面表现得十分积极，还因为他希望以加快立宪步伐的"良好表现"，在国民和国际上树立自己的形象。这对于这样一个在国民与世界各国面前尚缺乏信任的新执政者来说，显然是至关重要的。

据当时的新闻报道，1909年5月，这位二十六岁的年轻的摄政王，在对已故皇帝的奉安典礼举行之后，在宴请各国使节和日本亲王的皇宫宴会上，与各国代表一一握手，显得十分亲热。②这足以说明，他力求人们把他看作一个开明的、力求与各国友善的中国执政者。

宣统初年，清廷进一步敦促各级官员"依限筹办，毋得延缓，今将此宗旨，再行明白宣示。国是已定，期在必成"。为了向世人表明以摄政王为首的新的最高执政层继续从事立宪改革的决心与

---

① [美]李约翰:《清帝逊位与列强》,第29页,中华书局1982年版。
② [美]李约翰:《清帝逊位与列强》,第33页,中华书局1982年版。

魄力，后来摄政王甚至还把一些由于办理宪政过于消极迟缓的地方政府大员予以革职，其中包括陕甘总督升允这样的地方大员。而中央与地方的各级官员，为了保全自己的禄位，也竭力迎合清廷的意旨，并争取社会舆论的好感。《续文献通考》的作者是这样来描述宣统元年（1909年）以来在筹备宪政运动中的官僚群体心态的："限以至短之时日，督以至严之殿最，困以至窘之财政，而各省疆吏无不竭巨款以图者，盖张皇耳目，外以博声望，内以固禄位，夫创以古今未有之举，而群以迎合敷衍之心。"①

这样，新的执政集团推行的政策，又恰恰起到了加速立宪运动激进化的推波助澜作用。在慈禧退出历史舞台之后，在清王朝进入载沣统治的最后时期，潘多拉盒子已经打开，而面对潘多拉盒子的又恰恰是慈禧以后的平庸无能的新的执政者。

---

①（清）《续文献通考》，"宪政八"，第11468页。

第十五章　从速开国会运动看清末政治参与危机

慈禧太后逝世以后，新政进入了第三阶段即最后阶段。在这一阶段，以摄政王载沣为首的清朝统治者的政治控制能力急剧下降，激进立宪派不断提出尽早召开国会的政治诉求，由此所引发的政治参与危机正在迅速形成。1909年以后的清政权，面对的正是由它自己从"立宪"这个潘多拉盒子中释放出来的无数精灵。

正如国外学者所指出的："新政时期的清政府已经容许甚至鼓励新的利益集团的发展，它已经在形成新的风气和创立新制度方面作出了贡献，它已经放宽了参与公共事务的途径，并把公共事务交给公众讨论。至少在1908年以前，它还能够控制新思潮，并防止它们对原有的权力中心构成任何严重的威胁。大部分的商会、自治会和其他新的组织的成员依然是忠实的臣民，但是到了1908年以后，这些人的政治期望惊人地增加了。十二年以前，大部分文人感到康有为过于激烈，不得不支持慈禧太后去反对康有为，但当这个清政府自己来了一个一百八十度的大转弯，并超过了当年康有为曾经打算做的一切时，新绅士们却立刻断言朝廷还走得不够远，不够快。在1910到1911年，他们坚持新的要求，当不能得到满足时，这些要求就引起了普遍的不满和更为广泛的反清大联合。"①

这一分析指出新政中的这样一个基本趋势,即一方面,清末新政前所未有地扩大了社会各阶层自下而上的政治参与;另一方面,新型士绅知识分子却不断提出更为激烈的政治诉求,形成浩大的政治抗争运动。清政权正是在这种政治反抗运动的声浪中四面楚歌,陷于极度孤立,并最后走向崩溃。这一分析确实把握了1908年之后清末新政的基本趋势。

为什么1908年以后的清末改革会出现不可阻挡的激进化的基本趋势?

原因是多方面的:新政改革中出现的日益严重的腐败、效率低下等"软政权化"现象;社会不满情绪的滋长;慈禧太后逝世后形成的权力真空化;清政府由此而丧失了原有的政治控制能力,等等。然而,这些问题都是导致清末立宪运动走向激进化的外部因素。

清末立宪思潮本身在逻辑上内含的激进化趋势,以及由此产生的"政治参与爆炸"(Explosion of Political Participation),则是更为基本的原因。本章试图对这种立宪运动的激进化过程作出具体的分析,并在这一分析基础上,进而研究新政所陷入的政治参与危机问题。

一、速开国会请愿运动与立宪思潮的激进化

实际上,早在1907年初,立宪派中就出现了以"速开国会"

---

① [美]费正清:《剑桥中国晚清史》下卷,第567页,中国社会科学出版社1985年版。

为号召的国会请愿运动,这一运动是由杨度所发起的。

杨度在其《金铁主义说》中系统地表述了他的宪政主张。在这部当时有着广泛社会影响的长论中,他认为,君主立宪国家的宪法,以英国的民主程度为最高,普鲁士次之,日本最低。这种差异的产生,与人民力量的大小、君主让步的多少有关。而决定的因素,则为国会建立时间的早晚。

基于这一论断,他进而推论,中国人民所当注意者:"惟专心竭力,以求国会之早成而已。既有国会斯不患无宪法,且必有国会,而后能有程度较高之宪法,何以故?必有国会,而后国民有提议宪法承认宪法之机关。始可以国民之意思另加之于宪法范围之内,乃可望宪法程度之高也。"[1]

于是,杨度得出这样一个结论:"假使人人起来力争开设国会,日本亦不足虑,直可成为普鲁士。"人们可以从这一段议论中明显地看到,杨度的宪政观正是以"制度决定论"思想作为立论基础的,在他看来,世界各国立宪制度的民主程度,与该国的历史文化背景和该国市场化发展水平并无关系,而仅仅与人民对君主政权的斗争所达到的程度有关。只要人民斗争在先,使国会在成立责任政府以前先行建立,就可以使国会提前发挥作用,"先下手为强"地在宪法中加入限制君权的各种条款。即使像中国这样的东方落后国家,也同样可以实现英国式的那种高度民主的政体。

杨度被认为是当时中国人中对宪政制度认识得最为深刻透彻的权威学者,而他对立宪政治的认识就是如此简单。正是基于这一认识,从发表《金铁主义说》以来,杨度就把召开国会视为"惟一救国方法"。在与革命派进行斗争之时,杨度则以"召开国

---

[1]《杨度集》,第213—398页,湖南人民出版社1986年版。

会"为号召,来争取国人的支持。杨度认为,要号召国人,口号与方针就必须非常简单直截。而召开国会,就是这样一个合乎简单直截原则的政治目标与口号。

正是在杨度这种思想主张的影响下,1909年秋后,士绅立宪派就开始发起要求迅速召开国会的请愿运动。1909年11月,由江苏省咨议局发起的、有来自十六省的五十五位代表参加的"请愿国会代表谈话会"在上海举行,决定派出三十三人组成的请愿团赴京请愿。1910年1月,代表团由直隶议员孙洪伊领衔,向都察院递交了请愿书,要求于一年之内召开国会,但被清廷断然拒绝。

五个月之后的1910年6月16日,各省代表发动了第二次请愿。7月,第二次国会请愿运动达到高潮。7月16日,山西国会请愿代表团到达北京,22日向宪政编查馆呈交了一份有两万余人签名的请愿书。

当时的社会舆论认为,湖南士绅在加速立宪方面觉醒最早,而山西士绅却在推动加快立宪的进程方面表现得更为殷切。山西代表团到达北京时,大多数在京的晋籍官员均赴火车站迎接。[①]由此可以看出当时民众、官绅与知识界人士对于加速立宪进程的热切程度。

在各省的地方大员中,直隶总督陈夔龙、两江总督端方、河南巡抚林绍年、四川总督赵尔巽均积极上奏支持速开国会运动。在清廷驻外使节中,孙宝琦、胡惟德、李家驹均以外交官的权威资格,介绍外国对中国立宪运动的支持与重视,要求朝廷速定立宪年限,以免被外国议论所见笑。

尽管有少数官僚在立宪问题上持保守的态度(如甘肃总督升

[①]《宪政篇》,《东方杂志》戊申年第八期,第45页。

允公然电请朝廷对立宪持谨慎态度,切勿轻准速开国会的要求,以免贻害无穷;又如宪政大臣、吏部侍郎于式枚对于"速开国会论"加以激烈反驳;而福建士绅高种力主张,中国必须在二十年以后才可考虑立宪,等等),但是,这些立宪问题上的保守派在全国官绅中为数极少,他们冒天下之大不韪的言论受到社会舆论的强烈攻击,并被视为是对全国国民的大辱。

这些情况表明,在野士绅与在朝官僚之间,在更为激进地推进立宪改革方面已经逐渐形成共识。朝廷面临越来越大的压力。

1910年9月23日,资政院正式召开。议员分"钦选"与"民选"两类,各占一百席。1910年10月,国会请愿代表利用资政院召开之机,向新开设的资政院上书,他们遍谒朝廷要员,第三次要求速开国会。资政院于当月22日把请愿书转奏上去,并通过一个专折要求朝廷允许所请。当时,出席资政院会议的一共有一百四十一名议员,全体"应声蠢立,掌声如雷",约有十分钟之久。

预备立宪过程建立的各项制度,从地方咨议局到中央的资政院,反过来成为立宪派向清政府进行政治挑战的合法的政治舞台。

更使清廷感到雪上加霜的是,作为清政权的最重要的统治基础的各省督抚,也开始加入激进的要求速开国会运动的行列。以东三省总督锡良为首的十余位总督、都统巡抚和将军等一批高层官僚也联名上奏,呈请立即成立内阁并于明年召开国会。清廷陷入空前的孤立境地。

在这种请愿运动的强大的压力下,清廷于九天后的11月4日,被迫决定缩短立宪期限,把九年时间缩短为五年,定于1913年开设国会。立宪派中一些人并不以此满足,12月下旬,东三省代表十多人再次来到北京,呈递请愿书,认为1913年召开国会实在太晚,要求政府于明年召开国会,但深为恼火的清政府迅即将其押送回原籍。

二、立宪派思想激进化的原因

1906年清廷确立了立宪方针后，为什么清末的立宪派越来越强烈地渴求早日立宪？立宪运动的日益激进化成为新政时期政治思潮的一个重要表现，其原因何在？对这样的问题，应从立宪派的思想特点来分析。

事实上，中国士绅立宪运动的激进化，是中国当时占主导地位的立宪观的内在逻辑，即"制度决定论"的思维影响的必然结果。我们可以通过分析1907年到1911年之间的立宪派请求速开国会的议论，清楚地看到这一点。

清末立宪派思想的一个基本预设就是，立宪制度是一种无条件地适用于任何社会和国家的政治体制。众所周知，在西方，君主立宪政体是在市场化的经济力量与专制政治权力相互平衡的基础上形成的，而在清末中国，立宪政体则被理解判识为一个国家为求得生存竞争的胜利而人为设计出来的、普遍适用于任何社会和国家的良好政体。

人们可以通过一位工部员外郎刘樨所上的奏折来了解当时的立宪派人士是如何简单化地理解立宪制度的。这位刘樨在谈到为什么日本变法取得成功而中国却相形见绌时认为：

> 推原其故，彼则仿效良法，急取直追，不遗余力。我则审慎迟回，……兹所以一有效，一无效也。我国每举一事，必曰试办。若宪法者，泰西行之而效，日本师之而亦效，圣人复起不易斯制，但当实立奉行，不必姑为尝试。譬诸病症

已审，方书已具，药力一到，沈疴立起。亦何容稍事疑畏以自误乎？①

在刘桢和当时的激进派士绅官僚们看来，立宪的效用不但可以从道理上得到解释，而且可以从日本成功的事实中得到验证，因此，它对中国的作用也是毋庸置疑的。本书第三章曾提到张之洞在与慈禧对话中说过，中国应尽快立宪，甚至连出国考察宪政都是不必要的。从中可以看到这种"立宪万能论"思想在中国官僚士绅中的普遍性。

在受这种思想支配的立宪派看来，中国所面临的危机是如此严峻，如果当政者再迟迟不愿推行宪政，那就是明知有重病，却又拒绝服用良药，那岂不是对民族和国家的犯罪？

用刘桢的话来说，"时势阽危，拯溺救焚，迫不及待，何容稍事疑畏以自误乎？"②刘桢的这种观点，十分清楚地表明了立宪派对于宪政的普遍效用的看法。

清末立宪派思想的第二个特点是，既然立宪是一种放之四海而皆准的良好制度，危机压力越大，那也就意味着引入这一制度来摆脱危机的必要性也就越为迫切，因而也就越有必要立即采用这一制度。

例如熊范舆在论述为什么中国必须立即召开国会时就陈述了这样的理由：中国目前正处于"千钧一发之际"，"存亡危急之秋"，在中国之外，有"机会均等之政策并起于列强"；而在中国

---

① 刘桢：《条陈预备立宪之事应实力举办呈》，《清末筹备立宪档案资料》上册，第340—343页。

② 刘桢：《条陈预备立宪之事应实力举办呈》，《清末筹备立宪档案资料》上册，第343页。

之内,"则革命排满之风潮流行于薄海"。这种祸机已经如此明显,如不加防范,几年以后,将无法补救。他还指出,在专制国家里,由于人民没有参政权,国家对于人民,以干预政务为越权,人民对国家亦以不闻国事为本分。其结果是,政府孤立于上,人民漠视于下,以这种孤立的国体与"君民一体相逼而来"的列强相抗争又怎么可能不失败?近年以来,两宫与政府的大员们对于国事并非不尽责,但在抵御外侮方面并没有取得什么效果,其原因就在于此。如此的危机,只有上下团结一心才有可能克服,"国家不可以孤立,政治不可以独裁,孤立者国必亡,独裁者民必乱"。

熊范舆等人指出,各国政府之所以最终放弃了专制集权政治,而无不设民选议会,并不是国君们不想要专制,而是害怕因孤立而亡国。因为在此国际生存竞争日趋激烈的时代,"非上下同负责任,则国力不厚,无以御外侮而图自存。非人民参与政权,则国本不立,无以靖内讧而孚舆望"。

预备立宪公会的士绅领袖郑孝胥、张謇和汤寿潜等人在1908年7月给清廷的电奏中提出要求速开国会,他们提出来的理由也同样如出一辙:

今日时局,外忧内患,乘机并发,必有旋乾坤之举,使举国人之心思耳目皆受摄以归于一途,则忧患可以潜弭,富强可以徐图。目前宗旨未定,所有国家预定之计划、执行之力量,断无一气贯注,能及于三年之外者。

因此,他们认为,朝廷只有乘此上下同心之际,一鼓作气,在两年内决开国会,才能固结民气。措天下以泰山之安。[①]

他们认为,在人心散乱的局势下,唯有在短期内实行立宪和

[①]《宪政篇》,《东方杂志》戊申年第七期,第11页。

召开国会,才能解除危机,聚结人心。这些最孚清望的士大夫并没有加以论证,中国是否有条件在短期内实行立宪,立宪是否可以产生预期的效果,他们仍然沿袭近代中国士大夫立宪派的固有思路,把立宪视为解决危机的一种手段和工具。在他们看来,当社会处于危急关头,急需某种精神力量来使如同一盘散沙的社会人心凝结起来时,速开国会就可以提供这样一种精神力量。

几天以后,这些对国事忧心忡忡的士绅在呈交此份上奏后,仍觉言犹未尽,又再次上奏。这次上奏提出一个在后世人看来颇为奇特的论点,即中国是一个"国大俗殊"的特殊国家,无论任何国家的政治家都没有足够的学识来判断中国的国会应采取何种方式建立,即使把中国学者集中起来讨论也无法作出权威的裁决。所有的判断都不过是随意的揣测,不足以为定论。既然如此,关键就在于朝廷是否愿意召开国会。如果愿意召开,那就"以最捷之法,决然为之,固非甚难"。而且他们认为,实行立宪所需要的条件完全是相对而言的。如果两年召开是过于"简率",那么,七八年召开未必就完密。

对许多人来说,宪政主义已经成为医治中国各种顽症的唯一的灵丹妙药。这种"立宪万能论"已经变为一种无须论证的政治神话。一位名叫远腾久吉的日本情报人员在给本国政府的报告中,是如此描述当时中国的士绅立宪派急于实行立宪的心态的:"立宪派政党中的绝大多数人相信,只要有了一个立宪国会,一切都是可以办到的。宪法一经制定,国会一经成立,失败误国的岁月将立刻一扫而光,财政竭蹶可以补救,国债可以偿还,军备可以扩充,国力将进而充沛。人民权利将被恢复,而多年来中国民族所蒙受的民族羞耻将被扫除。国家的威信将广被全世界。"[1]

三、地方官员倾向激进立宪运动的原因

在清末宪政运动中,有相当一部分地方与中央的官僚都积极呼应民间的立宪要求,并在清政权体制内里应外合,形成清朝最高统治者无法忽视的一种重要势力。

其中,地方高层官僚中的立宪派的影响尤为值得重视。在立宪运动日益趋向激进的情况下,不少地方总督和各级官员均倒向士绅立宪派一边。他们从权力结构内部对清廷施加压力,要求清廷加快立宪的进程。这股力量的加入,对清政府在立宪问题上的让步具有重要的作用。例如前面提到的十八名高级地方官僚和驻外使臣联名要求加速立宪的奏请,就是一个突出的例子。

一个值得深入分析的问题是,为什么地方大员会纷纷一变而为要求提前进入立宪阶段的立宪激进派?

这里,我们可以以东三省总督锡良作为个案来进行研究。

1910年年底,奉天各界绅民一万余人,手中举着请开国会的小旗,跪在东三省公署之前,请求总督大人代东三省绅民向朝廷转递速开国会的请愿书。请愿者们情绪激昂,其中有些甚至激动得泣不成声。在负责接待的官员劝阻无效以后,东三省总督锡良亲自传见请愿代表。一开始,他劝告这些请愿者说,宪政与国会组织绝非易事,就以朝廷所规定的1913年作为召开国会的期限,距今也只有二三年时间。这样的时间对于完成如此复杂的筹备工

---

[1] 《远腾报告》,《日本外务省档案》,引自周锡瑞:《改良与革命》,第115页。

作来说，已经显得十分急促了，因此不应再提出进一步的要求。①

然而，请愿者们并没有被总督的劝谕所说服，呈递的请愿书着重强调了如下几点：

东三省面临的危机形势已经到了"迫不容待"的地步。日本所筑的安奉宽轨铁路日夜开工，明年即可告成，日本与俄国的移民与日俱增，危机之伏，岌岌不可终日。如果等到1913年，那时东三省是不是中国的领土都很难说。现在，"朝野上下，无不公认国会为救国之良药，果无此良药则已，既有此良药，则早服一日即早救一日之亡。否则，坐使良药不能即时收效，以致三省坐亡。牵及全国，此所以焦心沸血不能已，故再请缩短也"。至于立宪准备的事，请愿者们认为："缓图之，即三年未必完全，急图之，虽数月亦可蒇事。"因此，关键是看人们如何确定标准而已。

面对"万余人伏地悲泣，至有搏颡流血，声嘶力竭不能自已"的场景，锡良深深地受到了触动。民众与士绅是如此"情词迫切，出于至诚"，中国的危机又是如此的深重，东三省的版图说不定哪一天就会"首沦异域"。

于是，在接见请愿绅民之后，他毅然向朝廷吁请明年立即召开国会。他不但同意奉天绅民在呈文中提出的立即召开国会的上述全部理由，而且还进而补充了另一条更为重要的新的理由，那就是：根据他对今日大势的观察，中国政府要保护东三省避免被并吞的厄运，一无可恃，唯一可凭依的是"民心不死，皆知崇戴朝廷"这一点而已。因此，如果不能顺从人心，实行立宪，那么，

---

① 参见锡良：《奉省绅民呈请明年即开国会折》，《清末筹备立宪档案资料》下册，第648页。

一旦人心失去，中国就根本没有可救的办法了。①

这份奏折写得十分恳切，与同一作者在任四川总督时写的那些官样文章的奏议大不相同。

从锡良的奏议中可以看出，地方高层官员赞同立即实行立宪的原因，除了他们与激进的士绅立宪派同样认为只有迅速立宪才能救亡以外，面对成千上万的请愿者们的浩大声势和群众集会所显示出来的巨大压力，以及官府在这种广大示威人群中的孤独无援，可以说是一个极为重要的因素。这种压力是深居京城王府大院的皇族权贵们所不可能亲身感受到的。他已经觉察，民众的激昂情绪一触即发，并有使局势失控的危险。

正是在这种情况下，各省的封疆大员们已经直接而真切地感觉到，立宪思潮是如此强有力地席卷整个社会，地方政府实际上已经没有能力来控制这种自发的民众集会请愿的场面。只有顺从请愿大众的要求，才能避免局势的进一步失控，使自己不致因局势大乱而身败名裂，使本朝不至于因动乱而崩亡。在这种政治环境中，哪怕是为了平抑民心，立即召开国会也是必要的。他们认为，政府已经没有其他选择。

四、革命排满思潮对激进立宪运动的促成作用

革命派对清政权的压力，是立宪派激进化的另一个重要因素。一些由同质民族组成的传统专制国家（如日本），在经受西方挑战与压迫之后，会自然而然产生一种效忠本民族的统治中心的

---

① 参见锡良：《奉省绅民呈请明年即开国会折》，《清末筹备立宪档案资料》下册，第648页。

向心力，这种向心力非常有助于加强国家集权政治的力量。这种受外部侵略而激发起来的"反应性民族主义"的向心力，一般而言，可以成为统治者权威合法性的新的资源。当民众认为本国政权是本民族抵抗外族压迫的政治中枢和坚强后盾时，国家的权威甚至比它还没有经受外部挑战时更受到敬重和支持。正因为如此，在应对西方挑战时，以同质民族为基础的传统国家政权即使遭受各种挫折和失败，国家所享有的向心力的聚点的地位，均使它可以渡过各种危机。日本的明治维新可以作为一个明显的例子。

而中国的情况则相反，作为满族统治的专制国家，中国存在的这种统治民族与被统治民族的非同质性，使清王朝统治者的权威合法性面临着被统治者的严重挑战，其原因就在于被统治者很难相信"非我族类"的统治民族推行各项政策背后的动机的纯洁性。在中国，在经历西方挑战之后，民族主义的向心力没有凝聚起来以前，排满主义却已经成为瓦解政府权威的巨大力量。

排满论的一个基本观点是，落后的满族之所以能统治四亿汉族人达两百多年之久，只能靠那些愚弄锢塞人心的成法，满族统治的特权地位决定了统治者不可能实行与他们的利益相对立的改革。在主张排满论的人们看来，清廷之所以不断强调"祖法不可变"，其实乃是出于维护满族统治权这一极为自私卑下的政治目的。因为只有满族人的"祖法"才能保持其民族等级的特权制度，任何涉及这种"祖法"的变革都意味着削弱其特权。

作为排满思想的最重要代表人物，章太炎对清政权的攻击最具代表性。章太炎的排满主义带有很强的情绪化的倾向。他甚至认为，百日维新乃是出于光绪皇帝"挟外人之势"向慈禧夺权的自私目的。用章太炎的话来说，光绪"知非变法，无以交通外人，非交通外人，无以挟势"。①章氏甚至公然宣称："载湉小丑，未辨菽麦。"章太炎的这一看法显然是不公正的，事实上，正是这位被章氏唾骂的光绪皇帝，在变法期间对满员时时加以面斥，其严厉态度却很少施之于汉人官吏。

章太炎的排满主义具有最为激进的性质。他直截了当地认为，单凭满族人"非我族类"这一点，清王朝就不具有统治中国的资格，汉族人根本就不必考虑这一政权的政绩是好是坏。他说："逆胡膻虏，非我族类，不能变法当革，能变法亦当革。不能救民当革，能救民亦当革。"②汪精卫同样也认为，对于清朝这样一个"其心必异"的外族王朝而言，如果它所推行的立宪没有成功，那就足以证明满人的没有诚意；反之，如果立宪成功，那无非意味着汉族人将不得不长期地继续遭受满人的压迫与统治，正因为如此，无论立宪成功或失败都是汉人不能接受的。③只有彻底地"排满革命"，中国才有指望。

我们可以把这种对满族王朝的不信任心理称之为"后母情结"，即"后母"所犯下的错误与过失，较之亲母同样的过失，更难得到"子女"的谅解。这种后母情结最为典型的反映，可见于吴魂的文章。他认为满人是异己的他族，"以他人之土地，双手捧于碧眼红须之人"，满人实际上是把我们汉人的土地献给洋人，通过牺牲我们汉人来拯救他们自己，他们所做的一切都并不是为我们汉人好。④

既然满人为维护其特权而反对改革，那么，只有排满才能改

---

① 《章太炎选集》，第169页。
② 章太炎：《中国立宪问题》，《江苏》第六期（1903年11月）。
③ 《辛亥革命前十年间时论选集》第二册，第116页。
④ 《辛亥革命前十年间时论选集》第二册，第545页。

革,才能救亡,排满是消除变革的障碍,排满为救亡所必须。方声洞认为:"迄于今日,外患逼迫,是以满清政府一日不去,中国一日不免于危亡,故欲保全国土,必自驱满始。……中国存亡在此一举,事败则中国不免于亡,如事成,则四万万人皆生。"[①]陈天华在《警世钟》、《猛回头》等书中坚信,帝国主义正在运用通商、海关、利息、占矿等方式来对中国实行种族绝灭。这种观点在今天看来,也许不尽符合事实,但在当时,却是符合中国许多知识分子所坚信的社会达尔文主义的思想逻辑的。

激进的排满心态从根本上否认满族统治的合法性,它的广泛存在及其对青年知识分子的影响是促使那些支持清政权的立宪派士绅要求加速推进立宪改革的重要原因。正如前文所述,杨度与梁启超等立宪派人士正是基于这一政治考虑,力求以加速立宪来争取人心的。

人们可以发现,速开国会论的提倡者提出的不少论点,与其说是出于逻辑上的理由,不如说更多的是基于受焦虑心态支配而产生的政治要求。正是这种心态"制造"了许多"逻辑"上的理由,至于这些理由是否经得起推敲,人们并不关心。例如,继王善荃之后,度支部郎中刘次源的奏折的立论便可以为证。

刘氏在奏折中指出,主张立宪缓进论的人们提出的一个主要论点是,由于中国比日本地方大十多倍,三年召集国会为时过短。刘氏的反驳是,中国是中央集权的国家,而日本是分权制的幕府制国家,中国大权向来统于朝廷,"诏旨朝下,日未晡而天下响应矣"。因此,"本应天顺人之心,以召集国会,主动在我,决无留难"。其次,中国自古以来久遵一王之制,与诸侯各自为政的日本

---

① 《血华集》,第54页。

相比，在风俗人心和人民归依程度上，更为整齐划一，因而更易于推行立宪。第三，日本历来保守势力强大，中央政权对其只能采取调和政策。而中国自咸丰、同治时期，已有曾国藩、左宗棠诸臣提倡"师夷"之说，如今公开打出顽固旗帜者已不存在。而议院自中国唐虞三代以来，就是固有的传统学说。只要朝廷一加提倡，不用多久，附和支持者就会遍于天下。第四，中国可以以日本这样的立宪先行者作为仿效的榜样，加之风俗文字大体相同，因而也就更为容易。①

刘次源也承认，由于中国面临更为险恶的国际环境和国内问题，中国较之日本在实行立宪方面存在着更多的困难。接着，刘氏却突然笔锋一转："我国伏莽遍布……非速开国会则不足以收已散之人心……我国当此危急存亡之秋，人民皆以国会为急救之策，一有不遂，大势瓦解。"刘氏认为，正因为中国面对严重的危机，不速开国会就无法拯救中国。刘氏由此得出的结论是："以情势论，则我国可以早开，而日本不可以早开。以境遇论，则日本可以不早开（国会），而我国则不可以不早开。"②

从道理上说，中国面临内外危机这一不利条件，无疑是实行立宪的障碍和困难，此时却反过来成为必须"速开国会"的理由。当时的中国士绅们沉浸在强烈的焦虑心态中，很少有人会去发现立论者违反了逻辑上的同一律而出现的错谬。

事实上，刘氏列举的"中国必须速开国会"的四项有利条件，每一项都难以成立。例如，刘氏所说的中国"久遵一王之制"的大一统与中央集权，有利于"天下响应"则完全是表面化的见解，

① 《宪政篇》，《东方杂志》戊申年第七期，第11页。
② 《宪政篇》，《东方杂志》戊申年第七期，第11页。

这种传统大一统与集权专制，与立宪政治所要求的契约化人际关系恰恰是对立的两个极端。唐虞三代与近代立宪观念更是风马牛不相及。

在中国，由于民族生存环境急剧恶化，以"危机论"为基础的激进改革观与以"条件论"为基础的渐进变革观之间的分歧与政治冲突，自20世纪初期以后，一直是中国现代化过程中的政治冲突的核心问题。与环绕意识形态的理念与价值信仰而形成的激进与保守的冲突相比，这种冲突具有更为普遍与广泛的意义。

从历史事实可以看出，在危机深重的条件下，"危机论"变革观较之"条件论"变革观，在非理性的情感层面对政治精英具有更大的感召力与吸引力，这一点可以解释，中国近代以来的立宪激进主义何以会压倒温和的渐进主义而成为主流的价值趋向。危机环境所导致的共识两极化与政治分裂，始终是20世纪以来中国的变革过程中特别重要的因素。

五、新政中的政治参与危机及其对清廷的挑战

现代化变迁的历史过程是一个政治参与逐渐扩大的过程，处于传统体制下的各种社会群体与阶层，力求通过各种途径对政治中心提出自己的诉求并影响政治决策，这种自下而上的政治参与的扩大以及由此产生的社会动员，是现代化变革取得成功的必要条件。

然而，如果政治参与在短时期内出现急剧的大幅度的过度膨胀，而容纳这种政治参与的制度化程度又无法在短期内形成，那么，这样的过渡性社会就会产生严重的社会动荡、政治冲突与政治危机。

从一些成功推行现代化的国家的历史来看，社会中各个群体的政治参与是逐渐延伸的。而且，不同的社会群体对政治参与的要求在时间上也是错开的。这种渐进过程可以使各种社会群体对中心制度的冲击力分散化，并使传统的政治中心制度和政治精英在相对长的时间内逐步地从容地增强对参与压力的适应力和吸纳能力。

在传统政体下的变革中，最严重的困难，是自下而上的政治参与如同洪水决堤一样急剧膨胀，对现存秩序与政治权威构成巨大的冲击与挑战。如果政治中心无法制约这种自下而上的政治参与"爆炸"，那么，这一政权最终将被民众的政治参与的滚滚洪水所吞没，在传统体制下的改革运动便被革命运动所取代。

因此，对于一个传统政体下的变革者来说，要使一场变革运动取得成功，不应消极地限制或否定自下而上的政治参与，而应使政治参与的发展过程处于可控制的适度范围内，使其不至于对既存秩序构成严重的挑战。

如果从上述观点看问题，人们就会发现，自日俄战争以来，新政中的政治参与潮流便是一个日益膨胀的急剧发展过程。尤其是1909年以后，以速开国会为宗旨的立宪运动走向激进化，标志着清末新政开始陷入严重的政治参与危机。

前面，我们分析了制度决定论思维方式支配下的立宪思潮本身具有不断走向激进的自然趋势。下面，我们可以从一个更深入的层次来分析导致清末政治参与危机形成的原因。

民族生存危机的压力是形成清末政治参与扩大的主要因素。与西方各国情况不同，中国清末变革中涌现的各种社会群体，并不是市场经济的发展引起的社会分工与相应的社会分化的结果，它们是在危机压力刺激下，为实现救亡图存这一目标而建立起的。危机下的变革的特点是：危机感越强，政治参与的要求与压力也就相应的越大。

从新政过程可以看出，社会群体进入中心政治领域的速度是相当快的。

首先，筹备立宪时期建立的地方自治、咨议局和资政院极大地扩展了中国士绅与知识分子自下而上进行政治参与的渠道。其次，报纸、杂志等大众传媒在19世纪末的迅速发展和在知识界的普及，社会舆论和言论相对于过去时期的较大自由，出国留学潮的兴起，以及社会流动性的迅速增长，这些被认为是推进中国日臻富强的重要举措，均极大地刺激了各种新型社会群体的出现，并促成了这些群体对中心政治领域的迅速参与。

新政时期的各种社会群体与利益团体大体上可以分为以下几种类型：以留学生与学堂学生为主的排满革命团体；以改良派士绅、官员和城市新型商人为主的激进立宪派；支持立宪但更关注本地区和本身的既得利益的地方自治派；以抗捐斗争为主要反抗形式的农村与城市下层贫民阶层；在清廷采取中央集权措施之后，备受中央与地方立宪派压力的支持加速立宪的地方督抚和官员，等等。这些社会群体和政治势力由于政治理念、价值目标、自身利益和所处的地位的不同，提出了不同的政治目标和相互对立的诉求。

正是在这种情况下，新政便面临着这样一个严重的矛盾：一方面，各社会群体对政治中心的要求，可以极为急剧地呈几何级数般地增长；另一方面，现存政治中心却无法以相应的速度，形成吸纳和满足上述政治诉求的能力。

对于一个主持变革的传统政权来说，如何解决这一个矛盾？

为了对迅速进入中心制度领域的各种社会群体和阶层的活动

进行调节、协调和整合，必须形成一系列社会认同的规范性的方法和机制。政府的权威合法性以及一个国家的中心象征符号在民众中的吸引力，是制约政治参与过度膨胀的两种资源。然而，以上两种可以被清政权运用来限制政治参与急剧膨胀的政治资源却极为贫乏。

从权威资源方面来看，清朝统治者的权威在民众与知识阶级中已经不具有可信任性，权威合法性危机一旦形成，不满现实的民众的政治参与爆炸的可能性将极大地增加。更为严重的问题是，在日俄战争以后，清王朝统治者力求通过更为"民主"地扩大政治参与渠道和加快体制变革，并以这种政治上的"良好表现"来重建其权威在民众与知识分子中的合法地位。这样，就使在传统体制下长期受到压抑的政治诉求得以迅速动员起来。而这种长期受到压抑的政治诉求是如此的强烈，社会问题又是如此众多，与统治者有限开放的政治参与渠道的相对狭隘形成强烈的反差。这就引发了统治者原先不曾料及的政治参与爆炸。于是就出现这样一个矛盾：统治者力求扩大政治参与来增加自己的权威合法性，而这种政治参与扩大对其权威合法性的"增值"，远远不足以使统治者运用这种权威资源来限制民众与知识分子政治参与的巨大潮流的冲击力。

这一点可以用来解释，何以自法国大革命以来专制政体下几乎大多数"羞羞答答"的改革派君主都对自己打开的"潘多拉匣子"手足无措。清末新政的情况也同样如此。

其次，从社会共识角度来看，新政时期作为社会共识基础的中心价值与象征却并不存在。儒家的传统意识形态是一种以君尊臣卑的纲常为核心的意识形态，而立宪制度则是以契约法则为基础的政治制度，前者不可能为后者提供制约立宪体制下的政治行为的规范。虽然一些在立宪问题上持相对保守态度的人如于式枚等，力求从传统文化中寻求对其保守的立宪观的支持，但毕竟是过于牵强附会，凿枘不入，徒劳无功。

再次，清末中国的民族主义也并不能提供协调、整合不同的社会群体的中心象征。这首先是因为，只有在统治者与被统治者属于同质民族的情况下，民族主义才能起到加强统治者在民族主义旗号下的政治凝聚作用。清朝统治者无疑是无法享有这种民族主义资源所提供的政治便利的。而且，民族主义只是一种实现国家和民族富强目标的政治要求，它必须与不同的政治手段和方法结合在一起。而不同的社会群体和政治势力用来实现民族主义的方法和途径则是根本不同的。从排满革命到加强清廷的权势，都可以被认为是民族主义者。

而构成中国清末立宪思想和政治运动的基础的，恰恰是前面所述的"制度决定论"。立宪派从内忧外患中感受到的危机压力，经由这种思维框架，不断地引发为日益激进的速开国会论的政治诉求，这种思维方式与传统的中心象征之间可以说没有任何贯通之处。

在这里，特别要指出的是政治参与危机同清末变革过程中青年问题的关系。

新式学堂的迅速普及和留学生的大量产生，是新政时期最具有时代意义的社会变化。到了20世纪初期，这种教育方面的变化，使大批青年从对科举制的依附和束缚中脱离出来，使他们形成一种相对脱离其他社会阶层的社会群体。

清末新政的执政者，与传统国家推行现代化政策的统治者一样，固然把扩大西式的现代教育视为使本国实现现代化的最重要的手段和工具。但正如一些研究现代化过程中的青年问题的学者曾指出的那样："较高深的教育对于落后的社会并不能像人们预先期望的那样，产生稳定而渐进的效果。"①

在废止科举制度以后的几年中，大批脱胎于士绅阶层的中国知识青年以前所未有的数量，涌向日本与其他各国留学。然而，国外的留学生活经历使青年知识分子深深体验到国外先进文明与本国落后的现实之间的强烈的文化反差，近代西方价值标准、平等、自由及国家主义的观念，都对青年人的思想产生统治者不曾料及的深远影响。当这些在国外受过西式教育和知识技能训练的青年学生回到国内时，他们又进一步目睹了社会的落后、政治的腐败及其他种种问题，这是已经接受新的价值标准的青年人所无法接受的现实。当新型知识青年以理想的标准来判断现实时，这种不满情绪便成为革命思潮的温床。

除了上述思想文化反差造成的社会不满情绪以外，就业引起的种种困难，也严重地困扰着大批从国外留学回来和从新式学堂中毕业的青年知识分子。一方面，清末新政的主持者鼓励大批青年出国留学，并在全国各地大量兴办各种新式学堂（据统计，到1907年时，中国在日本的各类留学生人数总计已达7000人，每年都有大批从日本与其他各国返回国内的留学生）。科举制度的废止，使新式学堂与出国留学成为取得功名和社会地位的主要途径，这是造成1905年以后学生阶层人数急剧增加的最为直接的重要原因。另一方面，晚清的中国作为一个起步伊始的推进现代化的国家，其社会经济发展水平和文化发展程度，还远远无法提供足够的位置来吸纳纷至沓来的从新式学堂中毕业和留学归国的青年知识分子。例如，在辛亥革命前，湖北督练公所中充斥着无所事事、

---

① ［美］弗克拉斯：《青年与政治变迁》，第12页，中华书局1982年版。

坐领干薪的留学各国陆军的毕业生。而湖北陆军小学与讲武堂的学生苦读数年之后，亦同样因"无所位置"，连安身啖饭之所亦无法可以寻到。①理想与现实的巨大差距与就业困难引起的前途渺茫和失望，使都市中与各省充满了大批"游离态"的、充满心理挫折感的青年知识分子。清末新政所导致的"游离态"的社会动员，使革命的情绪最容易在这些富有理想而又在现实生活中倍感绝望的青年知识分子中发展起来。

六、清末新政的总危机正在到来

宣统元年（1909年）春，在日本观察中国政治事态发展的伊藤博文就预言"中国在三年内将会发生革命"。②他认为，除了立宪派各党派竭力争夺权势外，主要的危险还在于，各省咨议局被赋予太大的权力。由于中央政府已经被削弱得十分可怜，而该年11月即将召开的咨议局，将进一步减弱督抚的权力，这就会使得受到咨议局沉重的压力的地方督抚们，为保住自己的权位，不再去依靠朝廷，而是去迎合地方立宪派，反而向中央政府施加压力。用伊藤的话来说，结果将是"总督们在同北京的任何争执中，无疑地支持当地的咨议局"。③

地方督抚与各级官员，原本是中央政权在地方的权力基础，中央的政令是依靠这些官员去贯彻实施的，而由于地方咨议局此时已经拥有了弹劾督抚的大权，为了保住自己的权位，这些地方

---

①《湖北新军种种》，《辛亥革命在湖北史料选辑》，第349—353页，湖北人民出版社1981年版。
②[美]李约翰：《清帝逊位与列强》，第36页，中华书局1982年版。
③[美]李约翰：《清帝逊位与列强》，第36页，中华书局1982年版。

大员们此时便反过来向咨议局"俯首称臣"。这对于权力已经被咨议局与新近成立的资政院大为削弱的中央政府来说，无疑是釜底抽薪，雪上加霜。

1909年5月，日本首相桂太郎认为："宪法、国会、资政院这些东西本身虽是极好的，可是要使一个国家能够运用它们，必须要有许多准备工作，而中国在能够吸收理解它们以前，对于这些制度还没有作过足够的准备工作。"这位日本政治家认为："中国现在走得实在太快，会出毛病的。"

这两位日本资深政治家在观察中国政局时，涉及清末新政中出现的政治参与急剧扩大所可能引发的政治动荡与社会危机问题。到了宣统初年，地方咨议局与中央资政院建立伊始，便成为最为活跃的政治舞台。对清王朝中央政权不满的地方势力、激进的立宪派人士可以在这一合法的政治舞台上，同权力与声威已经大为削弱的清廷唱对台戏。清末现代化引发的政治参与危机正在形成，并以决堤之势向清王朝作最后的冲击。

第十六章 清末的权威危机与保路运动

到了1910年前后,清末新政已经陷入了"改革综合征"的陷阱中难以自拔。

新旧权力交替产生的权力真空,使清末统治者的权威危机变本加厉,并进而使清末统治者对社会危机局势的控制能力大为削弱。

由于危机的压力以及立宪救国论思潮的广泛社会影响,清末的筹备立宪运动开始进入要求加速立宪进程的时期。在这一时期,出现了三次要求速开国会的全国范围的请愿运动。政府已经无力控制与影响这一运动的日益激进化的趋势。

而清政府则为了加强对政治局势的控制并进行自我保护,力求实现中央集权;它建立了以立宪派权贵为主体的"皇族内阁",这又进一步增加了民众与士绅知识分子对政府的疏离与不信任。

传统的儒家政治意识形态对社会人心的镇制能力的削弱,使社会成员不再具有共同遵循的效忠传统中央集权国家的目标取向,士绅民众、新型知识分子乃至地方官僚,与清末新政的主持者之间,在解决危机与实现富强的目标的途径、方法、手段等方面,缺乏最基本的共识。立宪派与政府的矛盾日益紧张而且难以调和。

在社会层面,由于新政为筹措经费而采取的加税摊派与各种措施，引发了各地广泛的反抗运动。各地的"抢米风潮"层出不穷。整个社会充满着一种无序感。

从现代化理论的角度来看，清末新政在进行了十年之后，已经陷入了权威合法性危机、政治共识危机、政治参与危机与政令贯彻危机等多种危机重叠并相互影响的困境之中。而在政治认同已经出现严重分裂的情况下，立宪改革导致的政治参与的急剧扩大，立宪思潮的激进化，以及由此造成的越来越强大的对软弱无力的政府的巨大压力，是构成清末危机的主线。

在这种情况下，铁路收归国有政策成为引发清王朝总危机的导火线。我们将通过透视清政府铁路国有政策的形成与保路运动的兴起这一历史过程，来具体地分析新政中的权威危机、立宪激进主义、地方主义离心势力这些因素是如何相互作用并进而导致清王朝改革的总危机的爆发的。人们可以通过研究铁路风潮与由此引发的政治冲突，发现许多令人深省的东西。

一、从官办到商办铁路：清政府铁路政策的演变

自近代以来，中国人在铁路问题上经历了思想观念与态度上的几次重大转变。

如果说，直到19世纪70年代，相当一部分的中国士绅官僚还把拆毁铁路视为是反对列强侵略的一种必要手段的话，那么，到了19与20世纪之交，尤其是庚子事变之后，上自朝廷下至士绅平民，已经越来越清楚地认识到铁路对于经济发展与民族振兴的重要性。

人们普遍认识到，中国幅员广阔，风气各殊，唯有铁路才能使全国联成一体，收行政统一之效。此外，民族危机的压力和列

强的步步紧逼,使国防的重要性日益突出;无论是军务之征调、土产之运输,实业的振兴,财政收入的增加,贫困地区的开发,灾荒的赈济,都离不开铁路事业的发展。这就使得人们皆以"赶造铁路为治内御外之唯一良策"。①在中国建设更多的铁路,以适应富国强兵的需要,已经成为中国社会各阶层的普遍共识。

大体上,自甲午战争以后,清末的铁路政策经历了合股官办、商办与路权国有这三个阶段。

清政府的铁路政策的第一阶段是"合股官办"。甲午战争之后,清政府鉴于铁路对于国防的重要性,决定由国家筹集资金自办铁路。从1896年起,清政府特设铁路总公司,以盛宣怀任铁路督办大臣。盛宣怀的基本设想是,以商股、官股与洋债合而为一作为资金来源,由政府主持兴建铁路。然而,由于民间资金短少,在合股官办阶段,清政府主要还是通过以向国外贷款为主的筹资方式兴建铁路,从1896年到1904年间,一共兴建铁路一万三千余里。尽管这种"合股官办"建路模式确实较之过去完全由外国包办路政的方式更为进步,但在实际运行中也存在着相当的问题。

由于商股与官股不易筹集,清政府办的铁路总公司不得不依靠洋债作为主要资金来源。这就导致了中国铁路利权严重流失的问题:既然外方提供了主要的资金来源,那么,清政府作为回报,就把铁路的管理权、用人权、稽核权、购料权拱手让给外国的借款公司;此外,外国公司从中获取的各种回扣、经纪费、余利,这些利权的流失为数也十分。更为严重的是,根据合同规定,中方必须以全路产业作为借款抵押,如果到期不能还本付息,外方将把铁路占为己有。这种苛刻的合同与重利盘剥,显然是中国人

---

① 盛宣怀:《复陈铁路明定干路支路办法折》,《愚斋存稿》卷十七。

难以长期忍受的。

正因为考虑到"合股官办"的铁路建造方式存在的种种弊端以及主权丧失可能导致的后果,在朝野的压力下,清廷后来便越来越倾向于鼓励通过民间集资的方式由中国人独立建造铁路。到了1903年,四川总督锡良上奏建议由政府来组织兴办铁路,资本则由官方向民间以捐税方式筹集。主张铁路商办的人们当时认为,洋人筑路不但会导致中国利权丧失,而且还会使洋人利用各种机会扩张政治经济势力。他们相信,中国人完全有能力用自己的资金与技术,完成铁路建设的巨大工程。最为合适可行的办法,就是组织召集华人集资,包括派人到东南亚各国邀请华人巨商投资等等。

锡良的建议自发表以后,从朝廷、商部、户部、外务部到各省的绅商,均空前一致地表示了赞同。从洋人手中收回路权,由中国商绅集资,通过中国人自己的力量来建设铁路,几乎成为全国上下的共识。于是,由中国民间自主地筹措资金来建造铁路的商办模式,便应运而生。

事实上,早在光绪初年,清廷就曾发布过鼓励商办铁路的政策,允许能自筹资金一千万两者,设立民间铁路公司自行建设铁路。但中国民间当时能认识到铁路利益与意义的为数不多,响应者寥寥无几。到了三十年以后的1904年,随着经济上的民族主义思潮的勃兴,"拒外债、废成约、收路自办"成为全国士绅的鲜明口号。

要实现铁路商办,就必须收回由外国公司发行的铁路股票。1904年,张之洞听从湖南士绅王先谦的建议,用650万美元的巨资,也即以高于原价近一倍的资金,从美国人那里赎回原先由美国合兴公司发行的股票,从而赎回粤汉铁路的修筑权。这一赎回利权的成功,又进一步鼓励了1905年至1908年各省商绅争取赎回沪宁铁路、苏杭甬铁路、广九铁路承办权的社会运动。这一时期可以说是铁路商办运动进入高潮的时期。

二、商办铁路政策的三大弊端

然而,清政府的铁路商办政策自1904年推行以后不久,就出现了人们原先不曾预料到的严重问题与弊端。事实上,收回利权运动更多的是激于道德义愤与爱国情绪。中国长期与外世隔绝,在缺乏资金、技术、管理经验的情况下,人们发现,要通过商办方式独立建造遍及全国各地的数以万里计的铁路绝非易事。这种困难主要表现在三个方面。

首先的困难是,民间无法筹集到修路所必需的巨额资金。中国作为一个传统的农业国家,缺乏工业化所需要的资金来源,这可以说是很多后发展国家所面临的共同问题。根据1909年邮传部查勘各地自办铁路实况的报表,川汉、西潼、洛潼、江西、安徽合计估算资金应为7200万两,而实际到位的资金仅为1310万两,仅占应集资金的18.2%。这些铁路估算里程为3420里,而实际建成仅为89里,也即为应建里程的2.6%。而且,在已经筹措到的资金中,实际上也主要为租股、土药股、盐茶股。[①]

在所有绅商自办的铁路中,川汉铁路问题最为严重。自商办以来,时间已经过去了数年,集款只及全路所需数的十分之一;有人估计,按此集资速度与建路速度,须90到100年时间才成。

[①]《宣统元年邮传部查勘各路实况表》,宓汝成编:《中国近代铁路史资料》第三册,第1159页,中华书局1984年版。

用人们当时的话来说，如此下去，后路未修，前路已坏，前款不敷逐年路工之用，后款不敷股东付息之用，款尽路绝，民穷财困。

第二方面的困难是，商办铁路公司不但缺乏合格的工程技术人才与经营管理人才，而且也同样缺乏经营管理的监督机制。这两方面因素相结合，必然导致商办铁路公司经营管理不善，任人唯亲，挪用贪污严重，效率低下。以川汉商办铁路为例，已经收到的少量路款（约1000万元）又被经管铁路的人员层层贪污挪用达两百余万之巨，以致全蜀绅民追讨无门。川汉铁路移交时，政府才发现，该铁路公司实际收入的资本为1600万元，花了大约1000万元只铺设了40英里的铁路。这样低下的效率，加上高层职员的浪费贪污成风，致使商办公司的信誉扫地。民办铁路公司一旦失去信誉，集资就更加困难。实际上，各地商办公司已经陷入这种恶性循环之中。

问题的严重性还在于，商办公司的被侵蚀的股款，绝大多数是普通民众按亩加捐而来的脂膏汗血，可以说是小民一家数十年心血所聚，民众所蒙受的这种巨大的损失，必将引发民愤民怨，一旦发作，后果是不堪设想的。①清政府显然也意识到由此引发社会政治危机的可能性。

第三方面的困难是，由于商办铁路各自为政，各省和地区在干线上的统筹和协调难以解决。各省所定路线各有畛域，无法使一条贯穿各省的铁路有效地建造起来。支线与干线铁路如何衔接，轨道如何贯通等重大问题，事先均没有统筹全局的规划，其结果必然会形成路线交错，重复建设，造成惊人的浪费。

事实上，不少士绅与商民力求把铁路筑路权收为民办，并非

---

① 《甘大璋等奏折及清帝谕》，《盛宣怀档案资料选辑之一》，第80页。

出于单纯的爱国动机的驱使，相当一部分地方商绅，把兴办铁路看作一桩一本万利地捞取好处与发财的大好机会。由著名的劣绅王先谦于1905年冬组建的"粤汉铁路筹款购地公司"便是一个典型例子。"从这公司后来的历史来看，正是这些绅士试图借此机会，尽量把自己的亲朋故旧安置在一个拿钱吃闲饭的职位上面。"①根据一份报告，王先谦虽然以爱国为号召，要求全省绅民购买商办铁路公司的股份，而他本人恰恰却不愿在公司出资购股。其理由是，作为经理，他理所当然接受免费"干股"。这种肮脏的动机，当地的报纸都曾予以披露和责难。②

一些外国在中国的观察家也认识到铁路商办政策出现的严重问题。日本驻东北的领事在给国内的报告中写道："中国的危机迫在眉睫，人们相信，必须发展地方工业，必须抵制外国商品的进口。但是，人们却没有进行过社会经济形势、供求关系的调查，没有对于收支进行全面性的综合考虑，准备工作也付诸阙如。这些模糊的不成熟的实践，可能是为了满足较高层官吏的要求，或者为了回应民众的喧闹呼声，然而对工业的本质特点却是一无所知。"这位作者尖锐地指出，这种收回铁路利权运动，"把官员们轻信易欺与半通不通的士绅的愚昧观点结合起来了"。③

三、清廷铁路国有政策的形成

到了1907年至1908年间，政府与民间地方士绅之间在建路问

---

①周锡瑞：《改良与革命》，第99页。
②周锡瑞：《改良与革命》，第99页。
③《日本外务省档案》，3-5-1-9:2-1,217页。转引自《改良与革命》，第94页。

题上的立场开始出现分歧。

清政府认为，为了解决铁路商办的种种弊端，铁路路权应该收归国有，由国家统一筹划，向西方银行借贷所需资金，并聘请西洋工程技术人员来建造铁路。相当多的士绅商人则继续主张由民间自办铁路。他们担心，让洋人出资兴建铁路，不但会丧失利权，而且会引狼入室，产生更为严重的后果。

这种在铁路路权上出现的分歧如果不能通过合理的方式消弭，就必然会进而引发社会与政治层面的冲突。事实上，后来出现的保路运动正是政府与民间的分歧日益激化而引起的结果。

为了对铁路路权国有作准备，邮传部从1908年年中到年底，开始派专员分别到各省勘察商办铁路资金到位与工程进展情况。经过十五次调查，结果表明事情比政府原来想象的还要严重：除少数路段如新广铁路外，大多数商办铁路不是资金无着落，就是由于资金不足而陷于停顿状态，有的只修建了数百里而无力进一步展线。这使清廷对商办铁路收回国有的决心进一步加强。

1910年初最早提出由国家借款筑路的，正是那些处于边远战略要地省份的总督——云贵总督李经羲以及原先曾积极主张商办铁路的东三省总督锡良，他们比其他省份的官员更迫切地感觉到中国边境面临的危机压力。他们认识到，只有铁路开通，军事调集才能迅速有效，森林矿产资源才能及时利用，从内地向边远地区实行移民的计划才有可能及时落实。

而邮传部也认为，建造这样一些战略要地的铁路，事关国家民族生存大计，实在是事不宜迟。而且，建路所需资金实在也不可能由这些僻远贫困省份来承担，而应由邮传部来筹集。但问题是邮传部资金极为缺乏,除了向国外借款外,实无其他办法。①至于如何向国外筹借如此巨款,用什么作为抵押,如何分年还清本息,还须进一步商议才能决定。

清政府的铁路政策几经反复,在对商办铁路政策产生的消极后果进行了反省之后,到了1909年(宣统元年),政府的铁路国有政策大体成形。其主要思想可以概括为以下几个方面:

1.由于中国经济与商业不发达,国内资金缺乏,通过筹集内债来积聚经济建设所需要的资金只能是杯水车薪,无济于事。正因为如此,中国目前还不得不通过向外国银行借债来获得铁路建设所需要的资金。

2.中国向外国大举借债,能否有还债能力?清政府认为,由于国债主要用于交通这样一些可以赢利的项目,铁路开通所带来的利润,足以使国家在十年或稍长的时间内偿还全部债务本息。事实上,从中国通过贷款方式建成的铁路已经还本付息的事实来看,还是有成功的先例的。

3.任何一个外国银行绝不可能把如此巨额的资金借贷给任何私人。只有国家与政府才有能力对借贷这种巨款承担责任和足够的信用。要借外债,只有由中国政府作为法人与外国政府或外国银行进行借款谈判,订立经济契约,并由中国政府作为债务人、担保者和铁路建造组织者。这也就是路权收为国有的原因。正因为如此,贷款筑路与路权国有互为前提。那种认为贷款筑路与路权国有就是出卖国家主权的传统观点,显然是没有根据的。

从各国交通现代化的发展历程来看,铁路筑路权国有,几乎是后起的各国的通例。俄国、日本、德国、墨西哥均是如此。如

---

① 《云贵总督李经羲请借外债折》,《铁资》,第1162页。

果说，其他各项商务活动可以由民间自行经营，那么，铁路工程这样的大型事业，则应该而且必须由政府来统一经营。因为只有政府才具有足够的权威和能力来集中并协调使用各种资源，并且也只有政府有权力要求私人出让建设铁路所需要的沿途所经地区的土地。民办公司建造铁路，难以统一规划——例如，富裕地区可能会出现多条铁路重复建设；而贫困地区则会根本没人乐意投资建造铁路，即使那儿的铁路对于国计民生十分重要，等等。[①]

到了1909年，不但清政府，就是连当年力主商办的张之洞本人，也认识到，放任各省自主兴办铁路是不明智的做法。可以说，这是清政府在尝试了各种政策的利弊之后才作出的更为切合中国实际的选择。

四、商办派对铁路国有政策的反抗

宣统元年四月十九日（1909年6月6日），张之洞代表中国政府与美、英、德、法四国银行签订了借款合同，总计借款为550万英镑，利息五厘，以建造湖广境内粤汉与川汉铁路。

这一草约的签订当时并没有引起民间社会强烈的抵制。如果没有意外情况出现，那么，清政府确定的铁路建造权收为国有的方针将从此确立。然而，当时却出现了两件事，使清政府推行这项政策出现了严重的困难。

第一件事是，当张之洞正准备上奏请求清廷批准之际，美国也在继四国之后，要求加入对中国铁路借款，此事因牵涉诸多方面，也就拖延了下来。

[①] 参见《东方杂志》宣统二年第二期，第215页。

不久以后，第二件事又随之发生：四个月以后，张之洞本人作为铁路国有政策的主持者突然逝世。在张之洞生前，尽管两湖地区反对借外国资本建造铁路的势力相当强大，但由于张之洞本人在士绅与民众中有着较高的威信，张之洞作为对外借款的主持人和国内士绅与政府之间的沟通者，对反对铁路国有政策的人士，尚有足够的约束力。用一位外国观察家的话来说，只要张之洞存在，"他的影响就足以克服地方上的一切反对"①。张的逝世使湖北商办派士绅不再受到张的牵制，他们要求铁路民办的呼声在此后日益强大起来。

此外，清廷的铁路国有政策还面临着一系列新的困难。一个不利的因素是，自慈禧与光绪逝世之后，清廷的权力中枢本来已经变得非常软弱无力并缺乏权威。在张之洞死后，清政府不得不依靠那些更为年轻而缺乏政治威信的官吏来处理有关铁路的事务。作为一位商务方面的专家，继任的盛宣怀尽管对铁路的具体事务比张之洞更为在行，然而却在社会上名声不佳，各省士绅商民对他主张铁路国有政策的动机抱着相当的怀疑，这就极大地影响了在铁路问题上双方之间的沟通与信任。另一个不利的因素是，到了1909年之后，中国的政治格局已经发生了重大的结构性的变化。地方咨议局与中央的资政院已经相继建立，并具有相对于清政府的独立地位。地方咨议局正是地方士绅、商人与激进青年留学生的政治大本营。这实际上就意味着，如果政府缺乏足够的办法与权威来说服各省的士绅商办派，那么，后者就可以利用省咨议局这个现成的合法政治舞台，与清政府的政策分庭抗礼，并利用这个政治舞台进行反对铁路国有的广泛社会动员。

---

① [美]李约翰：《清帝逊位与列强》，第44页，中华书局1982年版。

正是在这种背景下,张之洞逝世以后,民间的反对铁路国有政策运动开始发展起来。这种主张铁路商办的运动在湖北特别活跃。留学生代表张伯烈为了反抗政府的国有政策出台,在湖北省咨议局召集的大会上发表了长达三个小时慷慨悲愤的拒款演说,获得了满场喝彩。在群情激愤的会场氛围中,大会立即通过了决议,劝说武汉商会、教育会、宪政筹备会等团体设立商办铁路协会,而各团体则纷纷响应。为进行拒款运动,湖北咨议局全体一致通过正式决议,并与其他各省的反对铁路国有政策的集团相联合,形成声势浩大的抗争运动。

十一月五日,铁路协会成立,咨议局全体会议通过决议,后来又进一步提出拒款方案十项,其中包括:劝勉各房主以其两月房租收入购买股票,开设铁路彩票,不用外国技师,以节省经费。并进而决定由各府县分担股额,各县从五万元到十万元不等。此外要求湖北全省教育会成员每人以每月俸十分之一购股,由此合计可达四百二十余万元。他们进而估计,湖北各地的商会、军人会及其他团体,均深受舆论刺激,分担股份不成问题,估计可达两千数百万元。①在这种以经济自主为口号的民族主义情感的激发下,当时堪称湖北省第一富人的刘人祥,宣布认购一百三十万元的股票,独资建造六十里的铁路,期望这种以身作则的行动,能激发全省士绅与民众自力兴建本省铁路的热情。②

如何看待这些反对铁路国有政策的反对派人士?毫无疑问,这些士绅民众是民族主义者,他们的爱国之心毋庸置疑。然而,事实上,这些人对铁路商办的乐观前景的估计显然是不切实际的,

---

① 《经济研究所藏日文档案》,《铁资》上册,第1204页。
② 《经济研究所藏日文档案》,《铁资》上册,第1204页。

他们并没有针对国有派所指出的商办铁路的三大弊端——资金不足、管理困难与缺乏统筹——提出有力的反驳并提出相应的解决问题的措施。他们所采取的办法，仍然是与以往一样，即从道义与感情上来激发民众与商绅排斥洋款的民族主义情绪，他们的思路实际上相当简单，那就是，只要中国每个人的良知觉悟激发起来，人人各尽所能，身体力行，有钱出钱，有力出力，中国就会众志成城，两千万元资金是可以通过国内集资实现的。他们的充满激情的号召，实际内容却相当空洞，对于如何筹款并没有具体的落实办法。

面对拒款派士绅的浩大声势，邮传部当局则派遣铁路总局长梁士诒南下汉口调查。调查结果认定，拒款派对外声称的本省集股商办已经有确实把握不过是"一派空言而已"。事实正如日本公使对本国政府所作的报告中所指出的那样，"认股者不过系支持拒款运动而认股而已"。在会场群情激昂的气氛中"认股"与实际上出资购股并不是一回事。这份报告还指出："所谓年内可集款三百万元，就湖北一般富力而言，颇难相信。"①梁士诒南下调查的结果表明，湖北绅民集股迄今为止仅百数十万两，仅为上报数的几分之一，且此数尚未全部到齐。

邮传部则以此为理由，对拒款派的请愿进行压制。邮传部尚书徐世昌在私宅对前来请愿的拒款派代表刘心源、张伯烈等加以斥责，而代表们则针锋相对，声言不达目的，决不离去；在徐世昌官邸中，张伯烈等人慷慨激昂，以绝食相抗争。

鉴于民间拒款运动日趋激烈，并担心各省可能由此而引发动乱，徐世昌等主政的大员们出于对自己生命安全的担忧，不再向

---

① 《经济研究所藏日文档案》，《铁资》上册，第1204页。

朝廷坚持国有的政见。同年十二月二十日，清政府谕旨同意商办派士绅的要求。清廷的铁路路权国有政策便由此搁浅。

从宣统元年初到宣统二年中期（1909至1910年）的一年半的时间里，在铁路国策上左右摇摆并软弱无力的清政府，陷于进退维谷的两难境地。一方面，政府生怕湖北拒款运动日趋激烈而不敢进一步坚持国有政策。另一方面，四国公使则因深恐借款筑路的草约会由于地方商绅的反对而终成画饼，又进一步对清政府施加压力。四国公使联合造访徐世昌，并照会外务部，要求中国政府履行诺言；英、德、法三国公使于1909年初给清廷外务部照会称，如果清廷对1908年张之洞与各国签订的合同"置诸不问"，三国政府将不会同意，并要求清廷不要使该合同的宗旨"有所损害"。①

在这一关键而敏感的时期，清政府各部及摄政王本人都对此采取相互推诿的态度。从摄政王到邮传部诸大员，既不愿意得罪国内为数众多的商办派士绅，也不愿得罪四国银行与政府。外务部对各国照会不加表态，而是把照会移送给邮传部。邮传部同样不肯作答，同样又把照会移送给度支部，请其表示意见，而度支部则采取同样做法推诿责任。

五、清政府铁路国有政策的正式出台

到了宣统二年（1910年）七月，清政府在铁路政策上的犹豫不决局面发生了变化，最重要的原因是盛宣怀这位强硬主张铁路路权国有政策的官僚接掌了邮传部大权。这位新上任的邮传部尚

---

① 《邮传部接办铁路借款始末记》，《铁资》下册，第1215页。

书，在受摄政王召见时，明确地表明了铁路筑路权必须收为国有的施政观点。

他明确指出，湘、鄂两省设立拒款会，不借外债，筹款自办，实际上，只不过于"与实事毫无补救"的"徒托空言"而已。而粤汉铁路赎回已经达三年之久，而迄今却一无成效，这一事实足以说明那些坚决主张商办的士绅们是何等的清谈误国。他继而向摄政王指出，难道在国家百废待举之时，固执己见，以无意识的举动来鼓动风潮的人，可以算得上是一个真正热心于铁路事业的"忠君爱国"者吗？他进而指出，事实上，按目前拒款派的办法，即使再过三十年，所集之款也不足建造铁路，因为，迄今所谓集款达到多少，完全是不可靠的数字。他同时认为，向外国借债虽然并非是万全之策，但是，对于中国这样一个财政困难、资金严重不足的国家，凡是举办开矿、修建铁路与其他兴利事业，只要政府在与外国谈判并签订合同时，能做到"严定限制，权操于我"，使外人只有投资得息之利，无干预造路用人之权，在这种条件下借洋款兴利，利大弊少，还是可行的。

盛宣怀的这番谈话，确实把铁路国有论的观点表达得言简意赅，对拒款派的不切实际，也可说是切中要害。摄政王闻奏后"大为动容"，便命令盛宣怀与外务部、度支部商妥办理。①这位当政已经两年多的摄政王显然也希望以雷厉风行之势，来推行在他看来利国利民的铁路国有政策，以此来树立自己威信，改变世人认为他当政以来过于优柔寡断的印象。

事实上，盛宣怀的路权国有政策并不是对以往的官办借款筑路政策的简单重复。他对以往的"合股官办"的政策也作了相当

---

① 《申报》宣统二年七月二十日。

的批评与反省，在给资政院的说帖中进而阐述了自己的政见，他指出，以前借款筑路的失策，并不在于借款本身有什么不对，而在于"伤权"和"损利"。"伤权"则起因于以铁路作为贷款抵押，"损利"则起因于付给外方以不合理的回扣，而抵押又进一步造成"用人"，其结果，使权更伤，同时，"折扣并及购料，而利更损"。这两种害处以及由此引发的后两种害处，合为四害，难怪全国都会为此感到惊疑。这位新任邮传部尚书认为，只要在与外国签订的合同中，去其伤权、损利两弊端，则借款未始不可为救时之策。①

从1910年秋至1911年初，清政府感到商办派的拒款风潮稍趋缓和，认为在这种情况下，铁路国有政策出台可能不会像两年前那样引起民间强烈反应。另一方面，盛宣怀在与美、英、法、德四国代表之间经过近二十余次的艰苦谈判之后，终于使四国代表进一步作出若干让步，让步的主要内容包括，四国银行允许中方在借款期间有权将借款之半数存于交通银行与大清银行（原先规定只能存于四国银行）；删除了原定四国有权参与建造的若干支路的条款。主张铁路路权国有政策的邮传部在修改了张之洞与英、法、德三国所定的铁路借款草约之后，已经进入最后签约阶段。

就在这个即将签约的关键时刻，一位名叫石长信的专管驳正政令违失的监察官员（给事中），在宣统三年四月七日呈交了一份颇有创意的奏折，正是这份奏折，使清廷最后下定向四国银行借款筑路的决心。

石长信的这份奏折首先回顾了自朝廷允许开办商办铁路以来出现的大量问题，他指出，长此以往，由于铁路无法及时修造，

---

① 《申报》宣统二年九月八日。

国计民生将大见妨碍。并指出政府必须乾纲独断，从国防利害着眼，尽快实行铁路国有政策。

这份奏折把铁路划分为"干路"与"支路"两种类型，主张把贯通全国的主要线路的干路归由政府借款兴办，而其余支路，则由各省绅商集股商办。奏折还列举了德、法、奥、日本、墨西哥等国的铁路均归国有。而中国能把支路让民间自办，已经属于其他国家民众难以享有的特殊权力。他认为，这种把主干与支干加以划分的办法，使"干支相辅，上下相维，于理尚顺，于事稍易"。

最后，这位给事中画龙点睛地指出，如果当年不是张之洞听信王先谦的错误建议，以巨款为代价，向美国合兴公司废约并赎回路权，以及由此造成的反复折腾，七年至今，粤汉铁路早已建成并交付使用了。而京汉铁路则到了十年还本期了。①

这一建议确有其独创性。这份奏折不但有力地论述了铁路路权国有政策的必要性，并进而建议把干路的承建权收为国有，而让民间仍保留支路的承建权。这一折中的办法，为朝廷打破僵局提供了一条新的思路：这种"干路国有，支路商办"的两叉划分方法，既不妨碍国家把川汉路与粤汉路作为干线收归国有的原有计划，又可以把一些并不重要的铁路交由民办，使商绅有获得路权赢利的机会。这样做又可以使反对铁路国有的人因此失去借口。

石长信的奏折呈交之后，立即引起了摄政王的重视，它使原先由于害怕民间反对而多少犹豫不决的清廷统治者觉得是茅塞顿开。几天以后，清廷上谕称赞其"不为无见"，交邮传部评议。

---

① 石长信:《铁路干线国有折》,《东方杂志》第八卷第四号,《中国大事记》之一。

盛宣怀。清末官员,秀才出身,官办商人、买办,洋务派代表人物,被誉为"中国实业之父"、"中国商父"。盛宣怀创造了多项"中国第一":第一个民营股份制企业轮船招商局,第一个电报局中国电报总局;第一个内河小火轮公司,第一家银行中国通商银行,第一条铁路干线京汉铁路,第一个钢铁联合企业汉冶萍公司,第一所高等师范学堂南洋公学(今上海交通大学),第一个勘矿公司;第一座公共图书馆,第一所近代大学北洋大学堂(今天津大学),还创办了中国红十字会。

盛宣怀

    盛宣怀显然对此早有准备,他立即以邮传部的名义对石长信的奏折予以积极呼应与补充。盛宣怀在奏折中称,欲使铁路纵横四达,则非国家出全力,断难办到。盛氏的奏折还进一步以德国作为例子:数十年前,德国民间亦要求自办铁路,而且也是聚讼多年,一路不成;由于德国政府认识到如此重大要政,决不能因民间牵制而受到耽误,于是决然定策,铁路路权全部收归国有,正因为如此,才有今天德国铁路的四通八达。德国的经验可以作为中国的前事之师。

    盛宣怀奏折还进而批评了民办(商办)铁路之不当,盛宣怀认为,民办铁路有着一系列难以克服的困难。他指出,各省商办铁路,如能随时集款,随时兴建,自今六七年来,也多少应有所成就,然而,由于民办铁路缺乏国家控制,经理之人,或者是结党营私，或者是蹈虚而不务实，而从老百姓那儿收刮来的巨款，又虚縻坐耗，甚至侵挪倒账。其结果是"路工濡滞，耗费浩繁，皆出意料之外"。他还指出，铁路不能完工，则所入必不能敷所出，亏损反过来又使民众受苦，"是欲利地方，而适所以害地方也"。①

在收到石长信的奏折后的第六天，清廷就正式发布上谕，向全国发布了干路国有的定策。

1911年5月9日发布的这份上谕，可以说是对以往政府的商办铁路政策的自我清算。该上谕指出，以往路政，不分支干，不量民力，一纸呈请，辄行批准商办，导致路政的错乱纷歧。这种商办政策的结果是：在广东，是"收股及半，而造路无多"；在四川，是"倒账甚巨，追参无著"；在湖南与湖北，则是"设局多年，徒资坐耗"。上谕称，如果这种状况旷日持久，民累愈深，后果何堪设想。上谕最后宣布，全国各省集股商办的干线铁路，一律收为国有，而支路则仍许商民量力酌行。至于如何收回之详细具体办法，则由度支部与邮传部根据这一宗旨，悉心筹划。②

此诏书宣布之后十天，即同月20日，盛宣怀就与英、法、美、德的银行财团缔结了借款合同。

六、四国银行借款合同及其评价

应该说，相对于过去清政府与外国所签订的铁路借款条约而

---

① 盛宣怀：《复陈铁路明定干路支路办法折》，《愚斋存稿》卷十七，奏疏十七。
② 《宣统三年四月十一日上谕》，盛宣怀：《复陈铁路明定干路支路办法折》，《愚斋存稿》卷十七，奏疏十七。

言,盛宣怀于1911年5月20日代表清政府与四国银行签订的条约,是条件最为有利于中方的合同。这项全称为《湖北湖南两省境内粤汉铁路、湖北省境内川汉铁路借款合同》的基本内容是:

1.清政府向德、法、英、美四国银行借款一千万英镑,年利息为五厘。用于建造一千八百华里的铁路以及车辆设备,铁路将在三年内完工,贷款则须在四十年内还清。

2.受贷款方则以两省的百货厘金、盐厘金等合计五百二十万两作为抵押。此项贷款本利,如能按期偿还,则贷款方不得干预各省之厘捐。

3.铁路建造与管理的全部权力归中方所有,并由中方自行选派三名洋人总工程师,外国银行对所聘总工程师有否决权,但须说明否决理由。总工程师听命于中方督办大臣。其委任、辞退有关人员须经中方总办同意,如有分歧,由中国邮传部作最终决定,对此裁决,不得提出异议。

4.所用铁轨,必须使用中国汉阳铁工厂自行制造的产品。价格则由邮传部比较他路欧美产品价格而定。所需从外国购入的重要原材料与产品,须通过招标方式进行,经理之人须通过公共市场,择价格最廉者或货料最佳者购买,定购材料及支取费用,须由中方督办大臣或总办核准签字。进货时须由中方所聘者验看后才能进货。如中国的原料或产品与各国原料或产品相比,质同价低,或价同质高,则应优先购买中国原料或产品,以鼓励中国工艺。①

特别要指出的是,盛宣怀在其给朝廷的奏折中,声称为了使条约尽可能对中国有利,他已经尽了最大的努力。他在列举了该

①《宣统朝外交史料》卷二十,第38—51页。

条约谈判中所争取到的各种有利于中国的让步之后,声称:"以上各节,磋商数月,会晤将及二十次,辩论不止数万言。于原约稍可力争者,舌敝唇焦,始得挽回数事。实已无可再争。"①

如果把该条约与张之洞于1909年与三国银行所签订的草约相比,盛宣怀所签订的这项合同,其条件确实对中国一方更为有利。盛氏也确实为此付出了相当的心血。可以相信,作为一个成功的精明的商人,盛氏在与四国银行所进行的艰苦的谈判中,他确实有机会发挥了自己的讨价还价的经商谈判才能。他本人称,在这次谈判中,他代表中方促使对方所作出的各种让步和定下的各种条款,实际上已经到了"无可再争"的地步,这一点很可能是事实。就中国当时的条件而言,盛宣怀所签下的四国银行借款条约,与以往和以后相当一个时期与外国人签订的经济条约相比,也许可以算得上是一份条件相当优惠的借款条约。盛宣怀相信,只要采取上述办法,粤汉铁路分段赶造,限定三年内接通,而在十年之内准可还本。而且,新颁布的铁路国有政策,不会与民争利,只要商民愿意,可以附股,与国家同受利益。②

历史学者以往均认定,清政府的铁路筑路权从允许商办改为收归国有,就是出卖国家主权,就会如同保路运动派所称的"路亡国亡",这显然是没有根据的。事实上,这种国有铁路也是后发展国家现代化事业中的常例。俄国在19世纪60年代,铁路多数是由私人公司建造,到80年代以后,政策则变为由政府承建,把民办铁路赎归国有。③德国、日本、墨西哥以及许多其他国家,均有

---

① 盛宣怀:《愚斋存稿》卷七十七,第5—7页。
② 《盛宣怀致瑞澂电》,《愚斋存稿》卷七十六,第8页。
③ [美]C.E.布莱克等:《日本与俄国的现代化》,第170—172页,纽约自由出版社1975年版。

过允诺商办，然后又改为国有的阶段。

而且，在此以前，中国的京奉、汴洛、正太、沪宁、广九均系用外国贷款建造而成，这些省的主权，也并非落于外人之手，而且京汉全路均从比利时借款而建造起来，比利时并没有进而提出主权要求。

为什么必须收归国有？除了本章前面所提及的商办铁路建设面临的种种弊端与困难外，还因为中国作为一个落后的农业国家，在现代化初期阶段，与其他所有后发展国家一样，都面临着建设资本极度匮乏的困难。农业剩余对于从事工业化所需要的巨额投资来说，只能是杯水车薪，而这些都是现代人所了解的简单经济知识。关键不在于可不可以向外国银行借款筑路，而在于是否因为借款而丧失利权。事实上，通过自主的合理的谈判，以不附加政治条件作为前提，向当时发达的各国银行贷款筑路，不失为一种可以考虑的办法。

下面，让我们来看一看这份条约本身的内容。

首先，从利率来看，这项年利息为5%的贷款应属于低利率的。清末中国国内钱庄的平均利息高达12.5%至14.8%。西方各国之所以能以此种低利率贷款给中国政府作为铁路建设经费，并非是因为西方资本家和食利者慈善过人，而是因为工业化国家有足够的剩余资本与游资，对于西方国家的食利者们来说，其在国内银行存款获取的利息更低，正因为如此，以5%利息借贷给中国，比放在银行生利更能有利可图。

第二，贷款抵押乃是获得经济贷款的条件，这可以说是经济学的常识。在当时的条件下，任何国家都不愿在没有抵押的前提下，把大宗款项贷给一个经济落后的穷国。这项借款合同与中国以往的铁路借款合同相比，不是以铁路管理权或铁路所有权作为抵押，而是以百货杂类与盐厘捐为抵押品，其风险性要低得多。

第三，在当时中国缺乏铁路建造技术能力的情况下，雇用西方国家工程技术专家乃是应有之义。雇用有经验的外国工程师，能够尽可能地避免返工，保证工程质量，并可以避免由于雇用经验与专业水平不足的本国人所造成的巨大的经济损失。在中国当时缺乏自己培养的有实际经验的工程师的现实条件下，拒款派以节省经费为理由，要求拒聘洋人工程师，显然是不切实际的空谈。该合同在用人权上，严格地限制了洋人总工程师的数量、职权范围，明确规定了其听命于中方总办或督办，并接受邮传部的最终仲裁。应该说，这是在吸取以往条约的教训后，在保障中方利益方面的一种进步。

第四，本合同还明确规定了优先使用中国工业产品与原材料，此外，对所采用的贷款国的产品与原材料，规定了中国所拥有的监控权利。

第五，最为重要的是，本合同规定了四国银行及其政府作为贷款方，并不拥有经济利益以外的政治附加条件。这商业性铁路建造借款合同与过去在云南、山东与东北严重损害中国主权的铁路建筑合同有所不同。

如果把这项铁路贷款合同与清王朝被推翻两年以后由民国政府与六国银行所签订的"善后大借款"相比，就可以十分清楚地看到两者大不相同。后者加之于中国的政治经济条件是如此的苛刻，以至于连美国当时新任总统威尔逊都认为，西方从这项"善后大借款"所获得的监督权利与措施，已经"近乎侵犯中国本身的行政独立"，因而撤销了对美国银行团的支持。

七、清政府赎回商路政策的出台及各省的反应

清廷的铁路国有政策出台以后，各省的反应截然不同。有的省表示积极支持清政府的国有政策，而有的省则表示强烈的反对，并斥责政府"卖国"。各省的态度之所以有如此大的分歧，与其说是各省的"爱国程度"有高低，不如说是各省在考虑自身利益上各有自己的打算。

对国有政策表示支持的省份有云南、贵州、广西这些边远省份，这些省份甚至希望政府尽快宣布本省铁路国有。他们认为，即使国家经济力量不足，仍然不妨及早宣布国有，以便安定民心。这些边远省份的士绅要求政府宣布本省铁路为国有的愿望是如此的强烈，以至于他们对云贵总督李经羲在敦促政府宣布国有这一问题上"筹措无方，反致阁部延待，不能速行"表示了强烈的不满，他们向本省总督进一步施加压力。在北京的云南籍官员与士绅，都先后呈交过请求朝廷把本省铁路收为国有的奏请。他们还向政府表示，在把本省铁路请归国有这一问题上，云南人可以说是"输诚为天下先"。[①]边远各省与内地各省对清政府的铁路国有方针，态度是如此泾渭分明，云贵总督李经羲对此认识得很清楚，他认为，其原因是："滇、黔、桂以无力，望国有，非若湘、粤、蜀为私利而妒国有"。

在四川、湖南、湖北与广东，士绅反对国有的势力极为强大。而这四省中，湖南、湖北与广东反对国有的声浪又相对温和一些，反对最激烈的是四川士绅。这种态度上的差异同样可以从这些省

[①]《李经羲致盛宣怀与内阁电》，《铁资》第三册，第1238页。

份的利益的差异上得到解释。正是这些省份出现的反对国有的风潮，发展为强大的政治反抗运动，导致清王朝的最终崩溃。

不久后，清政府发布了对铁路干线国有的具体措施。清政府要实现铁路路权国有的目的，就必须从商办铁路公司手中赎回原属于商办公司股民的股票。然而，由于各省的情况并不相同，清政府采取的办法也因而有所区别。从政府拟定的办法来看，湖北、湖南所受待遇最优，广东次之，四川最下。清政府之所以采取这种区别对待的态度，乃是因为它认为，各省商办公司的股票，由于亏损情况有所不同，因而其实际价值并不相同。

由于湖南、湖北商办铁路公司的股票亏损数并不太大，因此，清政府对湖南、湖北两省所采取的办法，是以国家保利股票按两省商办铁路公司股票的票面价额来换取商民手中持有的这些商办铁路股票。

至于广东，由于公司股票实际亏损过多，其真实价值不及票面价额的五成，清政府提出的解决办法是，从优发给六成的国家保利股票，其余四成发给国家无利股票。清政府认为，对于处于破产边缘的广东商办公司的股民来说，政府的这一赎买方案无疑还是大为有利的。一位外国研究者曾就此一做法指出："鉴于情况的复杂，以及每一个铁路公司实际上已经破产的事实，政府的建议看来不仅是合理的而且是宽宏大量的。"

然而，政府对四川的解决办法则是，仅仅换回实际上用于铁路建设的股款，而并不换回全部股款。四川铁路公司总共募集了一千四百万两的股款。据估算，其中的一半，即大约七百万两，可以用来换取政府的股票；而其中的另一半中，几乎有一半是由于该公司的一位经理施典章在上海从事墨西哥的橡胶股票投机时被亏空一尽。①因此，政府只同意发给四川铁路公司股东大约四百万两的国家保利股票。被施典章挪用到上海钱庄去从事投机而全部亏空的三百万元，政府认为没有理由要对此负责。盛宣怀明确指出，政府的钱来自全国百姓，政府没有权力慷全国百姓之慨来弥补四川商办铁路公司自己造成的投机损失。②

八、保路运动中的温和派与激进派

清政府将商办川汉铁路收为国有的上谕，于五月初到达成都。成都商办铁路公司召集在成都的股东举行临时会议，共同商议对策。

一开始，在商办铁路公司内部，确实存在着温和与激进这两派意见。

首先，让我们来看一看温和派。商办派中相当一部分人是实用主义者，他们认识到，继续商办，在财务上已经是不现实的，因为工程每年所需至少三百万元，四川铁路公司目前所有的集资，合起来只能供两年之用。即使政府同意四川铁路继续商办，其结果也只能是半途而废，其后果对于广大股民来说将不可设想。

他们认识到，在铁路问题上，虽然"一般志士言及筹款，莫不挺身担任，然而，一经征收，往往十不得一"。他们还举出上年湖北张伯烈等人拒外款，争商办时，有断指者，有痛哭于邮尚之门愿以死殉者，然而，在达到政府同意继续商办的目的之后，催收两年的集资，还不到一百万元。因此他们认识到空言争论是没

---

①关于施典章挪用四川商办铁路公司股金事件的详情，可参阅《东方杂志》第七期，《上海金融危机》。

②《邮传部、度支部、督办铁路大臣会奏折》，《愚斋存稿》卷十七。

有意义的。

这些商办派中的温和派,以在京的资政院川籍议员萧湘为代表。这些人已经现实地认识到,商办铁路可以说实际上已经破产,此路行不通已是毋庸置疑的事实,尤其在政府已经明确广发告示,取消各商办公司向老百姓摊派的租股之后,民间势必不再认购租股,而租股本来就是本公司股金的主要来源,既然连这种租股来源都成了问题,更不用说"募股有名无实,全不可恃"了。但他们并不因此认为,应无条件地服从政府的铁路国有政策。他们认为,虽然继续坚守商办立场已经没有意义,但是,人们表面上仍然应反对国有,这样做的目的是向政府提出更高的要价,以争取更多的补偿金,这一实际利益才是保路运动的基本目标。用他们的话来说,就是"以索还用款为归宿,以反对国有为手段"。①

这些持实用主义的温和观点的,大多是商办公司家业殷实的股东,代表了保路运动派中的中上阶层,他们对于商办铁路的内部问题比别人更为知情。由于他们深知商办公司实际亏空的情况是何等严重,对于商办改为官办,他们从心里也可以说是求之不得,但他们支持国有的条件是,政府应将川路公司在上海从事金融投机而损失的三百万元,也一并用现金偿还。这对他们这些大股东来说实在太重要了。他们在商办公司中的既得利益,使他们工于心计地认为,保路运动应以"争款为紧要",他们还担心"拒债风潮过激,别生枝节,便难收束"。②

另一派是保路运动中的激进派。罗纶可以说是其中的代表

---

①《川路驻宜公司致成都总公司建议停路权单纯索还用款函》,《四川保路运动史料》,第223页,科学出版社1959年版。
②《川路驻宜公司致成都总公司建议停路权单纯索还用款函》,《四川保路运动史料》,第228页,科学出版社1959年版。

人物。

由罗纶等二千四百余人共同签名并由王人文代奏的奏折,反映了商办派中的激进派人士的基本观点。他们首先认为,铁路国有就是与民争利。其次,认为即使铁路收回国有,也不能借外债筑路。因为"借外债是明明导外人干预财政也"。第三,即使不得不借外债,那么,也只应使外人仅对中国拥有债权而不能拥有抵押权,因为外人一旦拥有抵押权,铁路无疑将直接或间接地断送给外人,"中国将步印度之后尘","外人占人干路,扼我财权,足召亡国之祸"。正因为如此,"收路国有之命,川人尚可从,收路而为外人所有,川人决不能从。借款而令外人夺我财政,川人决不能从。"①他们还认为,按铁路借款合同规定,聘用洋人为总工程师,就是间接地受各国银行的控制,认为即使因铁路建设所需,必须向外国购货,由于四国银行所在国(法德美)有优先售卖货物之权,那就是受洋人束缚,等等。

这些激进派认为,民族危机加深,外国列强正在利用铁路借款趁机扩大对中国的渗透。由此,他们得出结论,政府与四国银行签订的铁路贷款合同,把"工程、用款、用人、购材、利息等,凡路政所有权限,一一授之四国银行"。②而在这种情况下,实行铁路国有,借债筑路,无异于引狼入室。"中国铁路线表,陷于外人势力下者,十有八九,是故皆由政府无力修路,而民间又不能担任,外人遂恃金钱主义,相率乘间抵隙,攫夺以去。"③他们以

---

① 《王人文代奏罗纪签注借款合同折》,《四川保路运动史料》,第208页,科学出版社1959年版。
② 《王人文代奏罗纪签注借款合同折》,《四川保路运动史料》,第208页,科学出版社1959年版。
③ 《鄂路代表上邮传部书》,《申报》宣统元年十二月五日。

为，只要激发起民众的爱国良知，以中国人口之多，铁路所需资金完全可以通过国内集资到位。他们的这种观点与一年多以前张伯烈发动湖北反对铁路国有的请愿时提出的观点可以说完全一致。

构成保路运动中的激进派的，主要是一些热血青年学生与中下层的士绅人士。他们并不是腰缠万贯的大股东，他们对如何从政府那里获得更多的还款问题，至少不是主要的兴趣所在。而且，他们对商办铁路过程中的种种困难内情，也并不如何清楚。与其说他们是受一些实际的个人利益的驱使而反对国有政策，不如说是出于对洋债抱有强烈的怀疑与不信任的态度。在他们看来，任何与外国商人与银行相联系的经济合同，都会被洋人利用来对中国进行经济侵略和敲诈。他们所认为的合理的借款，应该是没有抵押的，应该是没有洋人作为总工程师的。在他们看来，给外人以优先购货权，就是受外人控制，而受外人控制就是路权尽失。

在他们的论断中，现代中国人可以依稀地感受到自两宋以来中国传统的士大夫知识分子中的清议派的影子。

清议，从字面上理解，指的是公正不阿的舆论力量。在中国传统政治中，最早指的是乡里与学校对官吏的评议。它基本上包含着两重意义：一是遵循并效忠于刚正的道义原则而形成的议论；二是指在野的负有时望的人士对权贵的抗争态势。清议对政治权贵的抗争，主要不是通过对上层政治人物的私下游说活动来影响政策，而是通过社交集会和发表文章、通过奏折以及地方舆论形成的压力，来影响政策。可以说，清议是中国特殊的文化历史条件下一种特殊的政治参与方式。

清议在中国历史上始终是一种相当重要的政治文化现象。因为中国的官僚政治是以士大夫知识分子的支持与参与为基础的，而士绅阶级以儒家的道德理念与原则作为安身立命的基础。

19世纪70—80年代，清议的矛头是指向对西方文化更为开放更为务实的洋务运动。由于在对洋人的关系上，洋务派主张更为务实与"妥协"，更强调"事功"而不注重"道统"，这就使坚守儒家道统原则的清议派人士，把洋务派视为是"邪党"。郭嵩焘认为洋人不是中国历史上的"夷狄"，主张与洋人真诚相处，通过外交方式，来解决与西方的争端，主张中国向西方学习先进技术，对西方文化采取同情的理解的态度，这些均被清流党人士视为违背祖训与儒家原则的背逆行为，从而受到清议的非难与抨击。

与中国传统的与近代史上的清流派相比，保路运动中的激进派的清流遗风表现在他们也是同样地"陈义甚高"，并热衷于不切实际的大言高论。清流派人士在这种慷慨激昂的高论中，感受到一种宣泄长期压抑的快感。所不同的是，两宋式的士大夫，与清末中法战争与甲午战争中的清议派或清流党，均是以理学作为自己崇高原则的价值基础，而保路派中的清流士绅，则以经济上的民族主义的封闭原则，以无条件地排斥外国贷款，以及"路亡国亡"的激进口号，作为他们所理解的爱国主义的信念支柱。

九、清政府与保路派冲突的两极化

事实上，四川商办公司原先就存在着温和派与激进派的观点的分歧，清政府的所作所为，却起到了"为渊驱鱼"的作用。邮传部大臣盛宣怀坚持对四川商办铁路公司亏空部分股资不予承认的僵硬态度，激起各方强烈不满，从而使商办派内部的分歧的态度反而趋于统一。保路运动中的上层温和派原先主张，只要政府如数还款，就同意把商办改为铁路官办，此时，由于清政府不愿全数还款，他们感受到自己的利益受到损害与威胁，于是一反原来的态度,也跟着激进派变得强硬起来。他们说政府"不但夺路,并且谋财",可以说,这正是他们的心里话。

在这种情绪化的紧张氛围中,阴历五月十七日,政府与四国银行的正式合同文本到达成都,这一合同书经过激进派在报刊上加以曲解的"诠释"与猛烈抨击,而立即被市民们视为丧权辱国的"卖国契书",在报刊的煽动下,民情更加激昂。激进派则成为保路运动中的主流。

五月二十一日,四川商办铁路总公司召开动员大会,讨论决定,川路为光绪皇帝批准川人自办,不能收回国有,四国银行条件太苛,要求政府收回成命,如不同意,川人将死争到底。大会以后,成都正式揭出"保路同志会"的招牌,各州县的保路组织也公开活动。保路运动开始在四川广泛开展起来。

诉诸报章上的舆论在鼓动民众参与保路运动方面起到巨大的作用,整个社会就很容易被热血、激情、道义、国人的苦难与洋人的卑劣这样一些充满煽情性的语词所鼓动起来。人们在现实生活中经历了太多的不幸,人们的情绪太需要宣泄的出路。在一个充满不满与怨愤的社会氛围中,情绪化的舆论本身就会成为一种主宰人心的巨大力量。

这种群情激昂的场面,当然给四川护督王人文以极为深刻的影响。为了避免出现更大的失控局面,他以四川护督的名义,向朝廷请求应顺川民的要求,收回成命。

面对这种复杂化的情况,清政府是如何作出反应的呢?

一贯被人们认为平庸无能的摄政王载沣,此时则一反常态,显得颇为刚决。他认为,政府决不能作出让步,他的看法是,铁路国有是于民于国都有利的事,道理实在也很明白,在这种情况下反对铁路国有,只能理解为无理取闹,对无理者让步,朝廷威信又如何保持？如果其他省也来效法四川，朝廷的统治又如何维持下去？于是他发出严词斥责。

摄政王载沣之所以一反过去的优柔寡断，在民众的反抗面前变得强硬起来，乃是因为这位主政者认为，政府在此关键时刻不可过于示弱，民气嚣张之时，为求得妥协而一味退让，只能使政府丧失威信，这样将会使政府将来办事"更难措手"，以致一事无成。①用他的话来说，铁路国有、民有、急办、缓办，均属无妨，但政策既定，就不能反复。

两天以后，即五月二十三日，王人文再次向朝廷表明自己的意见，而且态度更为坚决明朗，他甚至指名道姓地指斥盛宣怀"欺君误国"，认为借款合同丧失利权太大。在电文中他还向摄政王具体地描述了两天前在成都召开的铁路总公司大会的人心激奋的场面："大会到会一千余人，一时哭声震天，座次在后者多伏案私泣。臣饬巡警道弹压，巡兵听者也相顾挥泪。日来关于铁路合同攻难之文字演说纷纷四出，禁不胜禁，防不胜防。"

而在政府方面，态度也同样变得越来越强硬。整个形势剑拔弩张，并迅速两极化，阴历六月二十九日成都全市罢市。而革命党人则在其中进一步在保路同志会中策划革命煽动。

在被称为"赵屠夫"的赵尔丰到任取代王人文以后，他同样感受到成都市民民情激昂，一开始，他所具有的现实感也促使他认识到，对川民中强烈的抵制情绪决不可硬行压制。他也采取与王人文同样的态度，要求清廷收回川路国有的诏令，以避免事态进一步扩大，但清政府在盛宣怀与端方这两个强硬派的影响下，

---

① 《盛宣怀致瑞澂电》，《四川保路运动史料》，第271页，科学出版社1959年版。

态度一直十分强硬，清政府不但不肯作出丝毫让步，而且还对赵尔丰进而施加压力。

阴历七月一日，成都全面罢市，学校停课，各街供光绪牌位，来表示对政府现行政策的抗议。七月初五日，四川将军玉昆，总督赵尔丰，直至司道各官均联名电奏，以现在四川民气甚固，事机危迫万状，恳求曲顾大局，准予暂归商办，以免激生意外。七天后，又发出第二次联名电奏。可以说，这是处于危机四伏中的地方官员们作出的最后努力，但仍然无济于事。十三日，铁路公司会场出现川人自保之商榷书，提出不纳税的主张。矛盾进一步激化。

十五日，赵尔丰逮捕咨议局议长蒲殿俊、副议长罗纶等人。成都市民闻讯后，纷纷聚集于总督府前，此刻，四川省府的巡防军开枪射杀民众数十人。这一血案的造成，使局势更是一发不可收。革命形势迅速成熟。十七日，清廷令赵尔丰剿办四川"逆党"。二十日，又进而令端方带兵入川，而端方在半途被起义士兵所杀，与此同时，武昌起义爆发，清政府的铁路国有政策也因清政权的崩溃而告终。保路运动则成为埋葬清王朝的导火线而载入史册。

十、铁路国有政策失败的原因与启示

基于上述分析，我们可以认为，单纯从一个后发展国家交通现代化的逻辑来看，政府所采取的铁路路权国有政策，是在对过去商办铁路失败作出反思之后形成的，也是合乎一个后发展国家的经济逻辑的。然而，这样一种政策为什么在实际中遭到失败？甚至最终导致这个政权的灭亡？

应该认识到，即使是合理的政策，只有在得到民众充分理解的基础上，才具有现实可行性。一个推行现代化实业政策的主政者作出某种政策选择，不但需要合乎经济发展的逻辑性，而且需要政治运作的逻辑性，必须考虑到天时、地利、人和等多方面的条件制约。

一个政府要推行一项与民意相左的，或民众尚不能充分理解的政策（即使这项政策最终是对国家民族有利的），就必须充分考虑到，自己是否具有足够的权威资源来支持这项政策的推行。权威合法性的意义在于，它是一种促进或控制社会认同的重要资源，它能有效地减少决策实施所必须支付的各种社会成本和政治成本。

然而，当时的清政府却没有足够的权威资源。事实上，到1908年以后，这场新政运动已经陷入严重的困境之中。政治腐败，地方主义的膨胀、咨议局与资政院的离心力量的发展，财政上的危机，摊派苛捐杂税引起的社会中下层阶级不满情绪的迅速滋长，立宪派士绅的激进化趋势，从排满革命风潮到农村的抢米运动，各种政治与社会反抗运动的崛起，这一系列改革综合征引发的社会问题，不断削弱了清政权的政治权威，并使政府陷入四面楚歌的困境。而且，自1908年慈禧与光绪死后，清政权缺乏具有足够权威的强有力政治核心来控制局面。尽管如此，对于清政府来说，推行社会分歧较大的新政策，并非必然导致失败的命运，在这种"民气尚固"情况下，是否懂得适当妥协与让步，避免矛盾的激化，就显得尤为重要。灵活性是任何一个推行改革的政府作出政策决定时必须具备的重要因素。而清政府恰恰是一个缺乏足够的权威，又在矛盾与分歧相当激化的条件下过于固执，缺乏应变弹性的政府。

事实上，在清政府推行铁路国有政策时，地方官员对本地的社会民情的了解更为直接真切，也深知由此可能引发的动乱的危险。前文所提到的四川护督王人文，就曾多次发出电报，建议政府收回成命，他甚至在受到摄政王严厉斥责之后，反而更加强烈地继续坚持己见。这正是因为他作为地方大员，亲身感受到保路思潮在动员民众方面所具有的巨大影响力。

而一向以态度强横著称的赵尔丰，受命伊始也同样主张妥协，直到后来受到摄政王的强烈压力，才为了保全禄位而变得对保路派强硬起来。此后准备接替赵尔丰的岑春煊，也是一名以作风强硬粗犷著称的官僚。他在尚未入川以前，就已经发表了富有强烈个性与灵活性的政见。

所有这些亲临前台的重要地方大员处理四川铁路问题的态度，都与朝廷僵硬的做法相左，这不是偶然的。然而，他们所表现出来的灵活性均没有受到政府的肯定，相反，他们的态度反而被清朝主政者视为是这些地方官员无能的表现。在如此关键的危急时刻，处于庙堂之上的朝廷主政者已经完全丧失对现实民情的感知能力了。

这里还应特别提及的一点是，盛宣怀拒绝偿还四川商路公司亏空的三百万元，这一关系到四川股民切身利害的处理办法，是激起四川反对铁路国有风潮的导火线，并进一步引发先是在四川，后来又蔓延到湖南、湖北与广东的反对国有的风潮。对于盛宣怀的这一做法，究竟应该怎么看？

从纯粹财务角度来说，盛宣怀拒绝由政府支付四川商办铁路公司原先亏空的部分股资，不能说完全没有道理。盛氏曾明确表示过，政府不能把从全国老百姓聚集到国库的钱，用于补偿民办铁路公司由于自己经营不善所造成的亏损。这话听上去也可以说振振有词。然而，政治决策的逻辑并不等同于经济的逻辑。《续文献通考》的作者刘锦藻在评论盛宣怀在处理这一问题的做法时，提出的观点很有见地，他指出，这种拒还亏空股金的做法，"就寻常商界论，未尝不是。第政府与人民不可以市道行之。且蚀者绅，输者民。蚀当查追，输当照给。分别办理，庶服人心"[①]。

盛宣怀本人是一个相当成功的商人，他有着过人的聪明。但政治家的智慧并不等同于商人的智慧。政治家的精明首先表现在对民众心理有切实的洞悉，政治家需要有一种对复杂的问题进行协调的能力。从某种意义上说，商人需要的是精明的斤斤计较，而政治家则恰恰需要的是在"识大体"基础上的"模糊"，需要着眼于政治上的大局。质而言之，需要的是一种"大智若愚"的胸襟。

正因为如此，张謇后来在评论清末铁路国有失败的原因时，曾批评盛宣怀完全不懂得国家对于人民应怀有一种"涵复之义"。当一个精明的商人在承担政府官员角色并面对政治大局时，如果仍然没有摆脱经商时那种单纯的"算盘思维"，他就是大愚若智了。这里实际上还涉及一个重要问题：一个政治人物原有的社会角色，以及受这种社会角色制约而形成的思维方式与价值尺度，往往会不自觉地消极地影响到这个人物的政治决策，角色的变换对于政治行为与政治思维的影响，是一个值得重视的问题。

十一、保路运动：经济排外主义、地方主义与立宪派的结合

清政府的铁路国有政策的失败，还与保路运动声势浩大的抗争有关。保路运动之所以形成强有力的具有高度社会动员力与号

[①]《清朝续文献通考》卷三七一，邮传十二。

召力的政治抗争运动，乃是因为它是观念层面的经济排外主义思潮、社会层面的地方主义势力、政治层面的咨议局力量这三方面的因素彼此密切结合的产物。

首先，保路运动的思想基础是经济排外主义。这种思潮主张的是"文明排外"，与近代历史上的保守排外派不同，经济排外主义已经认识到工业文明的强大力量。但最大的问题是，它认定，只要激发中国人的民族危机感与爱国良知，就足以解决中国实业发展所需要的全部资金、技术与管理问题；对于商办实业的资金、管理水平、中国现有的技术水平与设备能力，它缺乏客观合理的认识；经济排外主义者对现代实业所需要的条件的复杂性知之很少。这实际上是一种传统封闭心态在新的条件下的延续。

另一方面，经济排外主义高扬民族主义的道义原则，并认定，只要唤起每个人的爱国良知，唤起人们对道义原则的效忠，就可以解决包括铁路集资在内的一切"事功"问题，这种思维方法与价值观，与中国传统的"人心正，则天下无不正"的思维价值模式具有深层的同构性。一旦把铁路问题"道德化"，就会把"商办"简单地视为"爱国"，把"借款国有"简单地视为"卖国"，把与他们观念相左的"铁路国有派"视为"卖国"的邪恶势力来加以抨击。这种传统的"两值分类"的道德判断，与民族主义的激情相互渗透，就使这种思潮具有强烈的抗争性格与社会动员力。

其次，保路派的力量还在于，经济排外主义所高扬的道义理念，被商办公司的地方主义与分利集团努力所利用，后者以"爱国"的堂皇口号来抵制政府通过中央集权的方式来建造铁路的国策，这些地方势力以"反对外国资本侵夺中国主权"为理由来抵制铁路国有，冠冕堂皇地以此来维护地方分利集团的利益。这样，他们就在爱国的旗号下取得了"话语霸权"，把民众中的朴素的爱国情绪激发起来，形成一股声势浩大的、混杂着既得利益的自私算计与爱国主义的民众激情的保路运动。

保路派的政治动员力量，还在于地方主义的分利集团与经济民族主义者成功地利用了地方咨议局，作为自己的政治舞台。咨议局恰恰成为地方主义与经济民族主义者发起保路运动的大本营。

特别值得指出的是，各省报刊这些大众媒体阵地均掌握在地方士绅与知识分子手中。而这些士绅商人又是深受占主导地位的经济排外主义与地方主义思潮的影响的，他们与咨议局互通声讯，其结果则是，清政府的任何国家集权行为与政策，均会在地方咨议局与报刊上受到抨击与抵制。在一个刚刚从文化专制"大一统"的社会中脱逸出来的变革社会中，在国民教育水平尚不发达的条件下，报刊舆论缺乏多元制衡机制与传统，一种社会思潮成为主流后，整个舆论几乎完全是"一边倒"。大众对于铁路国有政策的背景，商办铁路政策何以失败且不可行，借款条约为什么对中国有利，后发展各国为什么都不约而同地从铁路商办改为铁路国有这一系列根本性的问题，根本无法通过这些充满情绪化的报刊来了解。而人们受到的则是报纸杂志煽情性的"话语轰炸"，对于政府一方的观点几乎可以说一无所知。

正是在这种背景下，立宪与地方自治不但没有达到改革发起者原来所以为的那样，实现民族新的认同，反而在政治分歧日益扩大的危机时期，成为反对派与政府抗争的舞台与基础。

十二、铁路国有政策成为民国新政权的既定政策

清政府的铁路国有政策最终失败了，清王朝也引火烧身，随之崩亡。但这并不意味着铁路国有的基本方向是错误的。用民国

时人们的说法,在清末"民气尚固"的情况下,铁路国有只是"时会未至"。从天时、地利、人和的角度来考察,当时的条件还不足以推行这一政策。

然而,对于一个从事交通现代化的后发展民族来说,铁路国有乃是历史的基本趋势。民国政府在建国伊始,就继承了被它所推翻的清王朝的未竟之业。

到了民国二年(1913年)六月,也即清王朝崩亡一年多以后,民国交通部就提出了接收湖南商办铁路为国有的政策。其基本办法与清政府几乎如出一辙。然而,这时的商办派士绅商民们却来了一个一百八十度的大转弯,他们不再像一年多以前那样,高呼"路亡国亡"的口号来拒绝铁路国有。他们已经大大地放低了自己的要求:只求"股本有着"就可。

与清政府不同的是,此时的民国交通部却根本没有足够的资金来收购商办铁路的股本。经过协商,最后确定仍然按原先清政府川路成案分年摊还,而摊还期则长达十五年之久。与民国政府相比,清政府原先提出的以现款赎股方案,对于商办铁路公司股民来说则远为优惠多了。

股民们此时已经冷静下来了。他们不再向新政府提出过高的要价。正如当时一位铁路专家所指出的那样:"凡有识者,均晓然于商股之无望,国有之易期。至是乃水到渠成,一一如议。绝无抗拒。"[①]

事实上,人们可以设想一下,如果清政府当年不是急切地把铁路收归国有,而是"顺从民意"地继续让商办公司自行其是,那么这些公司破产只是时间问题。其结果将是,用不了多久,各

[①]《三水梁燕孙先生年谱》上册,第147页,1946年再版。

省商办公司在已经破产或即将破产的压力下,将会主动地要求政府收购路权而实行铁路国有。人类的非理性的激情居然在某种特定的历史变动中起到如此巨大的作用,本案可以提供一个生动的实例。

在短短两年内,民国政府相继与湘、苏、豫、晋、皖、浙、鄂等各省八条商办铁路的民间公司签订收路条约。民国政府收回上述八条铁路应付给股民的总金额,连本带息共为六千五百余万元。然而,除了河南铁路以外,民国政府并没有准备现款来换取商办铁路的股民们手中的股票。为此,民国政府先是采取折给债票的办法,或用不兑现的中交京钞换股。换言之,民国政府竟用一些无法兑现的空头支票,就轻而易举地从股民们手中收回了路权,而这些路权是两年前清政府想用国家保利股票或通货购而不得。后来民国政府则是干脆拖延,一直到1924年,仍然无法归还股民的资金。[1]前后两个政府做的是同一件事情,然而结果竟如此不同。

更有甚者,民国政府把全国各地原先商办公司的路权收回国有后,却没有进一步的作为。由于新政府无力筹集到足够的资金来从事铁路建设,除了粤汉路造成汉口到长沙这一段外,其余各路只能束之高阁,建成之日遥遥无期。在各省原来的铁路工地上,路基尚在,而原来已购的建筑材料,不是被人窃走,就是在日晒雨淋中朽蚀不堪。[2]然而,这一切似乎并没有引起人们多大的注意,新的社会政治问题层出不穷,人们的视线已经转移他处。对于民国这样一个新政权来说,它还有足够多的时间来消耗自己的

---

[1] 曾鲲化:《中国铁路史》(上),第128页,1924年版。
[2] 曾鲲化:《中国铁路史》(上),第121页,1924年版。

权威合法性资源。

此时,保路运动中广泛被人们接受的"商路亡,中国亡"的口号早已被人们淡忘。孙中山先生在1912年时就曾以其特有的浪漫主义激情与想象,计划通过向外国贷款,在五至十年内,在中国建成可绕地球四十圈的铁路,并给洋人以全部筑路权与经营权。[①]再也没有人以"路亡国亡"为标准,来斥责孙中山的铁路计划是"卖国"计划。

[①] [澳]骆惠敏编:《清末民初政情内幕:莫理逊书信集》上册,第970页,知识出版社1986年版。

结　语

　　自19世纪最后几年的戊戌变法，到辛亥革命以前的清末新政，这十几年间，是中国历史转折的关键时期，研究这一时期变革过程中的矛盾与思想冲突，对于理解中国后来的政治走向，中国变革的基本困难与问题，中国20世纪以来的政治文化心理与思潮变迁，均具有十分重要的意义。

　　清末变革的前提是，统治者力求运用传统的权威合法性资源和现存的官僚机构，通过自上而下的方式，来推行现代化的政策与结构改革。

　　中国的清末变革与日本的现代化相比有很大的不同。日本在明治维新以后，就成功地建立了一种开明专制政体来引导日本的现代化。日本早期现代化的成功与这种开明政体的有效性有着不可分离的关系。然而，在中国清末现代化过程中，正如本书已经论述过的，始终没有形成足够强大有效的自上而下的权威来对现代化过程进行有效的推进与整合。清末的现代化变革过程，实际上是中国民族危机不断加深，政治中心的统治权威合法性在体制外的政治力量的不断冲击下急剧流失并最终走向崩溃的历史过程。

　　清末的政治史，从现代化理论上来概括，可以称之为"传统政体的政策创新阶段"，它与此后辛亥革命建立的早期议会政治、1914年以后建立的军事权威政治时期,共同构成早期现代化的三个基本阶段。

清末变革这一时期,就是在不断加深的危机状态下,在迟误的反应引发的焦虑感支配下,各个政治精英集团通过不同的方式,走向激进化的历史选择的过程。本书环绕的中心问题,正是在这一历史阶段中国政治激进主义变革思潮不断向政治中心提出挑战的过程。

是什么原因导致清末变革运动的失败?一个传统君主制政权推行现代化要取得成功,究竟需要什么条件?清末新政的失败,从改革政治学的角度来看,可以提供哪些启迪?导致清末变革失败的种种基本矛盾对中国后续现代化有什么影响?

下面,我们将在对全书的内容作出概括的基础上,进而考察清末变革的一些基本矛盾及其对此后现代化的影响,作为本书的结语。

一、从现代化理论看清末变革的制约因素

大体上,我们可以发现,清末变革的历史过程,受到一系列历史文化因素的制约,从而具有以下这些基本特点。

其一,官学化的儒学意识形态的自我封闭性。作为中国人安身立命的政治哲学基础的儒学,在中国长期的历史过程中,被改造为一种维系中央集权专制政治的官学意识形态。正如本书第一章中所分析的那样,这种官学意识形态的文化定式,严重地束缚了人们解释事物,认识西方挑战,以及为应付挑战而作出政治选择的能力。

更具体地说,中华帝国的官学化的儒家意识形态,一开始就

具有"文化幽闭症"的自我封闭倾向，由此而引起应付西方挑战的严重失败，导致日益深重的民族生存危机。这就造成这样一个历史后果，即在备受这种危机刺激而力图救亡图存的中国新一代的知识分子与民众心目中，儒家意识形态逐渐声望扫地，这就使中国近代和现代的民族主义不是像日本那样与本民族的核心政治文化紧密地结合起来，而是产生一种反传统的政治文化心态。

自19世纪中期以来，中国在应付西方挑战过程中遭受到的连续不断的挫折、失败与深度危机，以及20世纪初以后出现的反传统的思潮、价值取向与政治文化，可以从这种由官学化的意识形态在回应西方挑战过程的失败中得到基本的解释。

其二，焦虑型激进主义的产生及其对政治的影响。在整个官僚政治体制与保守的意识形态氛围的约束下，能够清醒意识到这种危机感的，往往又是体制外的少数精英人物。戊戌变法时期，少数体制外的知识精英分子走上了政治前台，并开始认真推进现代化的体制变革。然而，正如本书在戊戌变法研究中所指出的，突然感受到巨大的民族危机来临的人们，对这种危机的反应方式自然充满一种强烈的心理焦虑感。于是，激进的政策选择便不自觉地成为他们摆脱焦虑压力的心理平衡手段。他们所作出的政治选择，不可避免地具有与现实国情、政情脱节的倾向。戊戌激进主义可以从这些孤芳自赏的少数派政治精英所具有的愤世情结与心理焦虑感的结合中得到解释。戊戌变法失败的命运也就由此决定了。

戊戌变法的失败一方面使中国丧失了在传统权威合法性尚具政治整合能力的条件下进行自上而下变革的机会；另一方面，戊戌激进主义引起了原教旨式的保守权贵派对变法运动的政治清算，守旧派的倒行逆施又进而引发庚子事变，紧接着就是八国联军对中国的入侵，清末统治者进一步面临内外交困的深重权威危机，正是这种危机促成了清末变革在20世纪初进入新政阶段。

其三，变革政策选择的急剧突发性与断裂性。如果把中国与日本在西方挑战的压力下进行变革的过程进行比较，就会发现有一个重要的区别。美国学者布莱克曾指出，日本在国际关系中没有经历过不时出现的严重的危机，因此，也就不需要进行突然的和彻底的革新，所以，它的政治制度是逐步发展的，没有急剧的变化。新的重大的改革往往在地方试验了多年之后才在全国范围从容地进行，旧的制度往往也并不抛弃。在日本，历史变迁的连续性和渐进性是一个相当显著的特点。①

与同时期的日本相比，中国的情况恰恰相反，自19世纪中后期以来，中国在连续不断地遭受列强侵凌的过程中，日益陷入严重的民族生存危机，这种情况到庚子事变时达到一个新的顶点。正是这种严重的危机压力，才迫使清廷统治者在多年拒绝变革之后，终于克服了观念与思维方式上的惰性，进行突然而大幅度的制度变革。然而，这种历史条件又进而导致这样一个结果，即新制度并没有来得及在地方上有试验的机会，就囫囵吞枣地加以在全国推行。可以这样认为，从抽象的标准来看，清末新政过程中提出的各项改革措施与过去的旧制度相比，更具有"现代性"，但清帝国内部却并不具有使这些制度得以在中国生长和产生预期效果的条件。与日本相比，中国的变革更具有为补偿滞误而产生的急剧性、突发性以及与既存传统的断裂性。这一特点在戊戌变法时已初露端倪，在清末新政中，这种"调性"已有明显的表现，自20世纪20年代以后，几乎成为中国变革思维的基本定势和革命

---

① [美]布莱克等：《日本与俄国的现代化》第三章。

性的文化价值观的基础。

其四，统治权威危机与大幅度变革的相互强化。我们可以发现，到了20世纪初的清末新政时期，随着民族危机的加深，统治者与立宪派社会精英从两个不同的政治方向走向激进化。

正如本书第八章所指出的，到了庚子事变以后，当更为深重的民族危机来临时，清末主持朝政的统治者出于对权威合法性急剧流失的担忧而加快了改革的进程，力图以"良好的表现"来重新取得臣民的信任。清末新政由此发端。然而，这时的清王朝的统治合法性已经由于庚子事变而急剧流失。权威合法性危机的出现，又使统治者缺乏足够的权威资源来对社会进行有效的整合，也无力制约政治参与的急剧爆炸。这种"志大才疏"的结果，又使统治权威进一步在人心中失落。为了挽回这一权威危机，新的更大力度的改革举措又相继出台，于是形成又一轮权威危机与新政加速的恶性循环。清末变革就在清末统治者这种不断饮鸩止渴的恶性循环过程中走向失败。

其五，制度决定论对政治激进主义的影响。日俄战争以后出现的立宪思潮不断地走向激进化，清末政治参与压力的急剧增长，与中国变革思维中的制度决定论倾向有着密切的关系。这种"制度主义"的思维方式是中国政治激进主义的第二种类型，它比焦虑型激进主义更具有普遍性。

制度决定论的实质，是在忽视一种制度的文化条件的情况下，把西方宪政制度视为一种可以通行于各种不同文化社会环境的普适性制度。这种宪政乐观主义，在清末中国士绅官僚精英中几乎成为一种无须验证就予以接受的政治神话（Politicalmyth）。这种"立宪制度决定论"暗示着这样一种政治取向，那就是，只要人们感觉到危机感的临近，立宪加速的要求就会加剧，而立宪所需要的社会、文化与经济条件，本来是在长期经济与社会发展过程中才可能形成的，而这一切则完全不在他们的考虑范围之内。

对于日俄战争以后的中国人来说，受民族危机的刺激而产生的危机感越是强烈，他们也就越是向往某种被他们认为具有消弭危机"功效"的西方制度，其心态也就会越发激进，这一点在清末立宪运动中表现得特别突出。其结果，就是越发脱离客观条件。

其六，集权立宪与分权立宪选择的冲突。在新政过程中，集权立宪（即钦定立宪）与分权立宪（即协定立宪）这两种立宪选择之间始终存在着强烈的冲突。清廷统治者力求通过实行集权立宪政治，来强化它作为一个跻身于现代国家之林的成员的符号效应，并以此来取得国外列强和国内被统治者的认可，从而增加它在臣民中的统治合法性。这一政治动机来源于它对日本非典型的立宪模式的理解和仿效。另一方面，典型的立宪政体（以英美为代表）则意味着自下而上的对政府权力的限制和权力的分散化与多元化。清末革命派、排满的激进派和具有地方既得利益的立宪派士绅，正是利用他们对立宪政治的后一种解释，来主张分权立宪，不断扩大自己的政治资源，并以此为合法基础，向清朝政权提出越来越严重的挑战。由于清末政权的权威是如此脆弱，从而使政府既无力冒天下之大不韪收回它对立宪的承诺，回归到传统的权威政治中去，又无力运用自己的政治资源，迫使政治反对派就范于它所钦定的立宪模式。这样，就始终陷于被动的进退维谷之中而无法脱身。最终在体制内的政治势力（立宪派）与体制外的政治势力（革命派）的联合攻击下走向崩溃。

更为重大的后果是，在士绅与政府之间业已产生严重的政治认同危机的情况下，政治参与的爆炸性的扩大，不但没有形成清廷原来所期待的通过立宪来凝聚社会人心，"上下一心"，相反却使激进派"速开国会"的请愿运动在全国各地迅猛发展起来,而清政府却在四面楚歌中无所措其手足。随着立宪运动的日益激进化,清政权在巨大的立宪运动的压力下,陷入了极端孤立状态。这种情况在明治维新后的"立宪"的日本是根本不存在的。

其七,政治参与膨胀与政治整合能力滞后的矛盾。清末立宪过程是一个十分有利于地方势力急剧发展的过程。地方分利化与分权化,对于调动全国社会精英的政治积极性,具有正面的意义。然而,从新政过程中可以看出,各社会群体进入中心政治领域的速度却远远超过了现存体制对政治参与的整合能力。这首先是由于在立宪救国论的思潮的影响下,立宪体制的建立被社会各阶层视为克服中国严重的内忧外患和实现富强目标的主要手段,而筹备立宪时期建立的地方自治、咨议局和资政院,则大为扩展了中国士绅与知识分子自下而上进行政治参与的渠道。其次,报纸、杂志等大众传媒在19世纪末的迅速发展和在知识界的普及,社会舆论和言论相对于过去时期的较大自由,出国留学潮的兴起,以及社会流动性的迅速增长,这些被认为是推进中国日臻富强的重要举措,均极大地刺激了各种新型社会群体的出现,并促成了这些群体对中心政治领域的迅速参与。一个在现代化的冲击下而陷入深重的权威危机的政权,此后已经无法再关上由它开启的"潘多拉匣子"了。

正是在这个意义上,保路运动实际上正是上述政治参与爆炸的结果,也是上述种种"改革综合征效应"的全面集中体现,我们可以从保路运动对清政权的致命冲击中,看到以上所提到的种种因素的结合而形成的专制政体的集权改革"综合征":陷入权威危机的统治者对地方势力的无能为力;中央对地方官员的失控;外力压迫下的焦虑型激进心态;经济排外主义与士大夫清流思潮的结合；立宪运动中地方势力与既得利益集团的急剧膨胀，使其可以很大程度粉饰其利己的动机，并在动员民众方面显示的巨大的力量；政治中心的权威贫乏症与政治弹性应变力的极度缺乏，使之连基本合理的政策也无力推行，等等。上述种种因素相结合形成的连锁反应，使保路运动成为清王朝崩溃的导火线，也最终葬送了这次变革运动。

二、清末变革面临的几种两难矛盾

在分析了影响清末变革过程的一些制约因素之后，下面，让我们进一步来分析这一变革过程中体现出来的一些基本矛盾。

清末现代化的一个基本矛盾是，权威要求相对集中与政治参与膨胀之间的矛盾。

一方面，传统君主制下的有效改革，需要以国家权威的力量来集中分配社会资源，以应付现代化发展和应付因列强挑战而引起的各种问题，正如明治维新的日本所做的那样。另一方面，民族危机的深化和传统政体的严重弊端刺激了社会精英的强烈的政治参与意识，他们力求进入体制，以群策群力来解决民族危机并影响和参与现代化的决策。改革的政治逻辑要求权力的集中和相当程度地抑制政治参与过度膨胀，而民族主义和中国当时所面临的民族生存危机，则要求扩大政治参与和权力的分散。这两个命题都在现代化过程中具有合理性，但它们却是彼此冲突矛盾的。

造成这一历史悖论的基本原因是，传统专制在面对西方列强挑战的相当长的时期内，虽曾拥有足够充分的集中的权威以及享有这种权威的合法性，但却没有能够运用这种权威力量来解决内外危机，也没有对这种传统权威政体进行合理的转化，以适应现代化的多方面挑战，从而导致中国传统的权威政治形态的合法性的信任危机。致使全国上自士绅，下至民众，从对专制君主政治的逆反心理发展为对集权主义现代化模式的强烈的排斥与拒绝。在这种情况下，以天下兴亡为己任的各个阶层的精英人物，自然会要求扩大参与的渠道以作为解决民族危机的新的政治选择。包括统治阶级中相当一部分人物也产生这样一种态度转变。力求通过"君民一体，上下相通"的立宪政体来"固结人心"，来改变传统政体"上下相睽，内外隔阂"的孤立状况。这就是清末立宪何以在民族危机加深以后，受到中国上自权贵官僚，下至绅商平民多方面认同和拥护的原因之一。

政治参与的急剧扩大、政治参与者所怀抱的参差不齐的政治诉求以及权力的分散化，破坏了权力的必要集中和权力运作的有效性（这种权力集中，对于非西方的后发展中国家的现代化来说，尤为重要）。尤其是在既存权威业已形成合法性危机，在统治者与受治者之间对政治程序的共识已发生严重分裂的情况下，政治参与的急剧扩大，不但不能如统治者所希望的那样，缓和官民冲突和朝野冲突，反而加剧了这种冲突。正因为如此，我们可以从当时大量的有关立宪论战的史料中看到，当时朝内外的分权立宪派均认为立宪可以上下一心，共谋救亡图存。而反对派与集权立宪派提出的一个重要论据则是，（分权化的）立宪反而会由于权力分散，导致社会上下解体，加剧民族危机和政治动荡。

清末变革面临的第二个基本矛盾是，变革旧制而导致传统的社会整合方式已经丧失，新的社会整合方式又无法单凭体制改变而及时形成，由此产生严重的社会脱序和社会整合危机。

中国在数千年的文化发展进程中，形成了独特的社会整合与社会凝聚机制。例如，以科举为核心的教育制度，是维系社会精英与政治精英相互依存关系的纽带,也是维系社会各阶层效忠君主、儒家意识形态和国家权威的基础。然而,近代以来的历史表明,这种社会整合机制支配下的国家和社会建制无法应付民族危机和现代化挑战,对作为这种整合机制的载体的各项制度进行改革,便成为新政的当务之急。

科举制和其他整合社会的传统制度作为现代化的梗阻而被废止,原来效忠王朝的士人阶层成为不安现状的游离分子。这不但使现政权陡然失去原有的社会支持基础,而且也使传统的联结社会各阶层的黏合力急剧削弱,同时,新政在教育体制和其他方面的各项改革,产生了相当数量的新型人才,如学堂学生和留洋学生、新式军人等等,这些人所受的教育训练和国内国外的经历,以及他们深刻感受到的强烈文化反差和民族挫折感,使现存政治体制根本无力在意识形态和精神上吸引和整合他们。换言之,新政推行的社会变革所实现的新的社会整合机制的发育程度,远远不足以制衡和吸附旧体制瓦解后大量出现的社会游离分子和新型人才。正是这些在新政改革中产生的社会势力和青年团体,成为这场变革运动的主要掘墓人。也正是在这个意义上,传统集权体制下的社会改革运动,几乎就成了不断"搬起石头砸自己的脚"的社会动员过程。

清末集权条件下变革的第三个矛盾存在于经济领域。为实现新政各项既定的计划指标而制定的财政政策,与特定条件下的社会承受能力之间存在着深刻的矛盾。

庚子事变之后的清政权在财政上面临的困境是:严重的内忧外患迫使新政的决策者必须在涉及国计民生的广泛领域采取大幅度的政策创新动作,只有如此才能"固结人心",挽回权威合法性的急剧流失,并实现"救危亡、图自存"的目标。为此,清廷在建新军、兴学堂、创巡警、办实业和筹备立宪方面制定了一系列用费浩繁的庞大计划,并竭力加速进行。为此只能采取根据计划开支多少确定征税数额的"量出为入"(湖北布政使王乃徵语)的财政政策。①各种名目的摊派和增税加捐层出不穷。但是,由于庚子赔款的沉重负担和民生凋残,民众的社会承受能力极为低下,这些现实条件,逻辑上决定了国家只能采取"量入为出"的政策。

在这种情况下,力求推进新政的清廷的财政政策,就陷入一种两难困境之中。政府如果为了挽救民族危机,并力求以大幅度的迅速的改革的实绩来重新赢得它在被统治者中的权威合法性,它就不得不采取前一种政策。然而这样做,它就可能冒竭泽而渔的巨大风险,从而超过社会承受力的极限,引起社会各阶层的强烈不满和反抗并危及政权稳定。如果政府为缓和社会冲突而采取后一种政策,将有远水不救近火之虞。这种新政改革与政权稳定两者难以得兼的矛盾,是导致清末新政中的社会反抗运动日趋激烈的重要原因。

清末变革中的第四个基本矛盾是,"重症效应"下的激进与守成的两极化。

近代以来的中国在追求现代化目标的过程中,面临这样一种两难矛盾,我们可以称之为"重症效应"下的政治选择上的两难性。正如本书第十一章所指出的,这种情况有如针对医院里的重症病人在治疗方案上出现的两极对立一样。一些医生认为,由于病人的病情恶化,危在旦夕,为了挽救病人的生命,必须立即进行大手术;另一些医生则恰恰认为,正因为病情严重,生命垂危,病人根本不具备进行大手术的条件,任何大手术只能使病人加速

---

① 《清朝续文献通考》卷三九八,"宪政六"。

死亡,因此只能在"守成"的基础上进行小手术,大手术即使必要,也只能在以后体力稍有恢复的情况下才能进行。在中国的情况则是,中国近代民族危机越是深化,"重症效应"所引发的上述"治病方案"上的分歧也就更为尖锐而激烈并趋向于两极化。

自19世纪末叶以来,尤其是自甲午战争以后中国民族危机日益深化以来,在中国改革问题上,政治精英与知识精英中也同样存在着日益明显的政治观念与政治选择上的分化与对立。以中国面临严重的危机作为大幅度急剧变革的理由的人们构成激进的变革派,后一种人则成为变革中的保守派或渐进派。前者以"危机论"作为依据与立论基础,后者以"条件论"作为依据与立论基础。

在戊戌变法时期,"重症效应"引发的政治选择的两极化已经初见端倪。以康有为、梁启超为代表的变法派就是以"救火追亡,犹恐不及"的"危机论"作为"不变则亡,小变亦亡,大变则强"的立论根据的。而加入反对康梁变法阵营的相当一部分较为保守的人士,并非反对变法本身,而是认为中国的现实条件,并不能承受康有为等所主张的激进的改革。这种两极化思维对立,是中国危机深化的必然反应,也是中国儒家官学文化在面临巨大挑战之后的历史因果报应。这一矛盾一直制约着中国后来的现代化过程,在新的历史条件下,它每隔一段时间就会再次出现。

清末变革中的第五个矛盾是传统文化的"两面刃"特点和激进与保守的两极化。

非西方后发展国家的现代化能否顺利推行的一个重要条件是,本土文化能否为转型过程所必须的社会凝聚力提供精神资源。当一个民族的主流文化价值成为这个国家的中心象征的组成部分时,它对于这个民族的凝聚力和民族共识的形成就具有重要的意义,它也同样有助于形成现代化转型过程中的政治凝聚力和秩序稳定。本土的传统价值与制度文化至少在以下两个方面对于一个后进民族的现代化具有特别的意义。

首先，现代化的社会变迁过程，必须保持社会载体的历史连续性与相对稳定性。这只有在传统作为一种既存的"镇制"力量与纽带力量而存在的情况下才能实现。

其次，本土的文化价值是一个民族在长期适应自身面临的各种环境挑战过程中凝聚起来的集体经验（Collective Experience）。只有在这种民族的集体经验中寻找到某种中介因素，被引入的外来的异质的制度文化才有可能被"黏合"或吸附在中国社会的母体上，从而使文化嫁接和移植得以成功。

如果说，大多数后发展国家与民族运用本民族的主流文化价值作为民族主义的凝聚力的基础的话，那么，我们可以发现，中国近代以来的现代化过程中的民族主义，却是一种与之相反的现象。我们可以把中国20世纪的民族主义称之为"反主流文化"的民族主义。这种民族主义的基本特征是，在其中心象征领域中，儒家文化这一传统的主流文化形态，被视为对民族进步的消极障碍而予以彻底的排斥。人们可以从"五四"初期吴虞提出"打倒孔家店"以后的新文化运动中看到这种民族主义的发端。自"五四"以来，中国的政治精英与文化精英是以人类历史上相当特殊的方式，即以激进的反传统主义的方式来推进本国的现代化的。反叛自身的主流文化传统成为中国知识分子实现民族富强的基本手段。

在早期现代化陷入危机与失范的条件下，上述两面刃特点导致什么后果？

一方面，激进的反传统主义者会自然地把"失范型"的"人欲横流，世风败坏，政治腐败，民生凋残"看作是传统文化劣根性的总表现，这就使他们进一步强化了原有的激进反传统的思维定式，并要求与传统文化作更彻底的决裂。另一方面，文化保守主义者却又从同样的社会败象中，看到回归到传统道德规范中去的必要性，认为这对于一个陷入道德危机中的民族刻不容缓，他们力求进一步强化传统的价值符号与复旧，以作为抗衡文化失范的基本手段。

于是，这种文化上的两难选择又引发了一种新的恶性循环：对传统价值体系与官学化的儒家意识形态的复归，其结果又使用心良苦的"道德重建"转变为对专制权威崇拜与对专制价值的回归。官学化的儒学对政治秩序的稳定作用是通过顺从专制政治与煽起思想奴性的方式来实现的（后来在袁世凯的权威统治时期的"筹安会"便是其中的鲜明而生动的例子）。这种历史后果，反过来又进一步激起了更强烈的反传统主义，而激进反传统对现存秩序的更全面的冲击与挑战，又引发新一轮的规范危机与社会失范，于是形成"六道轮回"式的恶性循环。与此同时，政治与思想层面的两极化与分裂也随之变本加厉。这正是自"五四"以来，中国政治与知识精英在对待本土文化与价值问题上陷入两极化，以及中国现代化陷入困境的重要原因。

当然，清末变革面临的问题远不止这些，除了以上这些两难性的问题和矛盾以外，新政改革还面临中央与地方之间在利益和资源再分配方面的矛盾（这种矛盾在推行地方自治、咨议局和资政院之后尤为突出），各级官僚在经济职能扩大以后加速腐败的问题，保守的地方士绅与农村宗法势力相结合抵制官府的新政措施问题，等等。这些涉及传统的政府主导型现代化过程的实际矛盾和困难，均需要学者在掌握丰富的史料的基础上，运用宏观社学和政治学的方法,进行实证的研究。

三、中国早期现代化的挫折及其历史后果

大体上,人们可以发现,自19世纪末以来,中国的现代化过程始终存在着以上几种两难矛盾的严重困扰。而从时间上看,这些矛盾的出现又有一定的顺序。

最初出现的是权威危机引发的两难矛盾。当中国的权威政治尚具有高度的权威合法性与权威资源时,传统意识形态、价值体系与政治结构构成的障碍,使这种权威力量缺乏改革的积极动机;当权威危机业已形成的巨大的内外压力迫使统治者开始积极推进改革时,残存的权威资源又使这种变革难以成功。于是,旧的君主制权威在现代化过程中瓦解与崩溃,新的政治权威形态又无法形成,并代替原有的专制政治对社会实现整合。

当大规模的变革要求已经出现时,危机论与条件论之间的两难矛盾,又进而导致激进派与保守派之间的严重对立与分歧。政治与知识精英内部,在实现民族独立与富强的目标问题上,形成共识危机,以及保守主义思潮与激进主义思潮的对峙的两极化。

最后,当前者力求在传统规范中寻找重新整合秩序的资源,以这种方式来谋求摆脱中国现代化过程中的"失范综合征",后者则进而主张更为激进地摆脱现存秩序,更大规模与更大范围地引入西方的价值与政治制度。其结果又导致更为严重的社会失范。

这样,保守主义者为防止失范而求助于传统,而激进主义者又为了现代化的政治新生力主进一步否定与抛弃传统,这种两极对峙与"二律背反"不断在新的条件下的重复与循环,是导致现代化过程中的激进与保守这两种力量的相互冲突与此起彼伏的

消长的根本原因。一方面，是政治激进主义与政治浪漫主义，这种激进的政治"浪漫主义"的极致便是政治乌托邦主义。另一方面则是各种类型的保守主义。双方都可以从上述两种对立的现代化选择中找到自己的理论基础。

从历史上看，并非所有的国家现代化都会在每一个阶段取得成功，对于那些有着自己悠久文化的传统主权国家，早期现代化过程就显得特别艰难曲折。

"现代化的挫折"是美国学者艾森斯塔特提出的一个分析概念，它指的是一个国家的现代化启动并取得相当的进展之后又夭折的过程和现象。这种历史现象的重要特征是：原有的传统秩序规范分崩离析；社会各阶层缺乏对权威合法性的基本共识；执政者与知识精英在政治秩序、文化价值和道德秩序等重大问题上出现严重的认同分裂；社会间不同群体之间存在着连续不断的冲突和冲突的两极化，并始终找不到达成持久的妥协的方式；在冲突与危机之间形成相互强化的恶性循环；而战争、瘟疫、灾害和各种因现代化而引起的内忧外患持续不断，等等。

正如有的学者所指出的，现代化成功与挫折的根本区别，并不在于现代化过程中是否会出现各种各样的矛盾和冲突，而在于国家或社会中能否形成解决矛盾、问题与冲突的能力，更进一步说，是能否形成一种促进、维持与控制变迁的能力。

可以说，在中国早期现代化过程中，权威危机，失范综合征，以及由此引起的政治选择上的"激进与保守"的两极化，与上述这些矛盾之间又存在着相互依存与互为因果的关系，从而导致中国早期现代化的断裂，这是中国早期现代化研究的一个重要课题。这一研究对于认识制约20世纪后期中国现代化的长期因素，无疑具有重要意义。本书力求从文化与政治结构的内在特征方面，而不是从主持变革的个人责任方面来探索中国早期变革的艰巨性。

从这一角度来研究中国早期现代化历史,并进而研究这种种矛盾交织中出现的激进思潮与保守思潮的交锋与冲突,将使我们能更深入地认识一个后发展国家现代化历程的艰难复杂性,这一研究过程所揭示的矛盾与问题,将使人们能从中获得有益的启示,并更深入地理解现代化获得成功的各种制约条件。

附录一

走向静悄悄的革命
——略谈清末大变动时代的几个人物形象

长期以来,在我国的教科书与历史著作中,许多近代历史人物都被贴上不同的政治标签,成为政治宣传画上的脸谱。例如,李鸿章、慈禧、荣禄、袁世凯这些重量级人物,无论在国民党的官方史学中,还是新中国建立以来的历史教科书中,他们都是十恶不赦的历史罪魁。而康有为、孙中山的形象,则被符号化为改革先驱或革命圣人,他们由于成为改革或革命观念的载体,而附丽上了夺目的光环,并成为人们的道德崇敬的对象。

大半个世纪以来,在数代中国人的心目中,这种黑白分明的漫画形象早已经定格并根深蒂固,很少有人对这些历史形象的真实性提出疑问。老师这样教学生,学生成为老师后又以同样的方式来教他们的学生,如此生生不息。历史学界的一些别开生面的学者,在接触大量丰富的史料后,会多少偏离这种形象套路,在自己的著作的字里行间,透露出若干新的理解,但他们的小心翼翼的学院派的风格,以及学术论文缺乏形象展示的空间,使他们的新理解在广大社会公众中并没有什么重大的影响。

《走向共和》引起世人广泛注意,而一个专业学者要在这部电视剧中找出许多不足,实在太容易了。该剧的编剧毕竟非专业出身,专家们在对此剧口诛笔伐时,完全可以获得某种基于知识优越感的宣泄快感与心理上的自我满足。然而，不可否认的是，这部作品最成功之处就在于，它大胆地突破了五十年来，甚至近百年来历史学界已经形成的刻板的脸谱化的形象，并大体上使众多历史人物更接近于其历史真实的面目。由于它与人们近百年形成的固定观念与思维定式之间形成巨大反差，由于它能借助于现代化的传媒手段，在数以亿计的电视的受众面前尽情地展示自己对历史的新诠释，当电视剧演职员们挟如此巨大的特殊优势，来强化他们与人们刻板形象之间的这种巨大反差时，其影响力冲击力之巨大，就自然而然了。

下面，本文针对其中一些重要人物的形象的历史真实性谈一些看法。

李鸿章　《走向共和》中的李鸿章是最有争议的人物。观众中不少人认为该片美化了李氏，其实是人们长期以来受50年代史学观影响太深，已经形成刻板的思维定式所致。当人们面对一个更为真实的李鸿章形象时，反而更难以接受。这正如我们好不容易养成了留辫子的习惯，要大家剪掉也难。事实上，中国人在现代化过程中形成的世俗理性意识，首先是在洋务派那里发源的。至于这位在近代中国喊出第一声"数千年来未有之大变局的"李鸿章，应该如何定位，只要举以下这个例子就足够清楚了：当年的洋枪队长戈登给他母亲的信中，写过这样一句发人深省的话："中国人是一个奇怪的民族，他们对一切改革都很冷漠，在我所见过的中国人中，只有一个人除外，那就是李鸿章。"[1]

在以往的历史解释体系中，凡是主战，就被等同于爱国主义，

---

[1] 戈登：《1869年12月12日致母亲的信》，载《中国近代·对外关系史资料选辑》。

实际上在中国处于劣势条件下的主战论，恰恰是一种非理性的虚骄心态的反应。李鸿章在甲午战争前，考虑到当时由于清朝的军事力量、经济发展水平、海军素质等的实际国情，决定了清朝难以在这场战争中取胜，因此主张采取低姿态，尽可能在近期内避免战争，以避免中国遭受更大的损失。应该说，这是一种以功效为判断尺度的世俗理性的态度，绝非"投降主义"这样的简单化的意识形态符号可以概括。当时朝野的"主战派"，对敌强我弱的现实处境一无所知，充满虚骄、偏执、狂热，又挟"爱国"的话语霸权，李鸿章孤军转辗于此类非理性的主战派的强大压力之下，最后还落得个"投降派"的恶名含恨以终。《走向共和》充分表现了李鸿章在日本签约期间的内心矛盾与痛楚心理，他在轿车里绑着纱布满脸伤痕，那眼神透露出黯然神伤的形象，至今挥之不去，令人久久沉思。李鸿章这一形象再现了一个时代的悲剧，再现了中国改革的先觉者所处的困难处境。

　　翁同龢　与主和派相反，中国的泛道德主义的政治文化气氛，永远是"主战论"的乐园。此类人可以对世界大局一无所知，可以成天在宫廷斗争中慷慨大言高论，而能在社会上获得君子的令名。中法战争后朝野崛起的清流党就属此类，这种清流党思潮，正是封闭自大、深受挫折而以大言高论来宣泄内心紧张的特定文化心态的反映。一些华而不实、以哗众取宠来获得令名的人物，反而以清流自居而如鱼得水。他们的主战论于是被后世错误地误解为"爱国主义"，保守的清流党于是成为爱国主义的形象代表，《走向共和》里的翁同龢正是这样的主战派。这位在甲午战争以前只知大言高论、不务实际，且在权谋心计上有过人之处、心地狭窄的清流党人，对中国危害之大，从来没有被学术界知识界认真反省过。虽然后来翁氏本人也主张改革，但私心太重，并没有什么实际效果。

慈禧太后 长期以来在人们心目中的慈禧太后的刻板形象，也在本片中令人耳目一新。她毕竟是一个妇道人家。电视剧中的慈禧形象基本可信，但在细节上仍然有缺点。例如，电视剧中的慈禧太后，在中日甲午战争期间，只知观花养鸟，这样的处理则过于简单化。事实上，这位老太后后来就亲口对她最信任的宠臣刘坤一说过，当年每当前线战报送来，她就与皇帝爷两人心急如焚，抱头大哭。事实上，慈禧在庚子事变后的改革愿望的强烈程度绝不亚于变法派。根据盛宣怀档案记载，她在西狩回京以后，为了练兵筹款事以至于"寝食不安"，甚至停止了自己的祝寿活动来筹款练兵。[1]虽然这一改革愿望来源于她对保持大清王朝长治久安的愿望。庚子以后真实的慈禧是这样的：一方面，在巨大压力面前具有强烈的改革心愿。另一方面，她毕竟是久居宫中的妇道人家，由于年岁已老，由于庚子事变的挫折，由于对于新事物的知识不足，晚年的慈禧太后在重大决策方面，可以说是心力交瘁、焦虑不安、优柔寡断，经常以泪洗脸，表面坚强，内心脆弱，特别容易受多数人的主流看法的左右。如果电视片能深入表现出她在庚子事变回北京后的内心焦虑感，那就更为真实了。

袁世凯 袁世凯是一个充满两重性的历史人物，一方面，他不同于书生气十足、毫无官场经验的康有为、梁启超这类激进派，他是清末主张稳健的温和改革派，他久经官场，为人圆熟。袁世凯之所以不愿参加康有为要他包围颐和园的政变，既有其军事上的实际困难，又有政治上不同于激进派的观点分歧，绝非教科书

---

[1] 参见《辛亥革命前后：盛宣怀档案资料选编之一》，第12页，上海人民出版社1979年版。

上写的简单化的"无耻卖友求荣"可以概括。这一点《走向共和》一定程度上是表现了出来。另一方面，他在官场中在权术运用方面如鱼得水，又在北洋军中形成以自己为"恩主"的庇护网关系，这些因素在一定条件下成为他挟军自重，并渐渐滋长权势野心的资源。《走向共和》基本上表现了袁世凯这一人物的这种两重性。全剧也力求在这两个特点之间寻找出平衡点。这一尝试也是值得肯定的。只要看到过袁世凯的相片，就会体会到电视剧中的袁世凯即使说不上形神兼备，至少也是离真实相距不远。

载沣 当然，在《走向共和》塑造的人物中，也有不成功的，宣统皇帝的父亲载沣就是其中一个。在《走向共和》里的载沣可以说形神皆不似，电视里的载沣是个横行霸道、咄咄逼人的纨绔子弟。他居然在北京街头把执行交通法规的天津巡警捆起来。生活中的载沣，实际上正好反了过来。首先，他是一个温和的改革者，当年他从北京到上海杨树浦码头登船赴德国时，受到上海市民万人空巷的观瞻，1901年的德国之行给这位十八岁的贵族少年留下深刻印象。他是亲贵的立宪派之一，起到与民间立宪派里应外合的作用。他执政不久，就把办筹备立宪不力的一位甘肃大员给撤了职。其次，他的个性特点是谦抑退让，疏懒自乐，才具平庸，优柔寡断，没有心计，也没有太大野心。他对政治没有兴趣，做摄政王对他来说是一个沉重而毫无乐趣的负担。根据载沣家人的回忆，在宣统退位时，他说了一句别人想象不到的话："这回我总算可以回家抱孩子了。"这句话就形象地体现了载沣真实的性格。如果编剧能多接触一些史料，其实这个缺点完全可以避免，好在这个人物实际上也并不十分重要。这一缺陷也对全剧没有太大的影响。

该剧进入戊戌变法，则演得流于漫画化。康有为当着皇帝面斥责保守派,并采取激将法请皇帝杀这些大臣,史无其事,料羽翼未丰且首次与皇上见面的康有为也无此胆。变法派的新秀军机章京们,初来军机处,就对老军机大臣不理不睬,旁若无人,一开口就破口大骂老臣,如同"文革"时的红卫兵,这些情节过于夸张,反而减低了全剧的正剧效果。可以说这一部分是全剧中的败笔。

尽管《走向共和》有上述不足,但本剧最大的贡献在于它在恢复历史人物的真实性方面作出了可贵的努力。这一突破的意义已经超出了电视艺术本身。

值得人们深思的一个问题是:为什么尝试恢复历史人物真实性的浪潮,不是由改革开放已经二十余年后的新一代历史学家发起,而是由学术界以外的非专业人士发起?并且这一冲击波又能如此势如破竹?其中的原因是多方面的。首先,从学科特点而言,历史学思维倾向于保守,学院派的风格也易于形成思维定式,这些都可能妨碍了人们去摆脱长期的思维上的"路径依赖"。相反,文学出身的编剧者习惯于文学形象思维,这一思维的特点,往往有助于通过对形象的直觉感悟,来把握人物的特点。因此,文学家的直觉在突破旧思维方面,比起受到理论之网重重约束的史学家来说,发挥了意想不到的优势。另外,历史学的理论思维,要完全从意识形态教义的框架里摆脱出来也难。历史学家往往离不开"文以载道",而当历史学家无论是"载革命之道"还是"载改革之道"时,往往会把历史人物不自觉地符号化,这就会妨碍人们去突破旧的思维路径。

从更深一层意义上看,我们是不是可以从《走向共和》的尝试中看到历史学范式正在发生静悄悄的革命?也许这句话说得过重了一些,这是作者在研究近代史过程中产生的一种未遂心愿。

这种心愿渐渐变为心中一种对别人的期待。当电视剧的演职人员们，在并不承担"文以载道"的意识形态任务的情况下，当他们以文学家的直觉自由处理历史人物时，他们就没有思想负担，他们的头脑近乎一张白纸，本来就没有受意识形态价值过多的涂抹。他们只需凭依其健康的世俗的感觉，以孩子般的好奇心与新鲜感，在历史故纸堆中自由来去，他们就会在无意中发现一些本来就很明白的东西。史料就在那里放着，历史人物在里面按其本来面目活动着，说着，笑着，发怒着，哭着，阴谋着。这一切并不需要足够智慧就可以理解，只要粗通文言文，运用常识思维，就能很自然地得出接近于真实的看法来。中国的事情就那么奇怪，一个粗通文史然而却并没有受到过科班历史学训练的凡夫俗子，就那么轻易地进入历史的殿堂，得出了接近真实历史的结论；而一个学富五车的历史学天才，却会在"文以载道"的大传统的约束下，离历史真实渐行渐远。

社会科学与自然科学一样，不同时代的学者都自觉或不自觉地按某种特定范式来引导自己的研究。随着时代的变迁，价值观念与意识形态的变迁，学术范式就会出现转换。旧的范式已经不能反映新时代人们的价值观，不能提供学术分析的框架。于是新范式就会应运而生。

说一句不太中听的话，在《走向共和》电视剧的人物形象上的争论，某种程度上就是新旧范式之争。按库恩的说法，这种争论往往不会有胜负。最后的结果是，由于新范式使用的人们越来越多，新一代的人们，自然而然地接受新范式来思考问题，旧的一代退出了历史舞台，于是旧范式由于失去支持者而在历史上淡出。这样说来，那些情绪超常激昂的反对者们会很不服气，因为他们中确实有历史学界中的一代新人，甚至是后起之秀，他们原以为自己就是新史学的开拓者,创造历史学新范式的历史使命,本来就责无旁贷地落在他们身上,然而,没有想到,当他们说《走向共和》"一无可取之处"时,他们却走到了历史的另一个房间里去了。

新范式能不能具有生命力,取决于它在多大程度上能解释新一代人提出的问题,能在多大程度上,在新范式的研究路径上得到成效与满足。如果历史学家们自己不愿意这样做,那么,历史就会选择别人来做这件事情。如果你们不愿做又那么反感别人去做,那就等着向隅而泣吧。

好在马克思说过一句足以使人宽慰的话,他老人家说:"人们并不要求玫瑰与紫罗兰发出同样的芬芳。"对一部电视作品,大家可以智者见智,仁者见仁,井水不犯河水,让读者自己去作选择。是玫瑰的自然会发出芬芳,不必对紫罗兰心怀妒忌。反之亦然。

附录二

清末新政与改革的政治学
—— 思想手记

一、对清末新政失败进行深层思考

几个星期以前,在某大学的校园系列学术讲座作一次演讲。题目是"从改革的政治学的角度看清末新政"。

我演讲的主要内容是,清末新政是近代以来中国最重要的改革运动,但过去没有受到学术界足够的重视。如果我们抛弃成见,从改革的政治学角度,来认识这场新政中的矛盾、改革战略选择中的两难性问题以及政治冲突,那么我们一定会从中找到对当下中国的改革同样具有启示性的东西。

我还进而谈到,中国当下的改革与清末新政尽管存在着许多不可比的因素,例如,时代不同,国际环境不同,社会性质不同,改革的前提不同,改革的起点不同,但我们仍然可以发现两者之间具有一些同构性的方面,例如,西方示范效应的作用,以西方工业文明作为效仿的对象与目标模式,中央集权通过政令来推行变革的自上而下模式,中央与地方关系,中外文化的强烈反差引起的危机感或心理压力,改革过程中的权威合法性流失问题,集权与分权的矛盾与选择,经济发展与社会多元化对改革执政者的压力等等。这种自上而下的改革的同构性使我们有可能通过对清末新政的研究，获得对理解当下中国改革中类似问题的启示。

接下来我还进而介绍了我在清末新政研究中发现的以下一些问题或转型中的基本矛盾：

首先，在权威危机的沉重压力下，统治者往往会通过加大改革幅度与加快改革速度的"良好表现"来争取民心；另一方面，正由于统治者陷入权威危机，因而也就无力驾驭这种大幅度的急剧改革。其结果又进一步引起人们的不满，于是统治者又会进一步饮鸩止渴地再次加大改革速度，其结果更无法驾驭改革，导致的整合危机更严重，于是陷入恶性循环。清末新政的整个过程就是如此。

其次，清末新政中的另一个发人深思的问题是"急诊室悖论"与改革中的两难选择问题。在是不是应该筹备立宪时，危机的压力又会进一步使决策层出现两难局面，形成两种不同的选择。例如，一种人认为，由于危机严重，立宪条件不成熟，立宪改革应该缓行。另一种意见则相反，认定正因为危机严重，所以必须加快立宪才能摆脱危机。前一意见以条件不足为出发点，构成改革中的保守派与稳健派，后一种意见以危机压力下激进改革的必要性为出发点，从而构成改革中的激进派。这种情况如同面对急诊室中的危重病人，在医生中出现保守疗法派与激进疗法派一样。其实这是一种两难选择。

再次，对西方立宪政治的文化误读，把西方立宪单纯视为解决中国问题的方便工具，而没有意识到西方制度是历史上长期演变过来的，而且受到经济、社会、政治与文化、民俗等因素的支持，才得以产生效能。由于中国并不存在这些社会因素的支持，简单地移植西方制度只能导致更为严重的"旧者已亡，新者未立"的失范。这种文化误读可以说是自清末以来一百年中的中国人在不同时代都会重复犯的错误。一直到现在,中国人对西方民主议会制的理解仍然没有摆脱这种"制度工具论"。

最后,我从保路运动这一个案分析中指出,权威合法性已经大量流失的政府,即使推行的国策是基本正确的、合理的,由于缺乏权威与驾驭改革的能力,也会遭到利益集团的反抗而使改革失败。清末推行铁路筑路权收归国有的政策总体上是合理的,却因地方势力与革命派相结合而引发不满现实的民众的共同抵制,最后导致清朝的崩溃。这一实例足以引人深思。

我还进一步谈到,如何从清末改革与当下改革的研究中提炼出一些核心概念,例如,转型期失范、权威合法性资源的流失与增值、急诊室悖论、制度工具论等等,都可以考虑来充实改革的政治学的理论范式。

二、政治改革超前与滞后均会导致改革失败

讲演结束后,出乎我的意料,不少同学围上来与我讨论问题,思想上的自由交流居然在演讲的"正剧"结束之后,才得以真正开始。

一位同学首先问,中国当下改革过程中是否存在着与清末新政中类似的权威流失问题?

我回答,至少就我个人的研究而言,中国二十年经济改革使国力增强,人民生活水平的提高与城市化程度的提高,这种实效对执政者权威合法性的增加,大于改革中出现的腐败与其他各种消极现象带来的权威流失,总体上说来,中国当政者现在的权威与1976年时的权威相比,出现了增值。在改革条件下,"实效"合法性是权威合法性基本来源之一,这一点马克斯·韦伯当

年提出权威合法性的三种形式时没有提到，其实研究发展中国家的政治中心的权威合法性时，这种"实效合法性"的概念具有独立意义。正因为"实效"是一个不断变化的量，一个政府可能因为其施政的实效而提高了它在国人中的威望，反之亦然。此外，改革中的政府的权威还会受到各种新的挑战，改革中的权威资源处于不断变动之中。主持改革的政治中心因此不能掉以轻心。

第二位同学问，清末新政中的政治改革与经济改革的关系如何？政治体制改革与经济改革的关系哪一个方面超前一些更好？

我回答，政治体制改革超前与滞后都会导致严重的后果。我个人认为，清末改革的失败属于政治超前型。实际上，从现在来看，当时的立宪改革由于日俄战争的影响而提前发起，确实是过于超前了，如果当时仍然采取戊戌变法时的开明专制主义模式，而不是君主立宪模式也许更稳妥些。立宪改革使地方咨议局与中央的资政院把中央的权力与省政府的权力提前给挖走了，使中央处处受到地方势力与既得利益集团的抑制，以至于即使中央的政令是正确的也无法推行。更严重的问题还在于，筹备立宪的改革，使各种请愿运动与立宪活动合法化，从而提前地把人们压抑多年的各种政治诉求在短时间内释放出来，这些政治要求从长远来说，无疑都是合理的，然而在改革伊始阶段，又是无法实现的。转型期的政府根本不可能同时满足这些超越条件的政治、经济、社会与文化诉求，这反过来又进一步引起不同阶层的政治挫折感的叠加，并形成反政府的同盟。保路运动中地方主义派、民族主义者、同盟会的革命派、商办铁路公司的既得利益者、受摊派之苦的农民、激进的立宪派，这些五花八门的不同阶层与利益集团，居然在反对路权国有这个基本正确的国策的过程中，形成一种反政府的神圣同盟，实在是一个生动鲜明的典型例子。

至于一个转型期社会什么时候可以进行政治体制改革的问题，涉及的因素相当复杂，我主张是步步为营，而不是一步到位，用我的话来说，应该是"走小步，走慢步，不停步"。这样就既能防止风险又能给人以希望与盼头。

另外我还认为，可以将社会各阶层对政治中心的认同程度，作为政治改革条件是否成熟的重要依据。如果社会阶层政治上互相对峙，态度两极分化，此时搞任何民主改革都会使各种集聚的矛盾由于获得"公开性"而显性化与激化。其结果是，由于政府无法解决这些积累的矛盾而进一步引发人们的挫折感，于是矛头全部指向政府，这就如同火上加油。我个人认为，与十年以前相比，中国两极化程度实际上已经有相当程度的下降。知识分子中的温和思想日益成为主流。应该说，政治体制改革的条件将会越来越成熟。

三、从近代变革史中汲取改革的经验与智慧

有一个同学要求我用最简洁的语言来表述一下什么是"新权威主义"。

我的回答是，新权威主义指的是在后发展国家中出现的一个温和渐进的改革观。它认为从传统的旧体制转变为民主体制，需要经过一个开明导向的新权威阶段。它认为，只有这种具有市场经济导向的稳定的权威存在，才有可能保持政治稳定，只有政治稳定，才能导致经济开放与繁荣，只要市场经济能发展起来，就会导致社会的分殊化与利益集团的多元化，而只有社会多元化，才会进而导致文化价值观的契约化意识与宽容精神，而所有上述这一些因素的结合，才会使具有中国民族特色的民主政治有了社

会、经济、政治与文化的支持条件。一言以蔽之,新权威—政治稳定—经济发展—社会多元化—约定俗成的契约意识—民主政治,这种发展模式可以引向真正成熟的民主社会的来临,而自清末新政以来,中国的民主观基本上是属于那种"把民主制度视为解决问题的工具"的观念范畴。只有经济分化引起的社会分殊化这种内源性的发展模式,才能使中国真正进入民主社会。正是在这个意义上,新权威主义指的是那种具有现代化导向的、作为第三世界国家早期议会主义的反向运动而出现的开明权威主义。

这时,一位同学进而问我:印尼苏哈托政权是一种新权威主义政体,但它却把印尼引向了现在的一片乱局,对此你如何解释新权威主义的实效性?

我的回答是,新权威主义是一种政治发展理论,是一条理论上的"理想曲线",至于现实中的某一权威政府在多大程度上符合这条理论曲线,那是另一回事。我们不能因为为了维护新权威主义的理论,而非要充当现实中的任何权威政治的辩护士。另外,我们也不能因为现实中的某一权威政治强人的失误或失败,反过来否定新权威主义理论这一"理想曲线"的意义。关于这一点,正如我们不能因为新政失败了,就得出结论说,一切改革都会失败,只有革命才解决问题。

于是话题又转到我的政治观点,一位同学问我,"你的新权威主义与新保守主义思想是如何形成的",并问我现在是否还自认为是一个新权威主义者和新保守主义者。

我说,我的改革政治观是在研究近代改革史的过程中逐渐形成的。我发现,自从甲午战争以来,在强烈的危机感的压力下,中国的政治精英不断地走向激进,而每一次激进主义选择失败,又会有更激进的政治选择在下一轮变革中占上风。

戊戌变法的失败，在于按当时的条件来说过于激进了，一个受焦虑感支配的皇帝在一百天里发布了三百多道有关改革的政策，而根本不考虑社会与政府官员的承受能力，结果导致变法过程的温和派、有条件地支持改革的既得利益者与反对改革的顽固派结合到一起来反对康梁这些激进派的变法。

清末新政中的激进的立宪派取得了对温和的立宪派与保守派的话语优势，并成为支配各阶层思想的主流，最后导致清政府的崩溃与解体。辛亥革命选择西化的议会民主制，而且是内阁制这种极端分权型的政府模式，导致完全无序的、不讲游戏规则的多党竞争，其结果一直演变为北洋军阀混战，此后整个社会在制度上陷入"旧者已亡，新者未立，怅怅无归"的失范状态。此后，社会在失范状态下的两极分化，又使文化上无所归依的知识分子产生强烈的文化地狱感，这种心态是产生形形色色乌托邦的温床。

这种激进化的变革趋势并没有到此结束，人们可以看到"文化大革命"中的极端左派又把彻底砸烂一个旧世界、重建一个完全乌托邦的平均主义的新世界作为政治目标。到了80年代中后期，一种激进西化的自由主义思潮又在知识分子中取得了优势地位，凡此种种，不能不使我深切地反思激进主义政治的原因，研究政治浪漫主义对中国知识分子的影响，思考中国为什么会陷入激进主义的恶性循环而无法自拔。正是在这种背景上，我才通过对严复思想的研究，并在这一研究的基础上形成我的新保守主义改革观。在我看来，通过百年的反思，我最想对人们说的一句话是，激进主义很壮美，很浪漫，但让我们还是与政治浪漫主义告别吧。

一位同学此时又问了一个很有意思的问题。他说，在西方，保守主义保的是原来已经具有的东西，如市民社会的传统、自由主义的价值、经济上的自主组织，等等，那么，你作为一个中国的新保守主义者，你要以什么作为保守主义的基础？

可以说，这是一个高水平的相当深刻的问题，是一个值得思想者感谢的好问题。我把近年来一直思考的一些想法，包括我在我的论文集中的一些观点，向同学们作了这样的介绍：

与西方社会不同，中国近百年一直是处于不断变动、改革与革命之中，中国自本世纪初的新政以后，极端的、以保守旧事物为己任的国粹主义的保守派已经极少，至少在政治生活中已经不起重要作用了，"五四"以后的中国的新保守主义，就其根本意义而言，只是一种对激进主义的批判态度，是一种在根本上承认变动与改革的必要性的渐进主义。它与传统国粹派相比，虽然也对传统文化抱有一种温情，但决不是无条件地保守旧物，而是把"旧物"或传统视为承载新事物的工具，换言之，新保守主义主要是在工具意义上，从承载体的功能意义上，来理解传统的价值与意义的。

最能表达中国近现代以来的新保守主义思想的一句话，是严复说的"非新无以为进，非旧无以为守"，这个"守"字实在精彩之极，它如同一首诗中的诗眼一样重要。严复要说的意思实际上是，只有当"旧物"成为承受新事物的载体时，外来的新事物才能在这个民族的文化生态条件下生根。"旧物"乃是守护"新物"之基础。如果把一切旧物当作不合时宜的东西废弃，其结果就如同一个民族赖以生存的防护林带被砍光了一样，什么风都可以势如破竹地、毫无阻挡地吹入，结果什么也没有留下来，除了留下一片水土流失的沙土。

什么是新保守主义？用我的话来定义，那就是在反对激进主义的基础上形成的，作为激进主义与政治浪漫主义的反向运动而出现的渐进主义变革观。它主张在保持现存秩序的历史连续性的基础上，通过循序渐进、步步为营、缓进待机的方式，以实现从传统旧体制向具有现代文明与民主的社会进步。而新权威主义则可以理解为新保守主义的政治形态。两者在许多方面是一回事。